Archibald D. Hart, Sylvia Hart Frejd
Digitale Invasion
Wie wir die Kontrolle über unser Leben zurückgewinnen

W0087294

Archibald D. Hart, Sylvia Hart Frejd

Digitale Invasion

Wie wir die Kontrolle über unser Leben zurückgewinnen

Übersetzt aus dem amerikanischen Englisch
von Silvia Lutz.

SCM

Hänssler

SCM

Stiftung Christliche Medien

© der deutschen Ausgabe 2014
SCM Hänssler im SCM-Verlag GmbH & Co. KG · 71088 Holzgerlingen
Internet: www.scm-haenssler.de · E-Mail: info@scm-haenssler.de

Copyright © 2013 by Archibald D. Hart and Sylvia Hart Frejd
Originally published in English under the title The Digital Invasion
by Baker Books, a division of Baker Publishing Group,
Grand Rapids, Michigan, 49516, U.S.A. All rights reserved.

Soweit nicht anders angegeben, sind die Bibelverse folgender Ausgabe entnommen: Neues Leben. Die Bibel, © der deutschen Ausgabe 2002 und 2006 SCM R.Brockhaus im SCM-Verlag GmbH & Co. KG, Witten.
Weiter wurden verwendet: Lutherbibel, revidierter Text 1984, durchgesehene Ausgabe in neuer Rechtschreibung, © 1999 Deutsche Bibelgesellschaft, Stuttgart. Gute Nachricht Bibel, revidierte Fassung, durchgesehene Ausgabe in neuer Rechtschreibung, © 2000 Deutsche Bibelgesellschaft, Stuttgart.

Die Identität aller in diesem Buch erwähnten Personen wurde gewahrt. Die verwendeten Namen sind frei erfunden. Umfassendere Angaben wurden ebenfalls abgeändert. Die Autoren haben sich bemüht, jede Ähnlichkeit mit lebenden Personen auszuschließen, aber gleichzeitig die Kernaussage der Botschaft, die sie vermitteln wollen, zu erhalten. Die Autoren schätzen und respektieren ihre Klienten und Bekannten und wollen auf keinen Fall das Vertrauen, das sie ihnen entgegenbringen, missbrauchen.

Übersetzung: Silvia Lutz
Umschlaggestaltung: Kathrin Spiegelberg, Weil im Schönbuch
Titelbild: shutterstock.com
Satz: typoscript GmbH, Walddorfhäslach
Illustrationen: Kathrin Spiegelberg, Weil im Schönbuch; Gehirn S. 102: shutterstock.com
Druck und Bindung: CPI – Ebner & Spiegel, Ulm
Gedruckt in Deutschland
ISBN 978-3-7751-5542-7
Bestell-Nr. 395.542

Inhalt

Für meinen Mann Russ.
Ich bin Gott so dankbar für unsere Liebe.
Für Ashley, Robbie und Daniel.
Jeder Einzelne von euch ist für mich ein Schatz und lebt für
immer in meinem Herzen.
Ek het jou lief.

Sylvia

***

Für meine geliebte Frau Kathleen,
mit der ich seit vielen Jahren verheiratet bin und die ich jetzt noch
mehr liebe als damals,
als wir uns in jungen Jahren kennenlernten.
Die Freude, die wir auf unserem langen, gemeinsamen Weg
mit Gott, der uns führt und tröstet,
erlebt haben, ist unvergleichlich.

Arch

Einleitung

Was ist das Positive an der digitalen Welt? Wir sind immer erreichbar. Und was ist das Negative an der digitalen Welt? Wir sind immer erreichbar!

Das fasst ziemlich gut zusammen, welche Auswirkungen die Digitaltechnik mit dem Internet, mit ihren Smartphones, sozialen Netzwerken und unzähligen anderen wunderbaren Möglichkeiten in unserer modernen Welt hat. Ralph Waldo Emerson fasste in seiner Bemerkung zu den Veränderungen, die Mitte des neunzehnten Jahrhunderts stattfanden, unser heutiges Dilemma sehr treffend zusammen:

Diese Zeit ist wie alle Zeiten eine gute Zeit, wenn wir nur richtig damit umgehen.

Auch unser modernes digitales Zeitalter kann eine sehr gute Zeit sein, wenn wir richtig damit umgehen. Das ist unser Anliegen in diesem Buch.

Ich (A. Hart) schreibe dieses Buch aus der Sicht eines Psychiaters, Psychophysiologen und erfahrenen Autors, der wissenschaftliches Arbeiten gewohnt und mit der Digitaltechnik bestens vertraut ist. Die Zusammenarbeit mit meiner Tochter, Dr. Sylvia Hart Frejd, hat bei diesem Projekt einen großen Vorteil: Sie muss sich als Mutter täglich mit den ganzen digitalen Herausforderungen, die wir in diesem Buch betrachten, auseinandersetzen. Sie hat drei Kinder in drei verschiedenen Altersstufen, Pubertät, Postpubertät und junges Erwachsenenalter. Es gibt kaum ein Thema, das wir in diesem Buch ansprechen, mit dem sie nicht selbst schon konfrontiert wurde. Das, was sie aus ihrer eigenen Erfahrung gelernt hat, hat uns geholfen, unsere Strategien zu beurteilen, bevor wir sie Ihnen präsentieren. Es hilft uns auch, die digitalen Mythen und Praktiken, die andere vertreten, zu überprüfen.

Als Therapeutin, Coach für geistliches Wachstum und Life-Coach wird meine Tochter, Dr. Sylvia Hart Frejd, uns außerdem helfen, die geistlichen Herausforderungen zu bezwingen, mit denen wir in unserer digitalen Welt konfrontiert werden.

Sie ist in der christlichen Gemeinde stark engagiert und sieht täglich die Auswirkungen der digitalen Welt auf das Leben der Menschen und auf die zwischenmenschlichen Beziehungen. Außerdem ist sie in der Beratung von Internetsüchtigen ausgebildet. Gemeinsam hoffen wir, die Probleme im Zusammenhang mit unserer Nutzung der Digitaltechnik objektiv darstellen zu können. Die »Invasion«, wie wir sie bezeichnen, geschieht so schnell, dass man kaum damit Schritt halten kann, geschweige denn, vorhersagen kann, wo wir uns in fünf oder zehn Jahren befinden.

Dieses Buch ist für mich (S. Frejd) ein sehr persönliches Projekt. Bei den Vorarbeiten wurden mir die Augen für meinen eigenen Umgang mit der Technik geöffnet. Ich habe einen Sohn im Teenageralter, der digital sehr aktiv ist, was meine Leidenschaft für dieses Thema verstärkt hat. In der Zeit, in der ich dieses Buch geschrieben habe, konnte ich bei ihm positive Schritte hin zu einem aktiveren Leben in der realen Welt und eine Einschränkung seines digitalen Lebens feststellen. Die vielen Monate, in denen ich die Folgen der Technik auf unser Leben und unsere Beziehungen beobachtet habe, haben mir die Augen geöffnet und mir einige aufwühlende Erkenntnisse gebracht. Manchmal würde ich die Uhr gern um siebzehn Jahre zurückdrehen und meine Kinder mit dem Wissen, das ich heute habe, noch einmal erziehen. Aber ich weiß, dass das nicht möglich ist. Ich hoffe, dass unsere Erfahrungen und das Material, das wir in diesem Buch zusammengetragen haben, Ihnen und Ihrer Familie helfen, angemessene digitale Grenzen zu setzen, bevor es zu spät ist, und sich das, was die Technik Ihnen und Ihrer Familie geraubt hat, zurückzuholen.

Es handelt sich nicht nur um ein Problem von Jugendlichen. Laut dem jüngsten Barna-Bericht, der vor ein paar Monaten veröffentlicht wurde, formt das digitale Zeitalter die Eltern-Kind-Beziehung vollkommen neu.[1] Die schockierende Erkenntnis aus diesem Bericht ist, dass Eltern genauso viel Zeit in der digitalen Welt verbringen wie Kinder. Das sind durchschnittlich acht Stunden am Tag.

Diese Entdeckung wirft ein völlig neues Licht auf diese Thematik, da bis jetzt allgemein angenommen wurde, dass es sich nur um ein »Problem junger Menschen« handeln würde. Der Bericht kommt zu dem eindeutigen Ergebnis, dass es auch das Problem von Eltern ist. Noch erschreckender ist, dass die meisten Familien mit der Frage, wie sie und ihre Kinder verantwortlich mit der Digitaltechnik umgehen können, allein gelassen werden. Viele Eltern sind ihren Kindern keine guten Vorbilder und genauso digital abhängig wie die jüngere Generation.

Wir schreiben dieses Buch mit der Absicht, unseren Lesern eine »glaubensbasierte Theologie« der Technik nahezubringen. Zweifellos sind viele unserer Leser Christen. Deshalb glauben wir genauso wie sie, dass Gott will, dass wir mit dieser digitalen Invasion verantwortlich umgehen.

Der Missbrauch der Digitaltechnik kann, wie wir später sehen werden, auch tiefe Auswirkungen auf unser geistliches Leben haben. Als Christen sollen wir gute Verwalter der Technik sein, die aus Gottes Schöpfung kommt, und lernen, was für einen gesunden Umgang mit der Digitaltechnik nötig ist.

In diesem Buch geben wir immer wieder Ratschläge und weisen den Leser auf Hilfsmittel hin, mit deren Hilfe er die digitale Invasion in seinem Leben besser in den Griff bekommen kann. Wir werden die neuesten Forschungsergebnisse sowohl aus dem Bereich der Neurowissenschaften als auch der positiven Psychologie so aktuell wie möglich verwenden.

Aber wir haben mit diesem Buch noch mehr als nur unsere Familien im Blick. Die digitale Invasion beeinflusst unser Schulsystem und auch unsere Kirchen und Gemeinden. Wir hoffen, dass dieses Buch auch für Lehrer, Pastoren, Seelsorger und andere christliche Führungspersonen, die einen Einfluss auf das Leben unserer jungen Menschen haben, hilfreich ist. Es eignet sich auch für Studenten, da sie die nächste Elterngeneration sind. Je gesünder sie mit ihrer digitalen Welt umgehen, umso gesünder wird die nächste Generation sein. Am Ende jedes Kapitels finden Sie Gesprächsimpulse für Kleingruppen.

Ein Bibelvers ist unser Leitthema für dieses Buch. Wir hoffen, dass er Sie bei der Auseinandersetzung mit diesem wichtigen Thema führen wird. Er steht im Römerbrief:

Deshalb orientiert euch nicht am Verhalten und an den Gewohnheiten dieser [digitalen] Welt, sondern lasst euch von Gott durch Veränderung eurer [nicht digitalen, christusähnlichen] Denkweise in neue Menschen verwandeln.

Römer 12,2

Damit begrüßen wir Sie bei der Erforschung der digitalen Invasion. Wir beten, dass Gott Ihnen die Weisheit und Führung schenkt, die Sie brauchen, um sich bewusst zu werden, wie die digitale Welt Sie und Ihre Beziehungen verändert. Gemeinsam werden wir die Technik auf den Platz verweisen, der ihr zusteht.

Dr. Archibald Hart
Dr. Sylvia Hart Frejd

1
Eine schöne neue Welt?

Der technische Fortschritt liefert uns nur effektivere Mittel
für den Rückschritt.

Aldous Huxley

1932 schrieb Aldous Huxley, ein berühmter Schriftsteller, einen
Roman mit dem Titel *Schöne neue Welt.* Darin versucht er, die
Zukunft vorherzusehen, und malt eine utopische neue Welt, in der
die Technik jeden Lebensbereich beherrscht. Die Geschichte spielt
im London des Jahres 2540 und zeigt, wie eine Kombination aus
der Weiterentwicklung der Reproduktionstechnik und dem Lernen im Schlaf eine degenerierte Gesellschaft verändern kann. Diese
»zukünftige Gesellschaft« ist laut Huxley eine Verkörperung der
Ideale, die die Grundlage für »Futurologie« oder Zukunftsstudien
bildet. Kurz gesagt, versuchte Huxley vorherzusehen, wie die Technik die künftige Welt beherrscht.

Es ist ein faszinierendes Buch, das zu einer Zeit geschrieben
wurde, in der das Radio gerade erst auf der ganzen Erde Einzug
gehalten hatte und das Auto sich allmählich zum Hauptfortbewe-
gungsmittel entwickelte. Angesichts unserer modernen Technik ist
das Buch nicht besonders beeindruckend. 1959, siebenundzwanzig
Jahre später, schrieb Huxley eine Fortsetzung, in der er beurteilt, wie
weit seine Vorhersagen eingetroffen sind. Der Titel dieses Buches
lautet *Wiedersehen in der schönen neuen Welt.* Nachdem er die Veränderungen in der Technik, die in der Zwischenzeit stattgefunden
hatten, betrachtet hat, fasst Huxley sein Ergebnis in einem einzigen
Satz zusammen: »*Es ging schneller, als ich gedacht hatte.*«

Ich (A. Hart) finde das sehr faszinierend, denn ich muss zugeben, dass ich mir viele Gedanken darüber mache, wohin unsere
moderne, digital gesteuerte Welt uns führt. Dabei geht es mir nicht

wie Huxley darum, wo wir in fünfhundert Jahren stehen werden, sondern darum, wo wir in nur zwanzig oder dreißig Jahren stehen werden. Mit dem explosionsartigen Wachstum und dem starken Einfluss unserer modernen Cyberwelt haben die meisten nicht gerechnet. Selbst unsere Cyber-Wissenschaftler beunruhigt dieses rasante Wachstum. Die Fortschritte in der Technik zwischen Huxleys beiden Büchern wurden im Zweiten Weltkrieg durch die Entwicklung der Rundfunkkommunikation und der Erfindung des Radars zwar stark vorangetrieben, aber die dramatischen Veränderungen, die jetzt in unserer modernen Welt stattfinden, hätte er nie vorhersagen können. Ebenso wenig konnte er vorhersehen, wie beherrschend, durchdringend und süchtig machend unsere Digitaltechnik teilweise werden würde.

Ja, die Digitaltechnik hat ihre guten Seiten. Aber sie hat auch eine negative Seite. Die übertriebene Nutzung der digitalen Medien gefährdet bereits Teile unserer körperlichen, emotionalen und geistlichen Gesundheit und unserer zwischenmenschlichen Beziehungen. In diesem Buch wollen wir versuchen, objektiv aufzuzeigen, in welche Richtung wir steuern. Außerdem ist uns sehr wichtig, Eltern, Pädagogen, Pastoren und anderen klare Wegweisung zu geben, wie sie helfen können, die Veränderungen in unserer modernen digitalen Welt in eine positivere und gesündere Richtung zu lenken.

Nicht technophob

Ich (A. Hart) möchte gleich zu Beginn etwas Wichtiges zu meiner Person klarstellen. Den meisten Fachleuten, die hinterfragen, wohin die Digitaltechnik führt, wird oft vorgeworfen, sie wären »technophob«, also Leute, die keine Ahnung von Digitaltechnik haben und sich vor allem, was ein Computerchip kann, fürchten und es kritisch betrachten. Doch ich möchte betonen, dass ich das nicht bin. Ganz im Gegenteil. Ich gebe Ihnen einen kurzen Einblick in meinen Lebenslauf, damit Sie sehen, woher wir kommen, wenn wir unsere digitale Welt beurteilen.

Ich schloss mit zweiundzwanzig Jahren, also noch sehr jung, mein Studium als Bauingenieur in Südafrika ab. Nachdem ich zehn Jahre als Bauingenieur gearbeitet hatte, lag es mir mehr auf dem Herzen, Menschen zu helfen, als Brücken zu bauen. Deshalb schrieb ich mich an der Universität für Psychologie ein, arbeitete aber weiter als Ingenieur. Ende 1969 machte ich meinen Abschluss als Doktor der Psychiatrie. Die Statistik für meine Dissertation enthielt über 2 000 Testpersonen. Die Universität hatte noch keinen Computer; deshalb wandte ich mich an einen Freund, dessen Firma kurz zuvor einen gekauft hatte, und er erlaubte mir, abends meine statistischen Analysen durchzuführen. Meine Dissertation wurde die erste Doktorarbeit an meiner Universität, die für die Analysen einen Computer verwendet hatte. Damit war das Problem aber noch nicht gelöst. Es gab noch keine Computerprogramme für Statistiken; ich musste mir also selbst beibringen, ein solches Programm zu schreiben.

Nachdem ich meine Dissertation geschrieben und mein Studium abgeschlossen hatte, war ich ein Jahr lang Gastdozent an der neu gegründeten Fakultät für Psychologie am Fuller Theological Seminary in Pasadena, Kalifornien. Nach Ablauf dieses Jahres wurde ich eingeladen, als Professor an der Fakultät zu unterrichten, und ich stürzte mich sehr schnell in die psychologische Forschung. Die Universität hatte noch keinen Computer; deshalb ergriff ich, als ein Selbstbausatz für Computer auf den Markt kam, sofort die Gelegenheit und kaufte ihn mir. Der Computer, den ich baute – er hieß Altair –, war der gleiche Computer, den ein gewisser Bill Gates als Siebzehnjähriger baute. Er schuf danach den Digitalriesen Microsoft. Ich genoss diese neue Technik und nutzte sie in vollen Zügen.

Während sich die Computer immer weiter entwickelten, blieb ich technisch auf dem Laufenden und brachte mir selbst bei, jedes neue Gerät, das auf den Markt kam, zu programmieren, obwohl viele meiner Kollegen darin keine Zukunft sahen.

Ich wurde Dekan der psychologischen Fakultät und nutzte diese Position, um dafür zu sorgen, dass sich alle mit dem Computer auskannten. Anfang der 1980er-Jahre kam ein kompakter, tragbarer Computer namens Osborne auf den Markt. Es war der erste tragbare Computer, der sich gut verkaufen ließ. Zur Datenspeicherung benutzte er ein Laufwerk für einseitige Disketten und kostete ein Vermögen. Er bot das erste Textverarbeitungsprogramm an, deshalb kaufte ich für jedes Mitglied der Fakultät einen Computer. Ein paar lehnten mein Angebot ab, aber wir anderen genossen unser neues Spielzeug. In nur zwei Jahren war der Osborne-Computer überholt und IBM brachte den ersten »richtigen« Personal Computer (PC) heraus. Der Rest ist Geschichte.

Ich hoffe, dass dieser kurze Rückblick zeigt, dass ich die Digitaltechnik von Anfang an begrüßt habe und immer noch dankbar für die Möglichkeiten bin, die sie bietet. Ich bezweifle, dass ich ohne diese Technik das erreicht hätte, was ich erreicht habe. Ich kaufte mir das erste Handy, das auf den Markt kam. Nach heutigen Maßstäben war es groß und schwerfällig, und man hatte nur in ausgewählten Gebieten Empfang. Ein Jahr später war es bereits veraltet. Ich schätze, dass ich mir im Laufe der Jahre mindestens fünfundzwanzigmal ein neueres Handy gekauft habe. Ich musste einfach immer das neueste und modernste Gerät haben. Vor Kurzem bin ich auf Smartphones umgestiegen, und jetzt habe ich die neueste Version des iPhones und bin davon begeistert.

Trotz meiner Begeisterung für Computer hätte ich mir nie träumen lassen, dass die Computertechnik zu meinen Lebzeiten so stark in unser Leben eingreifen würde. Ich hatte erwartet, dass diese Technik sich auf eine kleine Gruppe »elitärer« Anwender beschränken würde, hauptsächlich auf Wissenschaftler, die das Innenleben eines Computers verstehen. Aber obwohl ich die dramatischen Veränderungen, die die digitale Welt gebracht hat, sehr befürworte, wächst in mir immer mehr der Verdacht, dass sie nicht alles hält, was sie verspricht.

Die digitale Invasion

Wir haben den Titel für dieses Buch bewusst so gewählt, weil er eine passende Beschreibung dafür ist, wie die moderne Digitaltechnik in unser Leben eingreift. Daniel Sieberg, ein TV-Wissenschaftskorrespondent, der für den Emmy nominiert wurde und schon mehrere Auszeichnungen erhielt, beschreibt das in seinem Buch *The Digital Diet* sehr gut: »Diese Invasion der Technik geschieht nicht wie eine Nuklearexplosion, sondern eher wie die langsame Invasion einer Ameisenkolonie. Diese Invasion der Technik geschieht systematisch und leise und zerstört viele Teile unseres Lebens.«[2]

Wenn diese Invasion eine Nuklearexplosion gewesen wäre, hätten wir gesehen, wie zerstörerisch sie sein kann. Aber die langsame und leise Unterwanderung geschah relativ unbemerkt. Ich sage oft zu meinen Freunden, dass ich glaube, dass ich in der bedeutungsvollsten Zeit der ganzen Geschichte lebe. Ich hätte nicht in einer Zeit leben wollen, in der es noch keine Computer gab! Ich genieße es, meine Forschungsinstrumente zu entwerfen, zu bauen und zu programmieren. Ich war sogar einmal Inhaber einer Firma, die Biofeedback-Geräte herstellte. Es war immer meine Leidenschaft, in dieser digitalen Welt ganz vorne dabei zu sein. Dieser enge Kontakt zur digitalen Welt ermöglicht mir jedoch auch, deren hässliche Seite zu sehen. Aber zuerst möchte ich Ihnen die schöne Seite zeigen und das Positive, das unsere digitale Invasion bietet, anerkennen.

Die schöne Seite der Technik

Auch wenn vieles an der Technik uns zu Recht Sorgen macht, bietet sie auch viel Positives, das wir nutzen sollten. Welchen Nutzen bieten Computer und das Internet? Ich will nur einige positive Seiten nennen:

- Wir haben über unseren Computer sofortigen Zugang zu einer Fülle an Informationen auf der ganzen Welt.
- Soziale Medien wie Facebook eröffnen viele Möglichkeiten der sozialen Interaktion.
- E-Mails sind viel schneller und effektiver als Briefe mit der Post.
- Man kann online fast alles von überall auf der Welt kaufen.

- Mit Facebook ist eine weltweite, schnelle Kommunikation möglich und durch Skype, Facebook, Smartphones etc. kann man weltweit über Video miteinander kommunizieren. Das ist für Familien und Freunde, die auf der ganzen Welt verstreut sind, wirklich ein Gewinn.
- SMS-Nachrichten ermöglichen schnelle Kommunikation und Kontakt in fast jeder Situation.
- Unserer christlichen Welt kann iTunes Zugang zu einer großen Fülle an christlicher Musik und Predigten bieten.
- Die Bibel ist jetzt in jeder größeren Sprache überall auf der Welt online verfügbar.
- Digitale Bücher und Texte sind für Schüler leicht zugänglich, und wenn ein Schüler ein Buch nicht kaufen will, bekommt er alle Informationen, die er braucht, aus dem Internet.

Die weniger schöne Seite der Technik

Wir leben zwar in einer erstaunlichen Zeit, aber wir müssen akzeptieren, dass die digitale Welt ein zweischneidiges Schwert ist. Das Leben unserer Kinder verlief früher ohne Computer und war ein Stück weit unbeschwerter. Jetzt sind die Kinder ständig mit den verschiedensten digitalen Geräten vernetzt, die ihre Aufmerksamkeit verlangen. Früher war das Leben im Haus irgendwann so langweilig, dass die Kinder nach draußen gingen und Ball spielten, Fahrrad fuhren und ihre Umwelt erkundeten. Jetzt findet der ganze Spaß drinnen statt. Also sitzen sie in ihrem Zimmer und genießen die digitale Welt. Das Fernsehen war zwar auch ein Einschnitt, aber es hat unser Leben nie so stark beherrscht wie die digitale Welt. Die Kinder von heute sind alle von Kopf bis Fuß digital, zu Hause und auch unterwegs. Der Fernseher stand zu Hause in einem bestimmten Zimmer und war unbeweglich, aber Smartphones sind mobil und sind überall dabei, wohin man geht. Man kann sie sogar mit ins Bett nehmen und um drei Uhr morgens eine SMS verschicken und bekommen. Ich, A. Hart, habe einen Enkel an der Ostküste, der seiner Großmutter, meiner Frau, mit Begeisterung mitten in der Nacht SMS-Nachrichten schickt!

Die jetzigen Eltern sind die letzte Generation, die noch ohne Computer aufwuchs. Ihre Kinder sind die erste Generation, die in einer völlig digitalen Umgebung aufwächst. Und seien wir ehrlich: Wir wissen immer noch sehr wenig darüber, wie die langfristigen körperlichen, emotionalen, geistlichen und zwischenmenschlichen Folgen aussehen, wenn man der digitalen Invasion extrem ausgesetzt ist. Wir wollen nicht schwarzseherisch klingen, aber es ist eine unumstößliche Tatsache, dass unsere digitale Welt immer mehr in unser Leben eingreift. Die Veränderungen, die die Technik mit sich bringt, geschehen so rasant, dass sie die Fähigkeit des menschlichen Hirns, sich daran anzupassen, übersteigen. Das ist nicht nur unsere Meinung. Dr. Gary Small, ein angesehener Wissenschaftler und Leiter des Forschungszentrums für Gedächtnisleistungen und Alterungsprozesse an der Universität von Kalifornien in Los Angeles, sagt zu den Veränderungen, die die Technik bringt:

> *Die derzeitige Explosion der Digitaltechnik verändert nicht nur, wie wir leben und kommunizieren, sie verändert auch schnell und tiefgreifend unser Gehirn. Wenn man täglich der neuesten Spitzentechnologie – Computern, Smartphones, Videospielen, Suchmaschinen wie Google und Yahoo – ausgesetzt ist, wird eine Veränderung der Hirnzellen stimuliert ... Unser Gehirn entwickelt sich zurzeit in einer Geschwindigkeit wie nie zuvor.[3]*

Ja, Sie haben richtig gelesen. Die Geschwindigkeit, mit der wir jetzt Informationen verarbeiten, verändert unser Gehirn. Das hat unweigerlich viele Auswirkungen auf unser späteres Leben.

Das stellt uns vor die Frage: Ist diese »Veränderung des Gehirns« gut oder schlecht? Je nachdem, wen Sie fragen, bekommen Sie völlig verschiedene Antworten. Es gibt Menschen, die kritiklos jede Veränderung begrüßen, die unsere digitale Welt zu bieten hat. Sie sehen überall nur Gutes. Auf der anderen Seite stehen diejenigen, die den Anfang der Endzeit kommen sehen. Gott sei Dank, gibt es die Leute in der Mitte, die versuchen, sich eine ausgewogene Sichtweise zu bewahren, und deren Aussagen wir berücksichtigen sollten. Einfach ausgedrückt: Ob die explodierende digitale Welt zu einem guten oder zu einem bösen Ende führt, hängt davon ab, wie wir damit umgehen.

Aber es besteht kein Zweifel daran, dass es dringend nötig ist, sich mit diesem Thema auseinanderzusetzen. Besonders gefragt sind dabei die Menschen, die einen Einfluss auf das Leben unserer Kinder haben. Die Sorge wächst, dass die digitale Welt unsere Kinder einer »normalen« Kindheit beraubt. Einige sprechen davon, dass der Kindheit ihre Unschuld geraubt wird. Das ist eine kühne Aussage, aber wie wir auf den kommenden Seiten sehen werden, vertreten viele, die in der Wissenschaft, in der Gesundheit und in der Erziehung tätig sind, diesen Standpunkt. Sie glauben, dass es die Erschaffer dieser wunderbaren Technik versäumt haben, uns auf ihre Folgen und die rasende Geschwindigkeit der Veränderungen vorzubereiten. Diejenigen, die die größte Verantwortung dafür tragen, die empfindlichen Gehirne unserer Kinder zu formen und zu fördern, brauchen dringend Informationen und sinnvolle Strategien und Anleitung, wie diese Technik auf angemessene und disziplinierte Weise eingesetzt werden kann.

Digital Natives und Digital Immigrants

Es gibt inzwischen eine allgemein anerkannte Aufteilung der Welt in zwei Gruppen: die sogenannten *Digital Natives* (wörtlich übersetzt: digitale Eingeborene) und die sogenannten *Digital Immigrants* (digitale Einwanderer). Diese Aufteilung zu verstehen, ist als Grundlage für die Strategien, die wir später beschreiben werden, wichtig.

Der Begriff *Digital Natives* beschreibt die Menschen, die *nach* dem Einzug der Digitaltechnik geboren wurden. Diese Gruppe wird auch als »Generation Internet« bezeichnet, da sie sozusagen mit einer digitalen DNA zur Welt kamen. Im Gegensatz dazu sind

die *Digital Immigrants* diejenigen, die *vor* dem Einzug der Digitaltechnik geboren wurden. Sie wuchsen ohne digitale DNA auf und
haben oder hatten Mühe zu lernen, wie die digitale Welt funktioniert. Allgemein gesagt, sprechen *Digital Natives* intuitiv die Sprache
von Computern, während *Digital Immigrants* zwar vielleicht in der
Lage sind, sich an die Technik anzupassen, aber keine digitale DNA
haben, die ihnen das erleichtert.

Weit verbreitet ist der Glaube, Digital Natives wären klüger als
Digital Immigrants. Wir bezweifeln, dass diese Aussage allgemein-
gültig ist. Die Natives sind vielleicht in Bezug auf digitales Wissen
besser auf dem Laufenden als viele Immigrants, aber ihnen fehlt oft
die nötige Reife und sie tendieren dazu, die Gefahren der digitalen
Welt zu ignorieren.

Fachleute haben die Unterscheidung zwischen den zwei Typen
einen Schritt weiter geführt: Allgemein betrachtet, teilen sich die
Digital Immigrants, diejenigen, die die Technik erst neu lernen müssen, in drei Hauptgruppen auf. Finden Sie heraus, in welche dieser
Gruppen Sie gehören:

1. *Vermeider:* Sie bevorzugen einen Lebensstil mit keiner oder nur
   der allernötigsten Technik. Sie haben ein Festnetztelefon, kein
   Handy und keinen E-Mail-Account. Sie sind weder in Twitter
   noch in Facebook. Bezeichnend für diese Gruppe ist, dass sie
   keinen Wert in der Digitaltechnik oder in einem Umgang damit
   sieht.

2. *Widerstrebende Anwender:* Diese Gruppe akzeptiert, dass die
   Digitaltechnik Teil der heutigen Welt ist, und versucht, ein Teil
   davon zu sein. Aber sie mutet ihr immer noch fremd an. Diese
   Gruppe ist weit gefächert und altersübergreifend. Sie haben zwar
   ein Handy, aber sie schreiben keine SMS, solange es nicht unbedingt nötig ist. Sie benutzen vielleicht gelegentlich eine Suchmaschine, aber sie haben keinen Facebook-Account. Diese Gruppe
   definiert sich eher durch ihre vorsichtige und zögerliche Haltung
   gegenüber der Digitaltechnik als durch ihre Bereitschaft, diese
   Technik zu benutzen.

3. *Leidenschaftliche Anwender:* Diese Digital Immigrants haben das Potenzial, mit den Natives Schritt zu halten. Sie fühlen sich in digitalen Situationen wohl und haben die Fähigkeit und das Interesse, diese Technik zu nutzen. Sie sind Wissenschaftler, Programmierer, Manager, Geschäftsleute und andere, die die Digitaltechnik begeistert begrüßen und in der Internetkultur aufgehen. Diese Gruppe tendiert dazu, nur das Gute an der Technik zu sehen (und ist vielleicht ein bisschen zu blind), und sie bemüht sich, den größten Nutzen daraus zu ziehen.

Genauso wie die Digital Immigrants sind auch die Digital Natives nicht alle gleich. Auch sie teilen sich aufgrund ihrer Haltung zur Digitaltechnik und aufgrund ihrer Verwendung in folgende drei Gruppen auf:

1. *Vermeider:* Ja, es gibt auch junge Leute, die, obwohl sie in der digitalen Welt geboren sind, keine Affinität zur Digitaltechnik haben. Im Gegensatz zum größten Teil ihrer Altersgenossen schlägt ihr Herz bei Facebook, Simsen und mobilen Geräten nicht höher. Angehörige dieser Gruppe benutzen vielleicht ein normales Handy, aber nicht viel mehr. Wie Sie sich denken können, sind sie eine kleine Gruppe, die die digitale Welt meiden und sich vielleicht ein wenig geächtet fühlen. Und da sie jung sind, kann es vorkommen, dass sie verspottet oder gar gemobbt werden.
2. *Widerstrebende Anwender:* Sie haben erkannt, dass man die Digitaltechnik nicht wieder abschaffen wird, und akzeptieren sie als Teil der heutigen Welt, aber sie beschränken die Nutzung und verwenden sie nur, wenn sie es für nötig halten. Sie googeln Informationen nur, wenn es sein muss. Sie haben zwar vielleicht einen Facebook-Account, aber sie checken ihn nur einmal am Tag oder nur alle paar Tage. Sie fragen nach der Wegbeschreibung zu einem Freund, statt sich einfach die Adresse geben zu lassen und sie in Google Maps nachzuschauen. Wenn unbedingt nötig, benutzen sie Skype oder ein GPS-System, aber sie sind nicht übermäßig erpicht darauf.

3. *Leidenschaftliche Anwender:* Sie machen die große Mehrheit der Jugendlichen heute und den größten Teil der Digital Natives aus. Sie genießen die neueste Technik und die modernsten Geräte und gehen darin auf. Sie wollen immer das absolut neueste Smartphone, auch wenn das neueste Modell nur eine winzige Veränderung gegenüber dem Vorgängermodell aufweist (was für gute Verkaufszahlen sorgt). Sie sind auf Facebook, Twitter und durch Simsen ständig interaktiv. Sie sind den ganzen Tag oder so lange wie möglich irgendwie online (YouTube, Fernsehen oder Filme im Internet, Facebook, Surfen etc.). Wenn sie etwas wissen wollen, z. B. eine Übersetzung aus einer Fremdsprache, die Wegbeschreibung zu einer Party, die richtige Schreibweise eines Wortes oder sogar die Lösung einer Prüfungsfrage, schauen sie bei Google nach. Dieser Gruppe ist es wichtig, jederzeit zu kommunizieren, selbst wenn das zu chronischem Schlafmangel führt.

Jüngere Mitglieder der letzten Gruppe ziehen das Simsen dem E-Mail-Schreiben vor. Allgemein kann man sagen, dass die jüngere Generation immer weniger lernt, richtig zu schreiben. Damit sind Konflikte zu Hause, in der Schule, am Arbeitsplatz und in jeder anderen Situation, in der Digital Immigrants den Ton angeben, vorprogrammiert. Zu den leidenschaftlichen Natives gehören (jedoch nicht ausschließlich) Leute, die Online-Spiele spielen, und diejenigen, die es nicht erwarten können, die neuesten Smartphones zu kaufen. Sie sind von der Digitaltechnik begeistert.

Konflikte zwischen Digital Natives und Immigrants sind inzwischen ein selbstverständlicher Bestandteil des Lebens. Es wird der Tag kommen, an dem alle Menschen Natives sind und dieser Konflikt verschwindet, aber bis dahin vertreten Eltern und Kinder unterschiedliche Standpunkte. Bürokratie, Papiere und Formulare werden für die Natives sinnlos sein, und sofortiger Online-Zugang zu Lehrern, Eltern und Gleichaltrigen wird die Norm sein.

Wenn wir die grundlegenden Unterschiede zwischen Digital Immigrants und Natives verstehen, kann das helfen, die Spannung zwischen ihnen zu verringern und die Grundlage für einen insgesamt gesünderen Umgang aller Gruppen miteinander zu schaffen. Alle Digital Immigrants, die in der Digitalsprache oder Internetterminologie nicht so gut bewandert sind, finden im Anhang A ein Glossar sozialer Medien.

Die digitale Welt und unser geistliches Leben

Wir sollten nicht vergessen, dass die digitale Invasion auch unser geistliches Leben beeinflusst. Als Christen sollten wir die erstaunlichen Veränderungen, die unsere technisch beherrschte Welt auf unser geistliches Leben hat, nicht ignorieren. Beispielsweise warnen Wissenschaftler, dass die Fähigkeit zur Meditation oder Kontemplation bei Menschen, die sich zu viel in der digitalen Welt aufhalten, abnimmt. Schon heute lässt sich das bei vielen jungen Menschen beobachten. Actionorientierte geistliche Aktivitäten sind bei ihnen viel beliebter als reflektierende, meditative geistliche Übungen. Jede Aufforderung, über etwas Geistliches nachzudenken oder zu meditieren, stößt auf taube Ohren. Statt einer Predigt einfach zuzuhören, sehen sie lieber Videos oder Anspiele. Anbetung, wie viele Digital Immigrants sie verstehen, ist etwas ganz anderes als das, was die Natives bevorzugen.

Das hat unweigerlich Auswirkungen auf ihre Fähigkeit, eine längere Zeit im Gebet zu verbringen, geschweige denn, über Bibelstellen nachzusinnen oder einer anspruchsvollen Predigt zuzuhören. Außerdem wirken sich diese Folgen unausweichlich auch auf ihre geistlichen Praktiken aus.

Gibt es auf breiter Front Beweise dafür, dass diese Veränderung in unseren Kirchen stattfindet? Wir glauben schon. Mehrere Pastoren, die wir interviewt haben, berichteten, dass eine zunehmende Zahl ihrer Gottesdienstteilnehmer durch Simsen während des Gottesdienstes, besonders während der Predigt, abgelenkt ist. Ich (S. Frejd) habe vor Kurzem mehrere Pastoren interviewt, um ihre Meinung zum Einfluss der digitalen Welt auf ihren Dienst zu erfahren. Ein Studentenpfarrer, der engen Kontakt zu jungen Leuten hat, sagte:

Ich stelle fest, dass junge Leute die zwischenmenschlichen Fähigkeiten verlieren, die in Beziehungen, in einer Familie und in der Gemeinde nötig sind. Meine Sorge ist, wie diese fehlende Kommunikationsfähigkeit ihre Ehen und die Art, wie sie ihre Kinder erziehen, beeinflusst. Diese digital abhängige Generation ist nicht in der Lage, viele Informationen aufzunehmen und tiefer zu gehen. Sie lesen keine Bücher und das verändert ihre Art zu lernen. Sie brauchen ein hohes Maß an Abwechslung, deshalb muss ich die Form, wie ich ihnen etwas sage, anpassen. Es ist, wie Andy Stanley sagt: Ich muss weniger lehren, um mehr zu erreichen. Ich glaube, Eltern sollten sich nicht abschotten. Sie sollten sich nicht heraushalten, sondern sich am digitalen Leben ihrer Kinder beteiligen. Ich glaube, die schädlichste Folge der digitalen Welt ist es, wenn die Eltern selbst von digitalen Medien abhängig sind, weil dadurch auch ihre Kinder abhängig werden.

Ich (A. Hart) war vor Kurzem Sprecher bei einer Pastorenkonferenz. Zwischen meinen zwei Vorträgen forderte der Veranstalter die anwesenden Pastoren auf, ihre Smartphones zu nehmen, eine App aufzurufen und über ein bestimmtes Thema abzustimmen. Bis zu diesem Zeitpunkt waren alle Handys sauber weggeräumt und nicht zu sehen gewesen. Nachdem sie jedoch aufgefordert worden waren, sie zu benutzen, blieben die Smartphones offen sichtbar und jederzeit greifbar. Während ich meinen nächsten Vortrag hielt, fiel mir auf, dass viele Pastoren sich weiterhin Nachrichten schrieben. Es war unübersehbar, dass sie ihre Diskussion zu dem Thema, zu dem sie gerade abgestimmt hatten, fortsetzten. Es war sehr störend. Als Professor bin ich diese »versteckten« Aktivitäten mit Smartphones und Laptops durch meine Studenten gewohnt, aber ich fand es sehr unhöflich, dass eine Gruppe Pastoren gegenüber einem Referenten bei einer Konferenz so unsensibel ist. Unsere Smartphones sind unbestritten in der Lage, viele wunderbare Dinge zu tun. Aber es gibt genauso unbestritten Situationen, in denen es einfach die Höflichkeit gebietet, sie wegzustecken. Ich bin sicher, dass diese

Pastoren das von ihren Gottesdienstbesuchern erwarten, wenn sie auf der Kanzel stehen und predigen.

Unsere digitale Welt dringt jedoch noch viel stärker in unser Gemeindeleben ein. Der Pastor einer großen Gemeinde, der kürzlich an einem Seminar teilnahm, das ich (A. Hart) leitete, äußerte seine tiefe Frustration über die Störung durch Smartphones während der Anbetungszeit in seiner Gemeinde. Er schrieb mir später folgenden Brief:

Als Sie über die Probleme sprachen, mit denen wir in unserer digitalen Gesellschaft konfrontiert werden, wurden mir die Augen für meine künstliche Gemeindewelt geöffnet. Mir wurde bewusst, wie weit unsere Gemeinden inzwischen von der Realität entfernt sind und wie viel von meiner Zeit und Energie auf Probleme verwendet wird, die, selbst wenn sie behoben werden, keinen starken positiven Einfluss auf das Leben der Menschen haben! Mir war nicht bewusst, in welchem Maß die Beschäftigung mit der digitalen Welt es den Menschen schwer macht, einfach nachzudenken, geschweige denn, Gott anzubeten. Ebenso wenig war mir klar, wie stark es dazu beiträgt, bei unseren Studenten das geistige Niveau herunterzuschrauben, und es ihnen schwerer macht, Probleme zu lösen, zu meditieren, zu kontemplieren und sogar Gedanken miteinander zu verknüpfen. Mir wurde bewusst, dass ich zulasse, dass die Digitaltechnik meine stille Zeit mit Gott am Morgen oder meine Konzentration in Gesprächen mit Menschen beeinträchtigt. Mein Handy vibriert oder mein Computer zeigt mir an, dass ich eine E-Mail habe. Ich werde dadurch abgelenkt, mich zu hundert Prozent auf andere Menschen zu konzentrieren, selbst in Besprechungen. Das ist unhöflich und es stört mich, das Gespräch oder die Präsentation, die ich in diesem abgelenkten Zustand verfolge.

Es gibt viele Pfarrer, denen es genauso geht. Wir begegnen ihnen oft. Ich hoffe, dass Pfarrer durch dieses Buch, in dem wir die größeren Herausforderungen aufzeigen, vor die die digitale Welt uns stellt, lernen, für sich selbst und für ihre Gemeinde klarere Grenzen zu ziehen.

Eltern und Lehrer können etwas tun

Bei der Vorbereitung auf dieses Buch wollten wir uns so gut wie möglich über die Herausforderungen informieren, vor denen Eltern durch die digitale Invasion stehen. Deshalb haben wir mit vielen Eltern über ihren Kampf mit der schlechten Seite der modernen Technik und ihre Auswirkungen auf ihre Kinder gesprochen und versucht herauszufinden, was sie wirklich wissen müssen, um die übertriebene Nutzung der Digitaltechnik in ihrer Familie einzudämmen.

Die Ergebnisse aus dieser informellen Umfrage waren sehr interessant und haben unsere schlimmsten Befürchtungen bestätigt: Die Beschäftigung mit digitalen Medien greift das Einheitsgefühl als Familie an. Viele Eltern gaben zu, dass sie genauso sehr von ihren Computern und ihren Handys abhängig sind wie ihre Kinder. Viele Teenager berichteten, dass sie als Familie oft zusammensitzen, aber kaum miteinander sprechen, weil jeder mit seinem Handy beschäftigt ist. Väter gaben zu, dass sie von bestimmten Internetaktivitäten genauso abhängig sind wie ihre Kinder. Mütter simsen, während sie ihre Babys stillen, wodurch der Augenkontakt zwischen Mutter und Kind gestört ist. Beide sind mit ihren digitalen Geräten beschäftigt und tauchen damit in eine andere Welt ein. SMS-Nachrichten gehen zwischen Familienmitgliedern hin und her, während sie zusammensitzen, aber es wird kaum ein Wort gesprochen.

Viele Eltern gaben zu, dass sie keine Ahnung haben, wie ernst die psychischen und körperlichen Herausforderungen der digitalen Welt sind. Eine Freundin von uns leidet unter schweren Sehstörungen. Zuerst sah sie grelle Blitze und dann verschiedene Farben aufblitzen. Ihr Augenarzt teilte ihr mit, dass die extreme Benutzung ihres Computers und Smartphones höchstwahrscheinlich die Ursache dafür ist, und wies sie an, ihre Verwendung drastisch einzuschränken. Außerdem hatte sie ein ernstes Karpaltunnel-Syndrom entwickelt, bei dem ein starker Druck auf einen Nerv im Handgelenk, der für das Gefühl und die Bewegung von Teilen der Hand zuständig ist, ausgeübt wird. Das kann durch zu vieles Tippen auf einer Tastatur entstehen. Außerdem wies sie die klassischen Symptome auf: Taubheit, Kribbeln, Schwäche und Muskelschädigung in der Hand und in den Fingern. Diese ganzen Probleme sind auf ein zu langes Sitzen am Computer zurückzuführen.

Unsere Untersuchungen machten außerdem deutlich, dass Erwachsene kaum eine Ahnung haben, was gut oder schlecht daran ist, wenn sie oder ihre Kinder sich mit der Cyberwelt beschäftigen. Sie gingen einfach davon aus, da »es jeder macht«, könne es ihnen nicht schaden, es auch zu machen. Sie hatten keinen klaren Handlungsplan, um den negativen Folgen der Digitaltechnik vorzubeugen. Sie gaben alle zu, dass sie mehr darüber lernen müssten, wie sie ihren Familien zu einem gesünderen und disziplinierteren Umgang mit der Technik verhelfen können, damit sie alle von ihrem positiven Nutzen profitieren, aber sicherstellen, dass die negativen Konsequenzen auf ein Minimum beschränkt bleiben.

Dazu kommt der Kampf von Eltern mit dem Widerstand, der ihnen vonseiten der Digital Natives entgegenschlägt. Ihre Kinder werfen ihnen vor, sich in ihre Welt einzumischen. Ein Lehrer und Vater eines vierzehnjährigen Sohnes war ehrlich, als er am Ende eines Seminars, das wir leiteten, ein typisches Dilemma beschrieb, dem viele Eltern gegenüberstehen, wenn sie versuchen, den Computer- und Handykonsum ihrer Kinder einzuschränken.

Er erklärte, dass sein Sohn viel Zeit damit verbringt, mit seinen Freunden zu simsen. Wie viele tut er das hauptsächlich spätnachts, wenn der Rest der Familie schläft. Die schulischen Leistungen des Sohnes fielen stark ab, was hauptsächlich daran lag, dass er nicht genügend Schlaf bekam. Seine Lehrer teilten den Eltern mit, dass er im Unterricht einschlafe (mehr als andere Schüler), und vermuteten sogar, dass der Junge möglicherweise an ADS (Aufmerksamkeits-Defizit-Syndrom) leiden könnte. Eine kürzlich durchgeführte Studie fand heraus, dass Schlafmangel bei Kindern zu einer »Pseudoform« von ADS führen kann. Der Vater war ziemlich deprimiert, als er uns erklärte, wie frustrierend das sei. Dann schilderte er, in welcher Zwickmühle er sich befindet:

Ich weiß, dass ich meinem Sohn das Handy wegnehmen sollte, wenn er ins Bett geht. Aber wenn ich es ihm wegnehme, befürchte ich, dass er nicht auf die Nachrichten antworten kann, die zwischen seinen Freunden ausgetauscht werden, und dass sie ihn dann ausschließen. Da alle anderen Kinder es machen, zögere ich, ihm das Handy wegzunehmen. Sonst wird er nur wie ein Außenseiter behandelt. Ich denke, gute Freundschaften sind für einen Teenager genauso wichtig wie gute Noten. Ich habe keine Ahnung, was ich tun soll.

Wir verstehen das Dilemma dieses Vaters. Das ist der Grund, warum Eltern Hilfe brauchen, um zu lernen, wann und in welchem Umfang sie Grenzen setzen müssen. Sie brauchen Rat, wie man mutige, erzieherische Schritte ergreift, um das Beste für ihre Kinder zu erreichen.

Wir werden in diesem Buch diese Themen ansprechen und Eltern praktische Hilfe an die Hand geben. Wir bitten die Eltern dringend, dass sie sich nicht dem Status quo beugen, sondern sich die Zeit nehmen, sich über die wachsenden Gefahren der Cyberwelt zu informieren und das Gleichgewicht zu finden, das ihren Kindern am meisten hilft.

Was wir tun können

Der Schutz unserer Kinder muss unser wichtigstes Ziel sein. Wir können nicht stark genug betonen, dass die Herausforderungen, mit denen wir konfrontiert werden, bereits einen körperlichen und psychischen Tribut von unseren Kindern fordern.

Natürlich werden die Lösungen, die wir vorschlagen, die »digitale Unterhaltung« im Leben Ihres Kindes einschränken. Wir müssen Grenzen setzen. Eltern müssen neu lernen, wie wichtig das Wort *Nein* ist, und den Mut aufbringen, dieses Wort öfter zu sagen. Eltern müssen wissen, wann es einfach reicht. Sie müssen eine Uhrzeit am Abend festlegen, zu der das Internet im ganzen Haus ausgeschaltet wird und alle Handys in einen für alle sichtbaren Korb gelegt werden und dort bis zum nächsten Morgen bleiben – natürlich ausgeschaltet. Internetvideospiele und Facebook gibt es erst, wenn die Hausaufgaben gemacht sind.

Wenn Ihre Kinder sich beschweren, dass ihnen »langweilig« ist, helfen Sie ihnen, die Langeweile zu vertreiben, indem sie mit ihnen aus dem Haus gehen und etwas mit ihnen spielen. Ja, *mit* ihnen! Irgendwann werden Ihre Kinder Ihren Enkelkindern von den Spielen erzählen, die sie mit Ihnen auf der Wiese oder im Park gespielt haben, und Sie werden froh sein, dass Sie sich jetzt die Zeit dafür genommen haben. Eine andere Möglichkeit ist, mit ihnen spazieren zu gehen und ein Hobby ohne Computer und Handy zu suchen, das Ihnen allen Spaß macht. Fordern Sie sie auf, den Hund auszuführen, eine Zeitschrift oder ein Buch zu lesen (ja, ein eBook ist auch okay), oder helfen Sie ihnen, ein Musikinstrument oder eine Fremdsprache zu lernen. Wenn Ihr Kind sich beschwert, dass das »nicht fair« sei oder dass »alle anderen das machen«, stellen Sie klar, dass *Sie* die Eltern sind, die dafür verantwortlich sind, was aus Ihrem Kind wird, und nicht die Eltern »aller anderen«.

Zum Glück wacht die Wissenschaft allmählich auf und erkennt, wie ernst die Herausforderungen sind, vor die wir durch die Cybertechnik gestellt werden, und fängt an, hilfreiche Strategien zu entwickeln. Aber es bleibt abzuwarten, ob Mütter und Väter (und andere, die an der Erziehung unserer Kinder beteiligt sind) aufwachen und die Bedrohung erkennen, die unsere digitale Welt darstellt, und richtig darauf reagieren. Wir sind überzeugt, dass es Strategien gibt, die Eltern und Lehrer einsetzen können, um den Folgen von übertriebenem Internet- und Handykonsum entgegenzuwirken. Die Lösungen klingen vielleicht ganz einfach, doch vielen Eltern fällt es möglicherweise schwer, sie durchzusetzen, aber *alle* Eltern müssen den Ernst der Herausforderung, vor der sie stehen, erkennen.

Es ist unsere Hoffnung, dass dieses Buch Ihnen, dem Leser, das Wissen, die Weisheit, die Entschlossenheit, den Mut und die Mittel an die Hand gibt, die nötig sind, um eine mögliche Katastrophe in einen großen Segen für alle zu verwandeln. Wir wollen dieses Buch nicht darauf beschränken, unsere Kinder nur vor den offensichtlichen, ernsteren Risiken der digitalen Welt zu schützen, wie Cybermobbing oder sexuellen Übergriffen, sondern auch vor den subtileren, weiter verbreiteten Risiken, die sich hinter der Ausrede »das macht jeder« verbergen. Wir richten unser Augenmerk auf alle, die durch die digitale Invasion gefährdet sind – sowohl Digital Natives als auch Digital Immigrants.

Es gibt immer mehr Hinweise, dass unsere Cyberwelt eine negative Auswirkung auf jeden Lebensbereich haben kann. Dazu gehören auch unsere körperliche und geistige Gesundheit, unsere Ehen, unser beruflicher Erfolg und vieles mehr. Die nächste Generation steht in ernsthafter Gefahr, keine tiefen, engen Beziehungen pflegen zu können. Wir wollen Ihnen in allen diesen Bereichen Mittel zur Verfügung stellen, die Ihnen helfen sollen, einen Weg in den Herausforderungen zu finden, mit denen Sie in unserer »nicht so schönen neuen Welt« konfrontiert werden. Wir bemühen uns um eine ausgewogene und realistische Herangehensweise.

Ja, die Vorschläge und Empfehlungen, die wir Ihnen unterbreiten, kosten Sie etwas Zeit und erfordern das Mitwirken sowohl der Eltern als auch aller anderen, die mit unseren Kindern Kontakt haben. Sie werden viel um Mut und Weisheit beten, um kleine Fortschritte zu machen, *aber es muss jetzt geschehen*. Digital Natives wissen vielleicht mehr über die heutige Technik, aber die Digital Immigrants wissen mehr über das wirkliche Leben.

Gesprächsimpulse

1. Sind Sie ein *Digital Immigrant* oder ein *Digital Native*? In welcher Untergruppe ordnen Sie sich ein?

   - *Digital Immigrant:* Vermeider, widerstrebender oder leidenschaftlicher Anwender?
   - *Digital Native:* Vermeider, widerstrebender oder leidenschaftlicher Anwender?

Inwiefern raubt die Technik Ihrer Meinung nach Ihren Kindern eine »normale« Kindheit? Haben Sie persönliche Erfahrungen gemacht? Erzählen Sie Ihre Geschichte.

Gegen Ende dieses Kapitels haben wir von einem Vater berichtet, dessen Sohn viel Zeit damit verbringt, seinen Freunden zu simsen. Er befürchtet, dass sein Sohn ausgegrenzt wird, wenn er eingreift. Kennen Sie dieses Dilemma? Inwiefern?

Zählen Sie einige positive Wirkungen auf, die die Technik auf Ihr Leben hat.

Warum, glauben Sie, ist es höchste Zeit, die phänomenale digitale Welt in ein hilfreiches, nicht destruktives Mittel umzugestalten?

Welche ersten Schritte halten Sie, nachdem Sie dieses Kapitel gelesen haben, für nötig, um die Auswirkungen der Digitaltechnik auf Sie selbst und Ihre Familie in den Griff zu bekommen?

2
Aufwachen! – Wie sieht Ihre Beziehung zur Technik aus?

Aufwachen – aus dem Schlaf oder einem schlafähnlichen Zustand erwachen oder geweckt werden.

Die Technik verspricht uns, dass wir dank ihr überall alles mit jedem tun können. Aber gleichzeitig laugt sie uns aus, weil wir versuchen, überall alles zu tun. Das Leben, das die Technik ermöglicht, gibt uns immer mehr das Gefühl, erdrückt und erschöpft zu werden. Wir können jetzt zwar überall arbeiten, aber wir stehen auch in Gefahr, überall einsam zu sein.

Sherry Turkle
Professorin für Sozialwissenschaften,
Massachussetts Institue of Technology

»Mark, kannst du Allie heute Abend baden? Ich bin hundemüde«, bittet Sarah ihren Mann nach dem Abendessen. »Gern«, antwortet Mark und verschwindet mit Allie im Badezimmer. Aber während der ganzen Zeit, in der seine kleine Tochter in der Badewanne sitzt, spielt er auf seinem Smartphone. Als Mark später im Bett liegt und an seine Zeit mit Allie im Badezimmer denkt, geht ihm ein Licht auf. Er dreht sich zu Sarah herum. »Schatz, mir ist gerade bewusst geworden, dass ich die ganze Zeit, während Allie in der Badewanne saß, mit meinem Smartphone beschäftigt war. So etwas sollte ein Vater nicht tun. Das sind Momente, an die sie sich ihr Leben lang erinnert, und ich habe die Zeit mit meinem Smartphone vergeudet. Es macht mir wirklich Sorgen, dass mein Zwang, auf dem Smartphone zu spielen, stärker ist als mein Wunsch, mich mit Allie zu befassen.« Dieser Abend war ein Weckruf für Mark, der ihm die Augen dafür geöffnet hat, wie sehr er sich von seinem Smartphone beeinflussen lässt. Er beschloss, einiges in seinem Leben zu ändern.

Genauso wie Mark müssen wir alle darauf achten, wie wir mit der Technik umgehen. Dieses Kapitel will uns *aufwecken* und fordert uns heraus, unter die Lupe zu nehmen, wie sehr unsere Beziehung zur Technik in unser Leben eingreift. Es lässt sich nicht leugnen, dass die digitale Welt in unser echtes Leben eingreift und es formt. Nehmen Sie sich einen Moment Zeit und überlegen Sie, wie die moderne Technik *Ihr* Leben verändert. Vielleicht hilft es Ihnen, Ihre Erkenntnisse schriftlich festzuhalten. Würden Sie sagen, dass Ihre digitalen Geräte Ihnen mehr Spaß machen als Ihre Beziehungen im echten Leben? Wenn ja, warum? Sieht ein typischer Tag in Ihrem Leben so aus: Sie werden von Ihrem Wecker aus dem Schlaf gerissen, dann rufen Sie Ihre E-Mails ab, schauen in Facebook, schauen in Twitter und rufen noch einmal Ihre E-Mails ab. Sie bekommen eine SMS und beantworten sie sofort. Wenn Sie von der Arbeit nach Hause kommen, fängt dasselbe wieder von vorne an und Sie wiederholen dieses Ritual, bis Sie ins Bett gehen (manchmal auch bis tief in die Nacht!)?

Wo ist die ganze Zeit geblieben?

Es ist nichts Neues, dass junge Erwachsene am stärksten digital vernetzt sind, aber jetzt hat das Marktforschungsinstitut Nielsen[4] einen neuen Namen für diese Gruppe geschaffen, die auf ihrem gemeinsamen Verhalten basiert: Generation C. Das C steht für »connected«. Diese Gruppe umfasst die Altersgruppe von achtzehn bis vierunddreißig, die sich dadurch definieren, dass sie immer online vernetzt sind. Sie nutzen die Medien, pflegen ihre sozialen Kontakte und teilen anderen ihre Erlebnisse mehr über technische Geräte mit als jede andere Altersgruppe.[5] Aber nicht nur die Achtzehn- bis Vierunddreißigjährigen wollen ständig vernetzt sein. Wir alle wollen ständig erreichbar sein.

Es überrascht nicht, dass Mobilgeräte mit Internetanschluss die Zunahme der Internetnutzung vorangetrieben haben, da jedes

Smartphone Internetzugang hat. Bis 2015 haben, Schätzungen zufolge, 82 Prozent der Haushalte Internetzugang. Bald wird jeder auf irgendeine Weise Internetzugang haben.

Unsere Smartphones und iPads sind nur einen Klick entfernt von der neuesten Nachricht, dem neuesten Gerücht und von jedem, der mit uns kommunizieren will. Leider gehören dazu manchmal völlig Fremde, die glauben, sie hätten das Recht, uns jederzeit, wenn es ihnen gerade passt, zu stören. Die Nachricht auf Ihrem Handy, dass Sie eine neue E-Mail, SMS oder eine Facebook-Mitteilung haben, dringt jederzeit in Ihr Leben ein. Das betrifft nicht nur Sie selbst, sondern auch Ihre Angehörigen, die Ihre Aufmerksamkeit benötigen. Es wird zum Kampf, ein Gespräch mit Freunden zu führen, ohne dass unsere Augen immer wieder zu unserem Handy wandern, um zu sehen, ob wir eine neue Nachricht bekommen haben.

Meistens sind wir uns gar nicht bewusst, wie störend dieser ständige und leichte Kommunikationszugang geworden ist, und wie viel von unserer Zeit er beansprucht. Es macht die Kommunikation leichter und schneller, und dafür sind wir sehr dankbar. Aber wir müssen uns auch bewusst sein, wie sehr unsere übertriebene Nutzung der digitalen Welt unser Leben unterminieren kann. Es ist zweifelhaft, ob wir dadurch in unseren wichtigsten Beziehungen enger zueinander hingezogen werden.

Viele sagen: »Mein Smartphone ist ein Teil von mir. Wie soll ich ohne es überleben?« Die *Nomophobia*, »No-Mobile-Phone-Phobie«, nimmt immer mehr zu. Damit bezeichnet man das neueste durch die Digitaltechnik ausgelöste psychische Krankheitsbild, nämlich die Angst, von unserem Handy getrennt zu sein. Unsere Smartphones und die anderen digitalen Geräte sind zweifellos ein fester Bestandteil unseres Lebens geworden, in einigen Fällen sogar so weit, dass wir ohne sie nicht leben können. Einer der Gründe, warum wir fordern, aufzuwachen, kommt daher, dass die digitalen Geräte nicht nur Teil unseres Lebens sind, sondern es beherrschen. Die Gefahr, von unserem Smartphone oder bestimmten Internetaktivitäten abhängig zu werden, wird unvermeidlich zwanghafter, wenn wir den eingeschlagenen Weg weiter verfolgen. Unsere digitalen Spielzeuge und

Geräte wurden vielleicht nicht absichtlich mit dem Ziel entwickelt, solche Abhängigkeiten zu schaffen, aber trotzdem gehören sie inzwischen zu den größten Suchtherausforderungen, mit denen wir es je zu tun hatten. Bei den meisten geht es nicht um die Frage, *ob* wir abhängig sind, sondern *wie sehr* wir abhängig sind.

Jeder von uns hat eine Beziehung zur Technik

Wie sieht Ihre Beziehung zu den digitalen Geräten aus, die Sie tagtäglich umgeben? Die meiste Zeit warten unsere Geräte im Hintergrund und sind bereit, unsere sofortige Aufmerksamkeit zu verlangen. Sie haben auch leise und fast unbemerkt unsere Einstellung verändert. Betrachten wir beispielsweise E-Mails. Es vergeht kaum ein Tag, an dem nicht jemand von mir eine schnelle Antwort auf eine E-Mail erwartet. Warum sonst gibt es E-Mails, wenn man nicht eine sofortige Antwort erwarten kann?

Unsere digitalen Geräte haben die Fähigkeit, unsere Aufmerksamkeit zu spalten. Sie dringen in jede Aktivität, mit der wir gerade beschäftigt sind, ein. Meine (A. Harts) liebe Frau hält engen Kontakt zu allen unseren Enkeln und auch zu vielen Pastorenfrauen, die sie seit Jahren als Mentorin begleitet. Und sie liebt Gartenarbeit. Mir ist aufgefallen, dass sie normalerweise ihr Handy mitnimmt, wenn sie in den Garten geht. Der Grund liegt auf der Hand: Sie will erreichbar sein, wenn sie anrufen. Das betrachtet sie als Teil ihres Dienstes. Wir haben unser Handy bei allem, was wir machen, dabei, auch bei den Dingen, die unsere ganze Aufmerksamkeit erfordern. Offenbar räumen wir unserem Handy das Recht ein, uns jederzeit zu stören, ein Recht, das wir niemandem sonst geben.

Unsere Digitalgeräte haben nicht nur das Recht, uns zu stören, sie bieten auch eine subtile Form von Aufregung und Erregung, die das Genusssystem unseres Gehirns überfrachtet und oft zu zwanghaften Verhaltensweisen und emotionaler Abhängigkeit führt. Wir stießen kürzlich auf einen Blog, in dem ein Mann seine Beziehung zur digitalen Welt erklärt:

Im echten Leben stellen Menschen Anforderungen an mich.
Es kostet Energie, Beziehungen aufzubauen, miteinander zu
sprechen, Konflikte zu bewältigen und Probleme zu lösen. Mein
Smartphone verlangt das alles nicht von mir. Es bietet mir rund
um die Uhr Vergnügen. Mein Hirn lechzt nach der sofortigen
Befriedigung und dem Vergnügen, den eine SMS oder E-Mail
bietet. Je mehr ich sie lese und benutze, umso abhängiger werde
ich davon.

Ein Mann hat mir (S. Frejd) Folgendes erzählt: Letzte Woche fuhr
er ohne sein Smartphone zur Arbeit. Er hatte es eilig und ließ es
versehentlich in der Küche liegen. Sein Handy war auf »Vibrieren«
bei eingehenden Nachrichten oder Anrufen eingestellt. Er erlebte
den ganzen Tag, den er ohne sein Handy war, Phantomvibrationen.
Er griff nach seinem Handy, da er glaubte, er bekäme einen Anruf,
stellte aber fest, dass er überhaupt kein Handy dabei hatte. Er hatte
gehört, dass Amputierte in einem amputierten Körperteil Phan-
tomschmerzen fühlen können, war sich aber nie bewusst gewesen,
dass er etwas Ähnliches in Bezug auf sein Handy erleben könnte.
Ich habe anderen von seinen Erfahrungen erzählt, und viele berichten, dass sie das gleiche Phänomen auch schon erlebt haben: Die
Vibration auf ihrer Haut von ihrem Handy wird im Laufe der Zeit
eine Phantomvibration. Wir haben dieser Störung einen Namen
gegeben: »Phantom-Handy-Vibrationen«.

Aber wir machen uns nicht nur wegen lästiger Phantomvibrationen Sorgen. Die wichtigere Frage ist, wohin unsere Kultur in
ihrer Beziehung zur Technik insgesamt steuert. Die Digitaltechnik gestaltet unser Leben um, aber wir schenken dieser Veränderung kaum Beachtung. Wir wollen deshalb einen kurzen Blick
darauf werfen, worauf wir zusteuern. Wenn Sie dieses Buch jetzt
weglegen, in die nächste Fußgängerzone oder Einkaufspassage
fahren und dort spazieren gehen würden (und dabei natürlich
Ihr Smartphone in der Tasche haben), könnten Sie beobachten,
dass die Leute mit ihren Handys oder Smartphones telefonieren, simsen, E-Mails schreiben, googeln, facebooken und sogar

spielen oder Musik hören. Wir entwickeln uns zu einer Generation, die in ihre mobilen Digitalgeräte verliebt ist. Smartphones nehmen immer mehr überhand. Eine Studie zeigt, dass über eine Milliarde Menschen ein Smartphone benutzen. Es wird angenommen, dass es 2015 über zwei Milliarden Smartphonenutzer geben wird.[6]

Der Barna-Familienbericht 2011 zeigt, dass viele von uns bis zu acht Stunden am Tag in der digitalen Welt verbringen.[7] Laut diesem Bericht beeinflusst das digitale Zeitalter die Eltern-Kind-Beziehungen auf frappierende Weise. Die im Folgenden aufgeführten Ergebnisse des Berichts können uns helfen, über unsere Beziehung zur Technik nachzudenken und zu versuchen, sie auf bessere Wege zu lenken:

Eltern sind von der Technik genauso abhängig wie ihre Kinder im Teenageralter oder Studentenalter. Eltern nutzen die Technik und Medien fast im selben Maß wie ihre 11- bis 17-Jährigen. Jüngere Eltern, die Digital Natives zwischen dreißig und Anfang vierzig, sind von der Technik noch stärker abhängig.

Die meisten Familienmitglieder haben das Gefühl, dass die Technik einen positiven Einfluss auf ihre Familien hat, und begrüßen die Technik und die Medien mit offenen Armen, statt ihnen mit Vorsicht zu begegnen.

Sehr wenige Erwachsene oder Jugendliche legen eine erkennbare Pause von der Technik ein. Das bestätigt, dass sie zunehmend von der Technik abhängig, wenn nicht sogar süchtig werden. Nur zehn Prozent der Eltern und sechs Prozent der Teenager geben an, dass sie versuchen, einen Tag in der Woche eine Pause von der Nutzung ihrer digitalen Geräte einzulegen. Daraus ergibt sich die Frage, ob die Familien ihre Technik beherrschen oder ob sie sich von ihr beherrschen lassen.

In Familien kommt es zu Konflikten wegen der Technik, aber nicht auf vorhersehbare Weise. Die Untersuchung zeigt, dass die Technik bestehende Beziehungsstrukturen und Probleme anscheinend verstärkt. Familien, die gesunde und häufige Gespräche miteinander führen, stellen fest, dass die Technik diesen Prozess fördert, während Familien ohne solche gesunden Interaktionen feststellen, dass die Technik die Isolation der einzelnen Familienmitglieder verschärft.

Unsere jüngeren Leute haben das Gefühl, dass bei den Regeln verschiedenes Maß angelegt wird. Ihre Eltern sagen ihnen, dass sie den Computer ausschalten oder beim Essen nicht simsen dürfen, aber selbst halten sie sich nicht daran. Sie sind in Bezug auf ihr Handyverhalten kein gutes Vorbild.

Nur wenige Familien erleben es, dass in der Gemeinde der Umgang mit der Digitaltechnik angesprochen wird. Die meisten Eltern und Kinder hören weder in einer Gemeinde, in einem anderen religiösen Umfeld oder in einem öffentlichen Forum (wie der Schule), wie Familien die Medien, die Unterhaltungsmittel und die Technik am besten nutzen können, und bekommen keine Anleitung oder Unterstützung, was den gesunden Umgang mit der Technik in ihrem Familienleben angeht.[8]

Es besteht kein Zweifel, dass wir eine enge Beziehung zu unseren digitalen Geräten entwickelt haben. Der Laptop oder das Smartphone, das Sie haben, ist zuerst einmal nichts Schlechtes, aber der Wert, den Sie ihm beimessen, entscheidet, ob das Gerät Ihnen dient oder Sie ihm.

Sozial besser vernetzt, aber einsamer

Außerdem müssen wir erkennen, wie unsere digitale Welt unsere sozialen Beziehungen verändert. Der zunehmende Glaube, dass soziale Kontakte über das Internet mithilfe eines Computers oder Smartphones genauso gut und möglicherweise sogar besser wären als ein herkömmliches Gespräch, bei dem man sich gegenübersitzt, muss ebenfalls angesprochen werden. »*Je mehr Kontakt wir haben, umso besser*« lautet das Motto, aber *wie* wir heute Kontakt haben, muss genauer unter die Lupe genommen werden, um sicherzustellen, dass wir mit unserem Streben nach mehr sozialen Kontakten auf dem richtigen Weg sind.

Man nimmt an, dass wir als Kultur heute mehr Beziehungen haben als irgendeine andere Kultur je zuvor in der Geschichte, aber es gibt Hinweise, die darauf schließen lassen, dass wir in Wirklichkeit einsamer sind als je zuvor. Dabei ist es sehr wichtig, wie wir »Kontakte und Beziehungen« definieren. Wir haben in der S-Bahn mit vielen Menschen Kontakt, aber wir haben zu niemandem wirklich eine Beziehung. Zum Beispiel mit einem Freund über Skype Kontakt zu haben und ihn auf dem Computerbildschirm zu sehen, ist NICHT das Gleiche, wie sich mit einem Freund bei einer Tasse Kaffee zu unterhalten. Fragen Sie ein Liebespaar, ob ihrer Beziehung nichts fehlt, wenn sie sich nur über Skype unterhalten. Die Antwort wird ein klares, deutliches Nein sein. Wenn wir persönlich zusammen sind, haben wir nicht nur durch das, was wir sehen, Kontakt, sondern auch durch das, was wir fühlen, und durch unsere anderen Sinne. Diese Sinne müssen Teil einer »echten« sozialen Begegnung sein, sagen Fachleute.

Skype-Kontakte haben ihre Berechtigung. Ich (A. Hart) bitte meine Kinder und Enkel immer, mir zu skypen oder auf ihrem iPhone mit FaceTime mit mir zu chatten. Natürlich hilft der visuelle Kontakt, wenn man jemanden schon sehr gut kennt, aber wenn das nicht der Fall ist, fördert ein solcher Kontakt die Beziehung nicht wirklich. Ein Videokontakt über das Internet ist somit nur ein sinnvoller Kontakt, wenn er die persönlichen Kontakte ergänzt, die vorher aufgebaut wurden.

Das führt uns zu der offensichtlichen Schlussfolgerung, dass Skype, Facebook, Smartphones und alle anderen sozialen Netzwerke, die wir geschaffen haben, bis zu einem gewissen Punkt sinnvoll sind, aber allein keine echten, engen sozialen Beziehungen ermöglichen. Wir können mit Angehörigen, die weiter weg wohnen, in Kontakt bleiben. Aber – und das ist ein großes Aber – je mehr wir von den sozialen Kontakten abhängig werden, die unsere digitale Welt bietet, umso bewusster müssen wir *echte* Beziehungen schaffen und pflegen.

Das Thema der digital vermittelten sozialen Medien stellt für uns als Christen ein weiteres Problem dar. Wir werden den Tag vielleicht bereuen, an dem zum Beispiel der Gottesdienst nicht aus einer Gruppe Leute besteht, die in der realen Welt zusammenkommen, sondern aus einer Online-Versammlung, bei der Sie in Ihrem Wohnzimmer sitzen und von dort mit anderen Gottesdienst feiern. Hier müssen Sie nicht einmal mehr aufstehen, um ein Lied zu singen, Sie können auf der Couch liegen bleiben. Viele Kirchen bieten inzwischen Internetgottesdienste an. Das mag zwar helfen, viele dafür zu gewinnen, dass sie einen Gottesdienst miterleben, aber gleichzeitig kann es andere ermutigen, zu Hause zu bleiben und einfach den Computer einzuschalten.

Aber selbst wenn Sie sich einen riesengroßen Bildschirm kaufen und die Gemeinde den Gottesdienst in 3-D überträgt, ist es nicht das Gleiche, wie mit anderen Christen in der wirklichen Welt zusammenzukommen. Vielleicht sind wir zu altmodisch. Aber warum sollte man hier aufhören? Gehen wir noch einen Schritt weiter. In der Zukunft werden wir wahrscheinlich sowieso nicht alle gleichzeitig Gottesdienst feiern. Wir suchen uns die Tageszeit aus, die am besten in unseren vollen Terminkalender passt, und spielen den Gottesdienst, der uns am besten gefällt, einfach zu einer günstigeren Zeit ab. Das geht ganz allein. Wer braucht schon andere Menschen?

Trotz der offensichtlichen Unzulänglichkeiten unserer modernen digitalen sozialen Kontakte, sind sie ein weltweites Phänomen geworden und werden von über 550 Millionen Menschen genutzt – und es werden ständig mehr. Was ist der Grund für dieses dramatische Wachstum? Dr. Nicole M. Radziwill schreibt in ihrem Buch *Disconnected*:

Ich habe gehört, zuzugeben, dass man ein Problem hat, sei der erste Schritt zur Lösung des Problems. Deshalb lege ich folgendes Geständnis ab: Ich bin abhängig von sozialen Medien. Ich habe neulich meine Daten überprüft und herausgefunden, wie schlimm mein Problem ist. 1. Ich habe (durchschnittlich) alle 8 Minuten Twitter gecheckt, während ich wach war. 2. Ich habe, als ich schlief, fast alle 48 Minuten Twitter gecheckt. Da ich nachts acht Stunden schlafe, heißt das, dass ich zehnmal Twitter gecheckt habe, während ich schlief, und 120-mal am Tag, während ich wach war … Ich habe ungefähr alle 2,5 Minuten mein Smartphone gecheckt, während ich wach war … ganz zu schweigen von den unzähligen Malen, in denen ich mitten in der Nacht aufwache, und komme damit auf über 400-mal.[9]

Dr. Radziwill ist nicht die Einzige, die ihren falschen Umgang mit sozialen Medien infrage stellt. Gibt man bei Google »Internetsucht« ein, hat man fast 300 000 Treffer, beim englischen Begriff »Technology addiction« bekommt man über 100 Millionen Ergebnisse. Wie konnte es so weit kommen? Anscheinend haben wir als Gesellschaft immer weniger reale Beziehungen und werden immer unpersönlicher, und in vielerlei Hinsicht auch »gesichtsloser«. Facebook und Smartphones tauchten auf und stillten das Bedürfnis nach mehr Kontakt zu anderen. Sie gaben uns im sprichwörtlichen Sinne ein Gesicht, auf Englisch »face«. Dass wir jede Gelegenheit nutzen, leicht soziale Kontakte herzustellen, ist nicht besonders überraschend, wenn man bedenkt, dass Gott uns auf Beziehungen angelegt hat. Vielleicht liegt es daran, dass die digitalen sozialen Medien, die wir geschaffen haben, sich perfekt unsere natürliche Prägung zunutze machen und unseren Wunsch nach Beziehungen und Kontakten fördern.

Die Kehrseite dieser ganzen digitalen Beziehungen ist es, dass sie nicht so perfekt sind, wie wir sie gern hätten. Viele Fachleute machen darauf aufmerksam, dass wir in der digitalen Welt als Gesellschaft nur »Pseudobeziehungen« erleben und nicht die persönlichen Beziehungen, die Gott beabsichtigt hat. Wenn unsere sozialen Beziehungen keine persönlichen, realen Beziehungen im direkten Gegenüber sind, wächst das Gefühl von Einsamkeit. Unser wunderbares Gehirn reagiert besser auf die Realität und auf Beziehungen im direkten Gegenüber als auf jede andere Form sozialer Beziehungen.

Leben ohne Tiefgang

Es gibt Wissenschaftler, die glauben, dass das Leben in der digitalen Welt dazu beiträgt, dass wir unseren »Tiefgang« verlieren – beim Denken, beim Nachdenken, bei den Gefühlen und Empfindungen, und auch unseren Tiefgang in unseren Beziehungen und bei unserer Arbeit. Die Erkenntnis wächst immer mehr, dass dieser fehlende Tiefgang bei unseren kognitiven Anlagen uns vor ein neues Spektrum an Problemen stellt. Unsere digitalen Geräte sind so klug, dass wir selbst nicht mehr so klug sein müssen. Kurz gesagt, sie können uns dumm machen! Wir müssen uns nicht mehr merken, wie man Wörter richtig schreibt, wie man rechnet oder ein Projekt erarbeitet. Wir können jede Antwort, die wir brauchen, mit einem Mausklick bekommen.

Als Professor, der Doktoranden unterrichtet, habe ich (A. Hart) in den letzten fünf Jahren mehrere Veränderungen in den Vorlesungssälen beobachtet. Zum Beispiel suchen Studenten nicht mehr die Herausforderung, etwas zu begründen oder ein Problem zu lösen. »Geben Sie mir einfach die Lösung«, lautet die vorherrschende Einstellung. Auswendiglernen hat den Platz eingenommen, den früher logisch erarbeitetes Lernen innehatte.

Ich habe vor Kurzem einen Doktorandenkurs einen Psychologietest machen lassen, der von den Teilnehmern verlangte, mehrere Konzepte, die ich in den Vorlesungen vorgestellt hatte, zu integrieren, um in einem hypothetischen Fall eine Diagnose zu erstellen. Ein Student war besonders direkt und erklärte mir unverblümt, dass er keine Zeit habe, um sich hinzusetzen und sich das alles selbst zu überlegen. Ich solle ihm einfach sagen, wo er die Lösung im Lehrbuch findet.

Unsere Fähigkeit, zu reflektieren und logisch zu kombinieren, nimmt anscheinend ab. Die moderne Technik ist zwar fantastisch, weil sie uns sofortige Antworten und Lösungen liefert, aber dieser leichte Zugang zu vielen Informationen verändert auch unsere Kreativität, unsere Erfindungsgabe und unsere Genialität. Die Folge? Laut Dr. Nicholas Carr, einem Fachmann auf diesem Gebiet, macht uns das zu Denkern ohne Tiefgang. Er ist überzeugt, dass Denken ohne Tiefgang zu Leben ohne Tiefgang führt.

Was bedeutet in diesem Zusammenhang Tiefgang? Mit Tiefgang meinen wir ein Bewusstsein oder Verständnis, das entsteht, wenn wir einen ernsten Aspekt unserer Lebenserfahrung wirklich einbeziehen. Alles, das wir den ganzen Tag erleben, jeder Anblick und jedes Geräusch, jede persönliche Begegnung, jeder Gedanke, der uns durch den Kopf geht, hat das Potenzial zu Tiefgang. In einem Leben ohne Tiefgang geht das alles verloren. William Powers schreibt in seinem Buch *Einfach abschalten*: »Das ist keine Kleinigkeit. Es ist ein Kampf, der mitten in unserem Leben stattfindet. Es ist ein Kampf *um* das Zentrum unseres Lebens, um die Kontrolle, wie wir denken und fühlen. Wenn sich ständig alles drängt, wird auch unser inneres Leben gedrängt und überfrachtet. Warum tun wir uns das an? Wollen wir wirklich eine Welt, in der jeder die ganze Zeit auf einen Bildschirm starrt und die anderen beschäftigt? Gibt es eine bessere Möglichkeit?«[10] Ja, wir glauben, dass es eine bessere Möglichkeit gibt, und wir hoffen, dass es uns gelingt, Sie als Leser in diese Richtung zu führen.

Weckruf für Eltern

Wie sieht in Ihrer Familie die Beziehung zur Technik aus? Medien zu konsumieren, hat Geschichten lesen oder sich verkleiden als Lieblingsfreizeitbeschäftigung des durchschnittlichen amerikanischen Kindes weit in den Schatten gestellt. Es heißt, dass heute die Medien der »dritte« Elternteil seien. Da Kinder durchschnittlich acht Stunden in der digitalen Welt verbringen und nur zweieinviertel Stunden am Tag mit ihren Eltern, stellt das die Eltern unweigerlich vor eine gewisse Herausforderung.[11] Neulich wollte mein (S. Frejds) Sohn Daniel, den ich ständig ins reale Leben zurückholen will, mir einige Kartentricks zeigen, die er (natürlich online) gelernt hatte. Ich saß an meinem Laptop und hatte ehrlich gesagt nicht die Zeit oder Lust, mich stören zu lassen. Als er sich, unübersehbar enttäuscht, abwandte, dachte ich bei mir: *Okay, genau darüber schreibst du in deinem Buch. Eltern müssen ihr digitales Leben in den Griff bekommen, damit sie als Eltern ihren Kindern besser helfen können, ihr Leben in den Griff zu bekommen.* Also rief ich Daniel zurück, klappte meinen Laptop zu und schaute die nächste Stunde zu, wie mein Sohn mir 56 Kartentricks vorführte (okay, vielleicht waren es auch nur zehn).

Dieser Vorfall hat mich wachgerüttelt. Er war ein Weckruf von vielen, während ich dieses Buch geschrieben habe. Wir bezweifeln, dass es Eltern gibt, die heute keinen Weckruf brauchen. Der Einfluss der digitalen Welt auf unsere Familien ist enorm und außer Kontrolle geraten. Bei einigen kommt ein Weckruf vielleicht zu spät. Trotzdem fordern wir alle Eltern auf: Vergessen Sie alle vorgefassten Meinungen, die Sie vielleicht über den Einfluss einer außer Kontrolle geratenen digitalen Welt haben, und seien Sie bereit, die Kontrolle zu übernehmen und den Umgang Ihrer Familie mit der digitalen Welt in den Griff zu bekommen.

Die digitale Invasion wirkt sich auch auf die körperliche Gesundheit unserer Kinder aus. Unsere ganze Gesellschaft sitzt immer mehr. Wissen Sie, dass die Wahrscheinlichkeit, dass Ihr Kind Diabetes Typ 2 bekommt, eins zu drei ist? Diabetes Typ 2 betrifft allein in den USA inzwischen 3700 Kinder pro Jahr. Vierundzwanzig Millionen Amerikaner haben Diabetes und siebenundfünfzig Millionen sind diabetesgefährdet.[12] Achtzehn Prozent der amerikanischen Kinder haben Übergewicht. Die Rate an übergewichtigen Kindern hat sich in den letzten dreißig Jahren verdoppelt. Der stärkste Anstieg fällt zeitlich mit dem Einzug des Internets zusammen. Diese schwerwiegenden Gesundheitsprobleme sollten Eltern wachrütteln, die ihren Kindern helfen wollen, sich in diesem digitalen Zeitalter zurechtzufinden.

Nehmen wir beispielsweise Ellen. Als ihre Töchter kleiner waren, hatte sie für den Fall, dass eine von ihnen unruhig wurde und beschäftigt werden musste, Malbücher, Stifte, Bilderbücher und kleine Spiele in ihrer Wickeltasche. Jetzt, da Ellens Kinder vier und sieben sind, ist die Wickeltasche verschwunden, aber die Kinder müssen trotzdem immer wieder beschäftigt werden, besonders in Restaurants. Deshalb sind zwei Drittel der Apps auf Ellens iPhone für ihre Kinder. Unsere Smartphones sind eine Kombination aus Schnuller, Kuscheldecke und Babysitter geworden.

Ist das gut oder schlecht? Sollte Ellen ihren Kindern erlauben, Apps auf ihrem Smartphone zu spielen, wenn sie Aufmerksamkeit brauchen? Und wenn ja, wie lange? Mit dieser und vielen anderen Fragen werden Eltern heute konfrontiert.

Bei der Erziehung meines (S. Frejds) Sohnes im Teenageralter stellte es mich vor eine besondere Herausforderung zu kontrollieren, wie viel Zeit er in der digitalen Welt verbringt. Es kostet viel Zeit und Mühe, zu verfolgen, welche Videospiele er spielt, wie lang er spielt, welche Musik er hört, welche Videos er auf YouTube sieht oder wem er schreibt. Manchmal empfinde ich das als Fulltime-Job! Aber ich erkenne, wie wichtig es ist, sein Vertrauen zu gewinnen, während ich versuche, ihm zu helfen, in der digitalen Welt nicht unterzugehen. Ich habe als Mutter einen starken Einfluss auf ihn.

Eltern müssen selbst einen guten Umgang mit der Digitaltechnik vorleben. Erwarten Sie nicht, dass Ihre Familie diesen Drahtseilakt mühelos schafft, wenn Sie selbst keinen gesunden Umgang mit der Technik pflegen. Wenn Sie das gut bewältigen, geben Sie Ihrer Familie die besten Voraussetzungen mit auf den Weg. Wir stellen Ihnen dazu später viele Anregungen vor.

Weckruf für Lehrer

Genauso wie Eltern aufwachen und erkennen müssen, was in ihrer digitalen Welt geschieht, müssen auch Lehrer aufwachen und den Kampf, der in der Erziehung und Bildung ausgetragen wird, erkennen. Technologie, die Wissen vermittelt, beeinflusst die Schüler genauso sehr wie die Unterhaltungstechnologie und wirkt sich darauf aus, wie sie lernen, denken und interagieren. Leider scheinen die Fachleute in der Frage, was für das Lernen unserer Kinder erzieherisch gut und was schlecht oder gar zerstörerisch ist, zurzeit ziemlich gespalten zu sein. Das heißt, dass Lehrer sorgfältig auf die aktuellen Forschungen achten und vorsichtig damit umgehen müssen, was sie annehmen *und* was sie ablehnen. Bei der Bildung und Erziehung unserer Kinder steht viel auf dem Spiel.

Laut Dr. Cynthia Belar, der Vorsitzenden des amerikanischen Bildungsverbandes, »verändern die Fortschritte in der Technik jede Facette der Bildung, von der Art, wie wir unterrichten, über die Pädagogik, die wir benutzen, bis hin zu der Frage, welche Regeln wir im Klassenzimmer aufstellen«.[13] Die Technik kann uns helfen, Studenten einzubeziehen, ihre Meinung abzufragen, zu messen, wie viel sie lernen, und sogar Plagiate aufzudecken. Schüler in höheren Klassen und Schüler, die zu Hause unterrichtet werden, belegen inzwischen Onlinekurse. Der virtuelle Unterricht, bei dem der Computer eine Situation aus dem echten Leben, zum Beispiel ein Flugzeug zu fliegen, simuliert, kann den Unterricht beschleunigen und sicherer machen. (Ich wünschte ehrlich, ich [A. Hart] hätte ein solches virtuelles Training gehabt, als ich fliegen lernte.)

Aber Dr. Belar vertritt die Meinung, dass der Bildungsbereich auch »die Anwendung, die Standards, die Beweisgrundlagen, die Ethik und die damit verbundenen Rechtsfragen« in Bezug auf die Bildung in dieser neuen digitalen Welt berücksichtigen muss.[14]

Welche Fragen müssen sich Lehrer bewusst stellen? Als ich vor Kurzem bei einer Konferenz für christliche Lehrer einen Vortrag hielt, überraschte mich (A. Hart), welcher Druck auf Lehrer ausgeübt wird, dass sie in ihrem Unterricht die Technik mehr einsetzen sollen. Ich war angenehm überrascht, wie vorsichtig die Lehrer vorgingen und nicht einfach jede neue Technik oder neu gefundene Strategie, die vorgestellt wird und auf den Markt gebracht wird, um Geld zu machen, kritiklos übernehmen. Diese Lehrer sind sich sowohl der Risiken als auch des Nutzens genau bewusst, den die Technik im Bildungsbereich bietet. Sie scheinen ein natürliches, intuitives Verständnis zu haben, dass wir nicht mit voller Fahrt voranpreschen und unsere Unterrichtsmethoden anpassen sollen, nur um die Verkaufszahlen von neu entwickelten Digitalgeräten zu verbessern. Sie brachten sehr deutlich zum Ausdruck, dass wir wissen müssen, wo die Grenzen sein sollten, und was an dieser total neuen Herangehensweise an den Unterricht gut und was schlecht ist.

Verstehen Sie uns jetzt nicht falsch. Die Vorteile für den Unterricht, die die Digitaltechnik bietet, sind nicht von der Hand zu weisen. Als Professor verwende ich (A. Hart) diese Mittel ständig. Aber in diesem frühen Stadium der Umgestaltung unserer Unterrichtsmethoden stellt sich die wichtige Frage: Wie wirkt sich die digitale Welt auf die Bildung und andere grundlegende Fertigkeiten unserer Kinder aus? Wir wissen es nicht wirklich, und die Forschung befindet sich bei den Untersuchungen zur Frage, wie sehr die Veränderungen auf die Bildung uns beeinflussen, erst im Anfangsstadium.

In dem Bemühen, besser zu verstehen, auf welche Weise das Lernen und die Ausdrucksweise von jungen Menschen durch mobile und digitale Technik geformt werden, gab die Pearson-Stiftung vor Kurzem ein Forschungs-Weißbuch unter dem Titel »Die digitale Welt von jungen Kindern: Erwachende Bildung« heraus. Es untersucht die Auswirkungen der digitalen Medien auf das Lernverhalten von jungen Kindern und wurde 2010 beim Internationalen Symposium des Konsortiums für Schul-Netzwerke in Washington, D. C. vorgestellt.[15] Die Verfasser waren Experten für Bildung in der frühen Kindheit, darunter Jay Blanchard und Terry Moore von der Arizona State University. Das Weißbuch, das sie vorlegten, untersucht die jüngste Forschung darüber, wie junge Kinder die mobilen Medien nutzen – einschließlich Handys, Fernsehen, Videospiele, Smartphones und Computer – und wie sie sich auf neue Lernmethoden auswirken. Ihre Forschungsergebnisse sind ziemlich optimistisch und die Höhepunkte können wie folgt zusammengefasst werden:

- Die Entwicklungsschritte verändern sich, da eine neue Generation von jungen Kindern auf eine Weise an Lernen und Bildung herangeht, die früher nicht für möglich gehalten wurde.

- Die digitalen Medien verändern bereits die Sprache und die kulturellen Praktiken, wodurch eine frühe Bildungsentwicklung und eine neue Form von persönlicher und globaler Vernetzung möglich werden.

Der Bericht betont jedoch nicht, dass wir neue Forschungen brauchen, die uns helfen, die bedrohlichen Folgen der Technologie auf die soziale, emotionale und körperliche Entwicklung von Kindern zu beurteilen.

Mit anderen Worten: Wir machen zwar vielleicht Fortschritte bei der Vermittlung von grundlegenden wissenschaftlichen oder technischen Fähigkeiten, aber geschieht das auf Kosten des logischen Denkens oder der Argumentationsfähigkeit, die dadurch verloren gehen?

Weitere Forschung muss untersuchen, welchen Einfluss die Technik sowohl im formellen als auch im informellen Lernkontext hat, und ein breites Spektrum an Technologien abdecken. Eine grundlegende Frage, auf die ich (A. Hart) gern eine Antwort hätte, ist, ob das Lesen von Büchern mit elektronischen Geräten den gleichen Lernwert hat wie das Lesen eines richtigen Buches.

Ich persönlich kann mich nicht besonders dafür begeistern, mithilfe eines elektronischen Geräts zu lesen, aber das kann allein darauf zurückzuführen sein, dass ich mit Büchern aus Papier aufgewachsen bin, bei denen man die Seiten umknicken oder Bemerkungen an den Rand schreiben oder leicht vor- und zurückspringen konnte, und die nach einem richtigen Buch rochen!

Kommen wir zu einem ernsteren Thema: Wir wissen zwar, dass »Multitasking« und andere ablenkende Verhaltensweisen schwerwiegende Probleme mit sich bringen, aber wir wissen immer noch nicht genug über die sozialen und kulturellen Probleme, die das Lernen mithilfe der Technik betreffen.

Ja, die digitale Welt wird bleiben. Unsere Klassenzimmer werden zurzeit in großem Maß umgestaltet, und diese Veränderungen werden neu definieren, wie unsere Kinder lernen. Ob es uns gefällt oder nicht, wir steuern auf einige große Veränderungen zu. Wir glauben jedoch, dass wir uns in dieser Übergangszeit ernste Gedanken um die Folgen dieses veränderten Lernens machen müssen.

Ein anderer interessanter Bericht zu diesem Thema ist der Cisco-Technologie-Bericht über die vernetzte Welt von 2011. Bei der zugrunde gelegten Studie wurden Studenten und junge Berufstätige in vierzehn Ländern über ihre Gewohnheiten beim Medienkonsum und den Einfluss der Digitaltechnik auf den Arbeitsplatz befragt. Folgende Ergebnisse kamen dabei heraus:

- Cisco befragte 1 441 18- bis 24-jährige Studenten und ungefähr 1 400 junge Berufstätige zwischen 20 und 30 Jahren. Über die Hälfte der Studenten und jungen Berufstätigen sagte, dass »sie ohne das Internet nicht leben könnten; es ist ein fester Bestandteil ihres täglichen Lebens«.
- Die jüngere Generation gab außerdem an, dass sie nicht ohne ihre mobilen Geräte leben könnten, einschließlich Smartphones, Laptops und Tablets; 66 Prozent der Studenten und 55 Prozent der jungen Berufstätigen sagten, mobile Geräte wären »die wichtigste Technik in ihrem Leben«.
- Von den Studenten gaben 40 Prozent an, dass das Internet wichtiger sei als soziale Aktivitäten, einschließlich Verabredungen und Treffen mit Freunden. »Wenn sie sich entscheiden müssten, würden zwei von drei Studenten einen Internetanschluss einem Auto vorziehen.«[16]

Bei der Untersuchung wurden Studenten auch nach der Ablenkung durch das Internet gefragt: 43 Prozent der Studenten berichteten, dass die sozialen Medien sie dreimal oder öfter pro Stunde beim Lernen unterbrächen; 84 Prozent sagten, soziale Medien, Handys oder Chatten störten sie mindestens einmal in der Stunde beim Lernen. Unserer Meinung nach müssen auf lange Sicht und bei der täglich zunehmenden Intensität solche digitalen Störungen eine verheerende Wirkung auf das Lernen haben, besonders für Kinder mit weniger Disziplin – das heißt, wenn Lehrer und Eltern nicht für einen begrenzten und disziplinierten Umgang mit den sozialen Medien während der Hausaufgaben oder des Lernens sorgen.

Eine andere erwähnenswerte Aussage im Zusammenhang mit den Problemen, deren sich Lehrer bewusst sein müssen, stammt von dem Autor Matt Richtel, der den Pulitzerpreis gewann. Er verbrachte vier Monate an Highschools im Silicon Valley in Kalifornien und beobachtete, wie die Technik das Leben von jungen Menschen formt. Sein Bericht ist nicht sehr positiv, aber er hilft uns, einige wichtige Probleme, mit denen wir es zu tun haben, zu erkennen. Er sieht eine neue gesellschaftliche Kategorie unter den jungen Leuten heranwachsen. Das ist nicht mehr der Angeber oder der Supersportler, sondern der Simser, der Spieler, der Facebooksüchtige und der YouTube-Potato. Er interviewte mehrere Studenten. Ihre Antworten spiegeln ausgedehnte digitale Aktivitäten aufseiten der Studenten wider:[17]

Eine Schülerin: »Ich simse bei allem, was ich tue. Ich hatte im letzten Monat 27 000 SMS.« Ihr Handy spielt eine negative Rolle bei ihren Hausaufgaben und bei ihren Noten. Sie versucht zu lernen, aber dann bekommt sie eine SMS und muss sofort antworten. Dann checkt sie Facebook und wendet sich später wieder ihren Hausaufgaben zu, aber sie hat bereits vergessen, was sie vorher gelesen hat, und muss also wieder von vorne anfangen.

Ein anderer Schüler: »Die Technik ist für mich als Schüler schlecht, aber zum Lernen ist sie gut.« Er lernt gern in seinem eigenen Tempo auf Google oder YouTube das, was er wissen will, und nicht das, was der Lehrer ihm aufgetragen hat. Er sagt, nachdem er drei oder vier Stunden online recherchiert hat, »habe ich das Gefühl, mehr für mich selbst erreicht zu haben, als wenn ich zum Beispiel dasitze und ein Referat schreibe«. Ein solches Gefühl ist dann der einzige Erfolg, wenn der Wert des Referatschreibens von der Technik völlig untergraben wird.

Ein anderer Schüler stellte fest, dass die »alte Unterrichtsmethode« nicht mehr funktioniert. Handys, Facebook und Videospiele haben ihn und seine Freunde dahingehend konditioniert, dass sie »sofortige Befriedigung« erleben, etwas, das beim traditionellen Lernen nicht immer der Fall ist.

Eine der untersuchten Schulen versuchte, Handys auf dem Campus zu beschränken. Die Schlussfolgerung des Rektors: Es funktionierte nicht. Den Teenagern ihre Handys wegzunehmen sei, als wollte man ihnen ein Körperteil abhacken. Ihre Handys sind Teil ihres Körpers. Das ist nicht sehr vielversprechend. Derzeit versucht die Schule eine Balance, einerseits die Nutzung der Technik dort, wo es angemessen ist, zuzulassen, aber gleichzeitig den Lehrern und Schülern eine Mäßigung bei ihrem Umgang mit der Technik nahezubringen. Man könnte hinzufügen: Es ist ein langer Weg, bis wir das richtige Gleichgewicht zwischen dem Lernen mithilfe der neuen Technologie und dem traditionellen Lernen finden!

Bei unseren Studien fanden wir heraus, dass viele Schulen ihre Schüler schon früh in ihrer Schulzeit dazu anhalten, iPods oder iPod touches zu verwenden. Sie fordern sie auch dazu auf, diese den ganzen Tag bei sich zu haben und sie nicht nur in jeder Unterrichtsstunde zu benutzen. Das hat eine größere Debatte darüber ausgelöst, ob diese Entwicklung positiv oder negativ ist. Als Lehrer müssen Sie entscheiden, inwieweit die Technik Ihnen und Ihren Schülern helfen kann, ohne dass Sie sich der Technik unterordnen.

Egal, auf welcher Seite in diesem Kampf Sie am Ende landen, empfehlen wir Ihnen sehr, die Fakten zu kennen und in Bezug auf die Frage, wie die Technik junge Gehirne beeinflusst und wie Sie damit umgehen sollten, auf dem aktuellen Stand zu bleiben. Wir sagen keineswegs, dass man die Technik ganz abschaffen sollte. Vielmehr fordern wir, dass mit größerer Weisheit damit umgegangen wird.

Eine der wichtigsten Tatsachen, die man nicht vergessen darf, ist, dass das junge Gehirn Ruhe braucht. Ein guter Schlafrhythmus ist für das Lernen sehr wichtig. Es ist klar, dass unsere derzeitige übermäßige Nutzung der digitalen Welt den Schlafzyklus nicht fördert und dem Gehirn nicht erlaubt, herunterzufahren und sich auszuruhen, wenn es das braucht. Das junge Gehirn kann nicht richtig funktionieren, wenn es ständig zu viele Informationen bekommt.

Denkanstöße für Lehrer

- Wie sieht ein guter Umgang mit der digitalen Welt in meinem Klassenzimmer und in meiner Stadt aus?
- Wie kann ich meinen Schülern helfen, in sozialen Netzwerken einen Sinn für Ethik und Verantwortung zu entwickeln?
- Sollte meinen Schülern erlaubt sein, in meinem Unterricht Zugang zu ihren Handys zu haben?
- Passen diese Kommunikationsmethoden in ein Klassenzimmer? Welche positiven Ergebnisse ermöglichen sie?
- Ist es richtig, dass Lehrer in ihrem Klassenzimmer Facebook erlauben, damit die Schüler online miteinander kommunizieren können?

Ein Lichtblick am dunklen Lernhimmel

Als wir die Beziehung zwischen Technik und Bildung untersuchten, fanden wir einen Lichtblick am dunklen Lernhimmel. Erst vor wenigen Tagen berichtete die *New York Times*, dass der technische Direktor von eBay seine Kinder jetzt in eine kleine Schule schickt, in der die Technik keinen Platz hat.[18] Ja, Sie haben richtig gelesen: »Die Technik hat keinen Platz.« Aber das ist noch nicht alles. Genauso handhaben es die Angestellten der Riesen im Silicon Valley wie Google, Apple, Yahoo und Hewlett-Packard. Die Schulen, an die sie gehen, setzen Unterrichtsmittel ein, die alles andere als Hightech sind. Sie verwenden altmodische Füller und Papier und eine Tafel mit verschiedenfarbiger Kreide. Können Sie sich noch daran erinnern? Nirgends ist ein Computer zu finden. Sie sind im Klassenzimmer nicht erlaubt, und die Schule sieht es auch nicht gern, wenn sie zu Hause benutzt werden. Das ist ein starker Kontrast zu den zigtausend Schulen in Amerika, die es sehr eilig hatten, ihre Klassenzimmer mit Computern und anderen Digitalgeräten auszurüsten. Viele Lehrer, die großen Wert auf die Technik legen, halten es für dumm, anders zu handeln.

Aufseiten der Lehrer und Eltern, besonders der Eltern, die eng mit den Technikfirmen wie im Silicon Valley verbunden sind, wächst das Bewusstsein, dass *Computer und Schule nicht zusammenpassen.* Sie bieten zwar einige neue Lernmöglichkeiten, aber in anderen Bereichen lenken sie zu sehr ab. Ehrlich gesagt, haben wir den starken Verdacht, dass sie recht haben könnten. Die Eltern der Kinder an Schulen, die auf dem neuesten Stand der Technik sind, berichteten, dass ungefähr die Hälfte der Kinder an den Computern im Klassenzimmer mehr Zeit in Facebook als mit Lernen verbringen.

Die neuen Schulen, die »Unterricht ohne Computer« anbieten, sind in Amerika die Waldorfschulen. Es werden zweifellos noch viele Schulen dieser Art folgen. Es gibt bereits 160 Waldorfschulen in den USA. Ihre Pädagogik konzentriert sich auf körperliche Aktivität, zwischenmenschlichen Umgang und Lernen durch kreative, praktische Aufgaben. Diejenigen, die diese Herangehensweise stützen, sagen, dass Computer kreatives Denken, Bewegung, menschliche Interaktionen und die Aufmerksamkeitsdauer behindern. Im Grund ist die Unterrichtsmethode der Waldorfschulen nichts anderes als das, was die Lehrer vor der digitalen Invasion gemacht haben.

Bei der Debatte über den Einfluss der Technik in der Bildung dürfen wir nicht ignorieren, dass auch viele Technikexperten ein Lernen ohne Technik unterstützen. Der Artikel in der *New York Times* gibt eine Expertenmeinung folgendermaßen wieder:

> *»Ich lehne den Gedanken, dass man an Gymnasien technische Hilfsmittel brauche, kategorisch ab«, sagte Alan Eagle, 50 Jahre, dessen Tochter, Andie, eines der 196 Kinder an der Waldorf-Grundschule ist … »Die Vorstellung, dass eine App auf einem iPad meine Kinder lehren könnte, besser zu lesen oder zu rechnen, ist lächerlich.«*[19]

Das sind deutliche Worte. Falls diese Meinung weiter um sich greift, könnten wir eine dramatische Wende zum Besseren erleben. Aber es wird höchstwahrscheinlich auch Leute geben, die die altmodische Unterrichtsform infrage stellen, und die Debatte über die künftige Rolle von Computern im Klassenzimmer wird zweifellos weitergehen. Hoffentlich erreichen wir eine Art Gleichgewicht, bevor es zu spät ist. Es ist gut möglich, dass in Zukunft Schulen wie die Waldorfschulen vielleicht, sagen wir, eine Unterrichtseinheit am Tag anbieten, die zum Ziel hat, den Umgang mit Computern zu verbessern, während für den Rest des Tages nicht digitale Lehrmittel verwendet werden. Das wäre kein schlechter Kompromiss!

Weckruf für Pfarrer und Pastoren

Der Einzug der digitalen Welt und ihrer vielen Ablenkungen geht auch an Pfarrern und Kirchen nicht spurlos vorüber. Soziale Netzwerke im Internet, PlayStations, Smartphones, iPods, iPads und viele andere digitale Geräte sind jetzt feste Bestandteile des Lebens. Sie werden bleiben. Aber sie sind so plötzlich aufgetaucht, dass die Kirche und ihre Leiter nicht dazu ausgebildet wurden, den digitalen Tsunami durchzusehen und das Gute vom Schlechten zu trennen. Viele sind eifrig mit aufgesprungen, weil sie glauben, es wäre eine neue und bessere Möglichkeit, das Evangelium zu verbreiten.

Immerhin hat sich die Christliche Kirche in der Geschichte oft der neuesten Technik bedient und schon vor Jahrhunderten die Druckerpresse und später das Radio genutzt. Ich (A. Hart) wuchs in Südafrika auf und hörte den Erweckungssender von Charles Fuller und hätte mir damals nicht vorstellen können, dass ich eines Tages Professor an dem Seminar sein würde, das nach ihm benannt wurde. Das Fernsehen kam, und wir nutzten es, um der Welt das Evangelium zu bringen. Im Großen und Ganzen setzen die Kirchen und Missionsorganisationen diese Techniken sinnvoll und effektiv ein.

Aber ist die digitale Invasion, die wir ebenfalls begeistert begrüßt haben, genauso verheißungsvoll? Sollten wir vorsichtiger sein, oder birgt sie im Vergleich zu früheren Techniken größere Risiken? Eine Kollegin am Fuller Theological Seminary, Dr. Carolyn Gordon, Rektorin der Fakultät für Predigt und Kommunikation, sagt:

Ein Problem im Zusammenhang mit der Verwendung der neuen Technik ist es, dass viele Kirchen und andere religiöse Organisationen und Institutionen sich kopfüber in den sich schnell bewegenden Fluss gestürzt haben und große Geldsummen in neue Technologien investiert haben, von denen sie oft nicht viel verstanden.[20]

Wir sehen es auch so, dass Pfarrer ihr Bewusstsein schärfen müssen und, wie Dr. Gordon rät, »*digital vermittelte Predigten und Seelsorge kritisch betrachten müssen*«. Aber wir würden hinzufügen, dass Pastoren und Kirchen ebenfalls einen Blick für die wachsenden neuen psychischen Erkrankungen und Gesundheitsprobleme bekommen müssen, die durch die übertriebene Nutzung der Digitaltechnik entstehen. Wir erleben ein rasant wachsendes Problem von zusätzlichen Süchten; Kinder leiden unter Schlafmangel, wodurch sie schlechter lernen können; Ehen werden durch Internetpornografie und Cybersex zerstört; und vieles mehr.

Die Herausforderungen, vor denen Pfarrer und Pastoren stehen, wenn sie versuchen, Menschen zu helfen, die in der digitalen Welt verstrickt sind, sind enorm. Ihre Gemeinden brauchen Anleitung, wie sie mit der Digitaltechnik, die sie und ihre Kinder von allen Seiten umgibt, richtig umgehen sollen. Viele Pastoren haben uns von den riesigen Erwartungen erzählt, die vonseiten ihrer Gemeinde an sie gestellt werden, E-Mails und SMS-Nachrichten sofort zu beantworten. Im Moment wird innerhalb der Kirche sehr wenig Hilfe angeboten. Der Grund ist offensichtlich: Eltern und Pastoren sind sich unsicher, was an der modernen Technik gut ist und was schlecht ist. Wo sollten sie die Grenzen für Internet- und Handynutzung zu Hause und in der Gemeinde ziehen? Einige Fachleute behaupten bereits, dass unsere Handys wegen der wachsenden Suchtgefahr und der Unfähigkeit, sie unter Kontrolle zu halten, sich immer mehr zu einem »Frankenstein-Monster« entwickeln. Es hilft nicht, wenn die Kirche diese fehlende Kontrolle ignoriert. Es wird eine große Herausforderung sein, unsere Digitalgeräte in den kommenden Jahren zu beherrschen.

Unsere Botschaft ist sehr einfach: Gemeindeleiter und Pastoren müssen die Führung übernehmen und uns zu einer ethischen Nutzung des Internets anleiten. Das kann nur eine positive Wirkung haben, wenn wir uns informieren und verantwortungsbewusst mit der digitalen Welt umgehen.

Internetsucht beim Militär

Wir konnten mit Major Mark Awdykowyz, einem Militärpfarrer, sprechen, der uns erzählte, wie die digitale Welt unsere Streitkräfte unterwandert:

Ich glaube, wenn dieses Problem gelöst wird, könnte das der Eckstein dafür werden, die Selbstmordrate beim Militär zu senken. Die meisten unserer Militärangehörigen unter 25 Jahren verfügen nicht über die Fähigkeiten, um ein Trauma, Ablehnung, Versagen, Trauer und einschneidende Veränderungen im Leben verarbeiten zu können. Das Verbindungsstück, das eine emotionale und geistliche Beziehung zu anderen gesunden Menschen herstellt, fehlt. Dazu kommt, dass die große Mehrheit unserer Militärkirchen die Soldaten nicht erreicht. Befehlshabende Armeegeneräle üben Druck auf ihren Militärpfarrer aus, die Soldaten zu erreichen und zur Senkung der hohen Selbstmordraten beizutragen.

Das Personal in der aktiven Armee wurde in den letzten zehn Jahren oft in Kriegsgebieten stationiert. Viele haben in diesem Zeitrahmen durchschnittlich drei bis vier zwölfmonatige Stationierungen in Kriegsgebieten durchgemacht. Die tägliche Belas-

tung durch unkonventionelle Spreng- und Brandvorrichtungen (USBV), dadurch, dass sie miterleben mussten, wie Freunde und Kriegskameraden getötet oder verstümmelt wurden, dazu die lange Trennung von der Familie, lässt viele Menschen nach Entspannung lechzen. Internetpornografie ist praktisch allgegenwärtig – sowohl bei Männern als auch bei Frauen, sowohl zu Hause als auch in der Kaserne. Spielen, Sexting, Simsen und Kontaktseiten sind für viele Soldaten unter 25 Jahren selbstverständlich. Junge Ehen zerbrechen, häusliche Gewalt nimmt zu (wie erst im letzten Monat veröffentlicht wurde), und das amerikanische Heer hat eine höhere Rate von sexuellen Übergriffen als die drei anderen Armeebereiche zusammen. Das alles zeigt, dass die Digitaltechnik in unsere gesellschaftlichen Normen, unsere Kultur und die Persönlichkeit der Menschen eindringt.

Die USA haben das modernste Militär der Welt und unsere Soldaten, Marines, Luftwaffe und Flotte leisten gute Arbeit. Aber leider scheitern viele kläglich, wenn es darum geht, ihr Leben auf die Reihe zu bekommen und sinnvolle, befriedigende Beziehungen außerhalb des Schlachtfelds aufzubauen. Die einzige Gemeinschaft, die sie kennen, ist die, die sie in einem Kriegseinsatz erleben. Wenn sie nach Hause zurückkehren, gehen sie an ihre Xbox und ins Internet und schaffen es nicht, sinnvolle Beziehungen zu ihrem Ehepartner, ihren Kindern, ihren Verwandten und den Menschen in ihrer Umgebung aufzubauen. Die Folge ist eine starke Zunahme an Selbstmorden, sexuellen Übergriffen und häuslicher Gewalt.

Was Pastoren und Pfarrer tun können

Planen Sie ein, die theologischen und philosophischen Aspekte unserer digitalen Welt regelmäßig anzusprechen. Unwissenheit ist die größte Waffe des Satans. Die Christen heute verdienen eine klare, vertrauenswürdige Aufklärung über die Begrenzungen und Konsequenzen der digitalen Invasion.

Planen Sie regelmäßig Predigten oder Gemeindeveranstaltungen ein, bei denen digitale Mythen angesprochen und aktuelle Forschungsergebnisse über die Folgen einer übertriebenen Nutzung der Digitaltechnik dargelegt werden können. Betonen Sie besonders, wie leicht Abhängigkeiten in unserer digitalen Welt entstehen können. Wenn nötig, laden Sie regelmäßig einen Experten ein, der Sie und Ihre Gemeinde auf dem Laufenden hält.

Helfen Sie Ihrer Gemeinde, mit der Digitaltechnik selbst besser umzugehen. Sie müssen lernen, für die Internetnutzung und Onlinespiele Grenzen zu setzen und mehr persönliche Interaktionen in der Familie zu fördern.

Sowohl Digital Natives als auch Digital Immigrants verbringen viel Zeit in sozialen Netzwerken wie Twitter und Facebook, aber man muss ihnen zeigen, wie sie mit ihrer Zeit sinnvoll umgehen können. Soziale Medien sind Zeitfresser und können die Gemeindemitglieder leicht zu sozialen Institutionen außerhalb der Kirche ziehen. Wenn Gemeindemitglieder Freunde brauchen oder einsam sind (und unsere Kirchen sind voll mit einsamen Menschen), muss die Kirchengemeinde aktiv werden und diese Freundschaften anbieten. Da wir bei dieser Aufgabe versagen, werben soziale Netzwerke viele Menschen ab. Vielleicht sollte jede Gemeinde ihr eigenes soziales Netzwerk entwickeln, um einsamen Menschen zu helfen.

Zu guter Letzt: Bieten Sie den Menschen, die Hilfe bei der Überwindung ihrer Internetsuchtprobleme brauchen, Seelsorge und Selbsthilfegruppen an. Bilden Sie ehrenamtliche Seelsorger darin aus, anderen zu helfen, geeignete Internetgewohnheiten und Verhaltensregeln zu lernen. In Südkorea lernen die Kinder schon in der ersten Klasse »Netikette« (richtiger Umgang im Netz). Das würde unseren Kinder auch guttun.

Gesprächsimpulse

- Haben Sie einen »Weckruf« erlebt wie Mark am Anfang dieses Kapitels? Was kam dabei heraus?
- Wie verändert die Technik Ihr Leben zum Guten und zum Schlechten?
- Was halten Sie von einem Schulsystem, das alle Computer aus dem Klassenzimmer verbannt? Was spricht dafür, was spricht dagegen?
- Was halten Sie von dem Satz: »Unser wunderbares Gehirn reagiert besser auf die Realität und auf Beziehungen im direkten Gegenüber als auf jede andere Form sozialer Beziehungen«?
- Wie verändert die Nutzung der Technik Ihre Kreativität?
- Welche Sorgen haben Sie als Vater oder Mutter, wenn es darum geht, ein Kind in diesem digitalen Zeitalter zu erziehen?

3
Die Neuvernetzung unseres Gehirns

Stellen Sie sich das Gehirn vor, dieses glänzende Häufchen des Seins, dieses mausgraue Parlament aus Zellen, diese Traumfabrik, diesen kleinen Tyrannen in einer Knochenkugel, diese Ansammlung von Neuronen, die das Kommando geben, dieses kleine Überall, diesen wählerischen Vergnügungsbau, diesen zerknitterten Kleiderschrank aus Egos, die in den Schädel gestopft sind wie zu viele Kleider in eine Sporttasche.

Diane Ackerman, An Alchemy of Mind

Wenn der Rest der Welt denkt, wir wären untätig, geht das Gehirn, wenn es richtig geübt ist, seine eigenen Wege.

Bertrand Russell, In Praise of Idleness[21]

Sie haben den Satz »Ändere dein Denken, dann verändert sich dein Leben« sicher schon gehört. Er wurde bekannt, als ein lieber Freund, Dr. Daniel Amen, ein Buch zu diesem Thema herausgab. Unser Denken und unser Gehirn zu verändern, wird immer als etwas Positives verstanden, als ob jede Veränderung in unserem Gehirn eine Verbesserung wäre.[22] Ja, unser Gehirn verändert sich, aber vielleicht nicht zum Besseren. Wenigstens nicht, wenn wir diese Veränderung nicht steuern. Aus diesem Grund glauben wir, dass ein grundlegendes Verständnis dafür, wie wir unser Gehirn verändern, eine wesentliche Voraussetzung ist, um die Risiken zu verstehen, die unsere digitale Welt für künftige Generationen darstellt. Egal, ob Sie Lehrer, Pfarrer oder Eltern sind, möchten wir Ihnen einige grundlegende Prinzipien erklären, die sich durch die Nutzung der digitalen Welt verändern. Wir versuchen, es einfach und verständlich darzustellen, aber wenn Sie diese Fakten ignorieren, kann es sein, dass

Sie und Ihre Kinder einige digital verursachte Hirnveränderungen riskieren, die vielleicht nicht zum Besseren dienen.

Das Gehirn ist ein faszinierendes Organ. Es spielt eine zentrale Rolle bei allem, was die digitale Welt zu bieten hat. Unsere Internetwelt breitet sich so schnell aus, dass die Erforschung der Folgen kaum nachkommt. Uns geht es darum, zu betonen, wie wichtig es ist, dass wir das Gehirn, den empfindlichsten Teil unseres Körpers, schützen, während wir das ganze Gute, das die Cyberwelt zu bieten hat, gern anerkennen.

Ist unser Gehirn veränderbar?

Wir beginnen mit dieser Frage, denn es ist die größte Sorge der Wissenschaftler, die die Auswirkungen der digitalen Invasion untersuchen, dass dadurch die Funktionsweise unseres Gehirns unweigerlich verändert wird. Wie viel können wir also verändern? Hat das menschliche Gehirn einen eingebauten Schutz? Gibt es Grenzen dafür, wie sehr es sich verändern kann? Dienen die Veränderungen immer zu unserem Guten, oder können sie uns zu Ungeheuern machen?

Wie bei allen Herausforderungen gibt es auch bei dieser Diskussion zwei Seiten. Es gibt die »digitalen Optimisten«, die glauben, dass die Veränderung immer zum Guten dienen wird. Sie wollen, dass wir jede Veränderung, die unsere wunderbare neue Cyberwelt zu bieten hat, mitmachen. Sie übernehmen jede technische Errungenschaft kritiklos und vergleichen jeden Einwand und jede Warnung mit den Weltuntergangsprophezeiungen bei den Erfindungen früherer Zeiten. Sie nennen die Erfindung des Fahrrads, des Radios, von Film und Fernsehen als Beispiele für neue Technologien, die als unheilbringend kritisiert wurden. Sie glauben, dass diese Erfindungen zwar anfangs einige dramatische Veränderungen des Lebensstils ausgelöst haben, aber dass ihre Verwendung letztendlich selbstverständlich wurde und das Leben eine neue Normalität annahm. Die Welt ging deshalb nicht unter.

Heißt das, dass wir übertrieben reagieren, wenn wir schwerwiegende Folgen der Cyberinvasion voraussagen? Bevor wir zu einer eindeutigen positiven oder negativen Antwort kommen, müssen wir ein wenig genauer untersuchen, wie empfindlich das Gehirn ist.

Es gab eine Zeit, in der man glaubte, das Gehirn verändere sich nicht. Wenn es einmal ausgereift sei, könne es sich nicht mehr ändern. Man könne zum Beispiel Klavier spielen oder eine Fremdsprache lernen, aber das Gehirn bleibe das ganze Leben hindurch im Grunde unverändert. Man glaubte sogar, dass Gehirnzellen nicht ersetzt werden könnten, wenn sie absterben. Inzwischen wissen wir, dass das nicht stimmt. Ein Teil des Gehirns, der sogenannte *Hippocampus,* produziert jeden Tag über eine Million neue Hirnzellen. Neurologen vertreten die Ansicht, dass das Gehirn plastisch ist und sich sogar selbst reparieren kann. Dieses Phänomen wird als *Neuroplastizität* bezeichnet und beschreibt die Fähigkeit des Gehirns, sich unter bestimmten Bedingungen zu verändern, wie beispielsweise bei Verhaltensänderungen, bei Veränderungen in unserer Umgebung oder nach dem Verlust bestimmter Gehirnteile. Solange wir leben, verändert sich das Gehirn ständig. Sind diese Veränderungen, die die digitale Welt in unserem Gehirn auslöst, zum Guten, und wie weit können wir diese Veränderung treiben? Gibt es einen Punkt, ab dem die Veränderung zerstörerisch ist und wahrscheinlich Folgen auf das Gehirn unserer Nachkommen hat? Das sind die Fragen, mit denen sich die Wissenschaft heute konfrontiert sieht. Wie wir sehen werden, fallen die Antworten nicht sehr positiv aus. Wir haben allen Grund, innezuhalten und uns darüber klar zu werden, wohin wir gehen, damit wir einen gesünderen Weg für den Umgang mit der digitalen Welt einschlagen können.

Um vollständig zu verstehen, wie unser Gehirn sich unter dem Einfluss der Cyberwelt verändern kann, müssen wir bei der Geburt beginnen. Das Gehirn eines Neugeborenen enthält 100 Milliarden Neuronen (Gehirnzellen). Das entspricht ungefähr der Anzahl der Sterne in der Milchstraße. Diese Neuronen werden vor der Geburt produziert, die Produktion geht nach der Geburt weiter und die Verbindungen zwischen den Neuronen wachsen. In den ersten

Lebensjahren macht das Gehirn eine Reihe außergewöhnlicher Veränderungen durch. Zum Beispiel lernt ein Kind auf wunderbare Weise mit sehr wenig Hilfe und einfach dadurch, dass es andere nachahmt, zu sprechen. Wenn das Kind ins Teenageralter kommt, hat es mehr Neuronen im Gehirn, als gebraucht werden. Deshalb beginnt das Gehirn, Verbindungen, die selten oder nie genutzt werden, abzubauen.

Ja, unser Gehirn ist außergewöhnlich! Nichts auf der Welt ist so komplex wie unser Gehirn. Es gibt Hinweise, die vermuten lassen, dass das Gehirn sich jetzt schneller verändert als je zuvor in der Geschichte. Einige bezeichnen diese Veränderung als eine »künstliche, beschleunigte Evolution«, aber sie bewerten nicht jede Veränderung, die die digitale Welt an unserem wunderbaren, von Gott gegebenen Gehirn bewirkt, als eine Veränderung zum Guten. Wir stimmen den Fachleuten zu, die glauben, dass die Veränderung, die jetzt stattfindet, viel zu schnell geht und viel zu umfangreich ist, um positiv sein zu können. Dr. Gary Small, Leiter des Forschungszentrums für Gedächtnisleistungen und Alterungsprozesse an der Universität von Kalifornien in Los Angeles, formuliert es so:

Das Gehirn der heutigen Digital Natives stellt sich auf die schnellen Suchvorgänge im Internet ein, aber die Nervenbahnen, die die traditionelleren Lernmethoden steuern, werden vernachlässigt und bilden sich nach und nach zurück. Die Wege für menschliche Interaktion und Kommunikation werden schwächer, da die gewohnten Fähigkeiten für zwischenmenschliche Beziehungen immer mehr abnehmen.[23]

Solange die Welt besteht, wird unsere digitale Welt zweifellos immer wieder um neue Technologien erweitert werden. Einige tragen vielleicht dazu bei, unsere Intelligenz zu erhöhen, und machen uns ein wenig klüger, als wir es jetzt sind. Aber andere werden unsere Suchtneigung erhöhen und unser grundlegendes Menschsein unterminieren. Künftige Generationen von Lehrern werden vor riesige Herausforderungen gestellt. Denken Sie nur an die Folgen, die die

SMS-Kürzel auf die Fähigkeit künftiger Generationen, eine richtige Rechtschreibung zu beherrschen, haben wird. Es ist möglich, dass irgendwann in der Zukunft Kinder gar keine Rechtschreibung mehr lernen müssen, da alle Geräte mit der Stimme bedient werden und für uns die Rechtschreibung übernehmen. Wie der Benutzer die Wörter schreibt, spielt dann keine Rolle mehr. Computer werden unsere Fehler korrigieren, genauso wie sie es jetzt machen, wenn wir schreiben, oder vielleicht sogar noch besser.

Aber ist das ein gesundes Ergebnis? Viele sehen das nicht so. Es ist eher wahrscheinlich, dass die Grundstruktur und die Funktionsfähigkeit des Gehirns sich so weit verändert, dass es die frühere Funktionsweise nicht mehr abrufen kann. Mit anderen Worten: Wenn wir die Kunst der Rechtschreibung erst einmal verlernt haben, können wir sie vielleicht nie wieder erlernen. Nicholas Carr, der 2011 für den Pulitzerpreis für Sachbücher nominiert wurde, drückt es so aus:

Wir hatten immer äußere Informationsquellen, die unser Gedächtnis unterstützten, aber ich sehe hier die Gefahr, dass wir, wenn wir unser Hirn dazu trainieren zu vergessen, statt sich zu erinnern, zwar immer noch in der Lage sind, die einzelnen Informationen zu finden, wenn wir sie brauchen, aber wir verlieren die persönlichen Gedankenverknüpfungen, die entstehen, wenn wir den Prozess, uns etwas zu merken, tatsächlich durchlaufen.[24]

Das wirft die Frage auf: Ist es möglich, dass die Vernachlässigung bestimmter Hirnmechanismen aufgrund unserer zu starken Abhängigkeit von der Digitaltechnik unser Gehirn in einem so großen Maß verändern könnte, dass es nie wieder so funktioniert wie vorher? Laut Wissenschaftlern wie Dr. Small könnte das passieren.

Sind dem Gehirn Grenzen gesetzt?

Ob es uns gefällt oder nicht, hat das Gehirn trotz unseres Eifers, es zu trainieren, bei Aufgaben wie Multitasking und Speed-Learning besser zu werden, eine sehr begrenzte Fähigkeit, Informationen zu verarbeiten.[25] Die neuen Aufgaben, die wir lernen, mögen schneller erscheinen, aber der Rest des Gehirns ist vielleicht nicht in der Lage, damit Schritt zu halten.

Die Vorstellung, dass das Gehirn eine grenzenlose Fähigkeit hat, sich auf eine ständig erneuerte, immer umfangreichere Technik einzustellen, wird infrage gestellt. Mit der Ausweitung unserer Technik werden die Grenzen dessen, was unser Gehirn leisten kann, immer offensichtlicher. Diese Begrenzung hat Auswirkungen, da Lehrer und die Industrie uns drängen, Fertigkeiten wie Multitasking zu entwickeln. Der Gedanke, dass das menschliche Gehirn in der Lage wäre, eine Million Dinge gleichzeitig zu tun, hat keine Gültigkeit, wie wir in Kapitel 4 sehen werden, wo wir den Mythos vom Multitasking unter die Lupe nehmen.

Alles in Gottes Schöpfung hat seine Grenzen, und es liegt in unserer Verantwortung, diese Grenzen zu respektieren. Das nennt man »gutes Haushalten«. Bei einer Lehrerkonferenz hörte ich (A. Hart) vor Kurzem, wie eine Reihe von Lehrern lautstark propagierte, wie wichtig es sei, unseren Kindern Multitasking beizubringen. Ich wand mich innerlich. Sie drängten die anderen, die digitale Veränderung mit offenen Armen aufzunehmen, und niemand schien die Warnungen zu hören, die bereits von der Wissenschaft geäußert werden. Auch wenn zwei einfache Aufgaben relativ gleichzeitig ausgeführt werden können, ist das etwas anderes, als wenn Sie mehrere Aufgaben gleichzeitig erledigen wollen. Eine davon wird sicher zu kurz kommen. Je mehr Aufgaben Sie ausführen, umso mehr werden alle darunter leiden.[26]

Was die menschliche Intelligenz betrifft, sagen viele Wissenschaftler, dass wir möglicherweise kurz vor der Entwicklungsgrenze des Gehirns angelangt sind. Die durch die Schöpfung gezogene Grenze des Gehirns haben wir zweifellos fast erreicht! Verschiedene

Forschungsrichtungen vermuten, dass die meisten kleinen Veränderungen, die uns klüger machen könnten, an ihre biologischen Grenzen stoßen. Zum Beispiel ist die Größe des Gehirns auf die Größe des Schädels begrenzt, es wird also wahrscheinlich nicht größer werden. Außerdem ist es »energiehungrig« und langsam. Allein um mit der Technik Schritt zu halten, müsste unsere Kopfgröße dramatisch wachsen. Vielleicht werden aus diesem Grund Aliens von anderen Planeten immer mit riesigen Köpfen dargestellt.

Einige sehen die Menschen der Zukunft nicht so sehr mit grotesken Köpfen, sondern sie vermuten, dass die Menschen eine höhere Intelligenzstufe erreichen, indem sie das Gehirn mit externen Prozessoren und zusätzlichen Speichern koppeln. Die Technik ist bereits mikroskopisch klein geworden. Wir können sehr viel Prozessorleistung auf einem Stecknadelkopf unterbringen. Der nächste Schritt ist nach Meinung einiger Leute, dass unser Gehirn mit dieser zusätzlichen Prozessorleistung verknüpft wird, indem die Verbindungen unseres Gehirns außerhalb der Begrenzung des Schädels erweitert werden. Wir selbst werden das vielleicht nicht mehr erleben, aber solche Szenarien ermahnen uns lautstark, dass wir die Kontrolle darüber, wie die Technik unser Leben beeinflusst, nicht aus der Hand geben dürfen. Und das fängt heute an.

Gehirnsysteme, die durch die digitalisierte Welt beeinflusst werden können

Die heutige Jugend, die bis dato am stärksten von der Technik durchdrungene Generation, wächst in einer Umgebung auf, die von Computern und dem Internet durchdrungen und abhängig ist. Mit Smartphones der neuesten Generation ausgerüstet, gehen sie zur Schule und übernehmen vorbehaltlos die digitale Welt mit ihrem ständigen Informationsfluss.

Aber welche Systeme im Gehirn werden von der Digitaltechnik berührt? Ein Verständnis dieser wichtigen Systeme kann uns helfen, herauszufinden, wie die möglichen langfristigen Folgen durch diese Überfrachtung aussehen können. Um unseren Lesern die Risiken einer übertriebenen Nutzung der Digitaltechnik bewusster zu machen, geben wir einen kurzen Überblick über mehrere Gehirnsysteme, die unserer Meinung nach besonderen Schutz brauchen. Jeder Fachmann, mit dem wir gesprochen haben, sagt das Gleiche wie Dr. Jordan Grafman, der Leiter für Kognitive Neurowissenschaft am Nationalen Institut für Neurologische Störungen:

> *Die Technik im Allgemeinen kann [für die kognitive Entwicklung von Kindern] gut sein, wenn sie vernünftig genutzt wird. Aber wenn sie auf unvernünftige Weise genutzt wird, formt sie das Gehirn auf eine negative Weise.*[27]

Je mehr Sie über diese Systeme wissen, umso besser können Sie sie in Ihrem Leben und im Leben Ihrer Kinder in den Griff bekommen. Aus Platzgründen beschreiben wir hier nur sechs dieser Systeme.

System Eins: Das »Glückssystem« des Gehirns

Fragen Sie sich manchmal, welcher Teil Ihres Gehirns bei Ihnen das Gefühl von Glück auslöst? Es ist möglicherweise das wichtigste Gehirnsystem überhaupt, denn sein Missbrauch ist die Hauptursache für die vielen Internetabhängigkeiten und Spielsüchte, die durch unsere digitale Welt ausgelöst werden. Der Nucleus Accumbens, weitläufig als »Glückszentrale« bezeichnet, ist der Teil des Gehirns, der jedes Glücksgefühl steuert. Ob wir etwas Gutes essen, ein gutes Buch lesen oder einfach dasitzen und die Hand eines Menschen halten, den wir lieben, es werden Signale an diesen Teil des Gehirns gesandt, und es verbreitet automatisch das Gefühl von Glück oder Freude.

Genauso wie bei vielen Dingen im Leben, bei denen ein Übermaß nicht gut ist, kann eine Überdosierung des Glückssystems verheerende Folgen haben. Konkret steht der Missbrauch dieser Glückszentrale hinter vielen Internetsüchten, mit denen wir es heute zu tun haben. Dieses Thema wird in meinem (A. Harts) Buch,

Thrilled to Death: How the Endless Pursuit of Pleasure Is Leaving Us Numb[28] ausführlicher behandelt. Eine Überlastung dieses Systems raubt uns nicht nur die Freude an den kleinen Dingen des Lebens, sie kann uns auch die Freude rauben, die Gott uns verspricht. Der Bereich des Gehirns, der für Glücksgefühle verantwortlich ist, ist faszinierend. Es ist ein System, das bestimmte gute Verhaltensweisen belohnt, damit wir sie wiederholen. Aber wenn das Glückssystem überlastet wird, nehmen die Glückserlebnisse ab. Dann ist man getrieben, eine stärkere Stimulation zu suchen. Stellen Sie sich beispielsweise vor, Sie spielen ein Videospiel. Anfangs verbringen Sie eine halbe Stunde mit dem Spiel, und es löst bei Ihnen viel Freude aus. Wenn Sie jedoch weiterspielen, wird das Glückssystem überlastet und fängt an, das Glück, das Sie erleben, zu reduzieren. Jetzt müssen Sie noch mehr spielen, um überhaupt ein kleines Maß an Glücksgefühl zu erreichen. Deshalb müssen Sie immer mehr Zeit in das Spielen investieren, um das Glücksgefühl nicht zu verlieren. Einfach ausgedrückt, wenn man das Glückssystem überfrachtet, wird dadurch nach und nach die Messlatte immer höher gelegt und Sie müssen die Stimulation erhöhen, um überhaupt ein Glücksgefühl zu erfahren. Dieses Phänomen wird als *Suchtprozess* bezeichnet. Es ist die Grundursache für alle Süchte.

Dopamin ist der zugrunde liegende Neurotransmitter (chemischer Botenstoff), der aus verschiedenen Teilen des Gehirns das Signal an Ihre Glückszentrale sendet. Wenn Sie immer mehr Glücksgefühle erzeugen, erhöhen Sie die Dopaminmenge immer mehr. Diese sogenannte *Dopaminflut* löst eine Spiralwirkung aus, die zu Drogenmissbrauch oder zwanghaftem Verhalten führt.

Vieles, das wir im Internet machen, wie Onlinespiele oder Glücksspiele oder sogar Facebook, kann dem Glückssystem genauso sehr schaden wie eine starke Droge. Das Glückssystem kann so überflutet werden, dass nur noch die »großen« Stimulantien eine Botschaft an das Glückssystem senden. Kleine, gewöhnliche Glückserlebnisse werden ignoriert, weil sie der Flut nicht mehr Herr werden können. Dieser Verlust der Fähigkeit, gewöhnliche Freuden zu erleben, wird als *Anhedonie* bezeichnet und kann schwere emotionale Störungen hervorrufen. Anhedonie ist eines der Hauptsymptome von schweren Depressionen. Das alles bedeutet, dass der Reiz unserer digitalen Welt, wenn wir es übertreiben, genauso abhängig machen kann wie eine Droge und uns der einfachen Freuden im Leben beraubt.

Wie können wir verhindern, dass unsere digitale Welt diese Abhängigkeiten auslöst? Indem wir unserem Glückssystem regelmäßige Pausen gönnen, damit es wieder ins Gleichgewicht kommt. Wenn das Gehirn keine Pause bekommt, kann es nicht so funktionieren, wie es soll. Haben Sie sich schon einmal gefragt, warum ein schöner Sonnenuntergang keine Glücksgefühle mehr bei Ihnen auslöst, oder warum Sie sich nicht freuen, wenn Sie in einem schattigen Garten sitzen und die Vögel zwitschern hören? Oder warum ein Regenbogen nach einem Gewitter Sie früher in Staunen versetzt hat, aber jetzt nur »langweilig« ist? Das liegt daran, dass zu viele andere Glücksgefühle unser Glückssystem überfluten. Eine übertriebene Nutzung der Digitaltechnik überfrachtet den präfrontalen Cortex, den Teil des Gehirns, der die Selbstregulierung steuert. Aufgrund dieser Unfähigkeit zur Selbstregulierung verbringen wir mehr Zeit in der digitalen Welt. Je mehr Zeit wir in der digitalen Welt verbringen, umso geringer wird unsere Fähigkeit zur Selbstregulierung.

Im Umgang mit Süchten infolge der Digitaltechnik ist die Regierung von Südkorea führend. Südkorea war bei der Entwicklung der Technik an vorderster Front dabei, und jetzt erkennt man, dass es ein nationales Problem gibt. Viele Hundert junge Menschen gehen in die beliebten großen »Spielhallen«, die in den südkoreanischen Städten weit verbreitet sind, und spielen stundenlang ununterbrochen und werden von dem Glücksgefühl, das das Spielen ihnen vermittelt, abhängig. Viele spielen die ganze Nacht hindurch und schleppen sich am nächsten Tag müde zur Schule oder Arbeit. Es wurde von einigen Fällen berichtet, in denen die Spielenden so in ihr Spiel vertieft waren, dass sie nicht einmal eine Pause einlegten, um etwas zu essen oder zur Toilette zu gehen. Sie wurden tot über ihren Spielcomputern gefunden. Als Reaktion darauf ist die südkoreanische Regierung die erste, die das Problem Spielsucht anspricht und Schritte unternimmt, um den Internetmissbrauch zu bekämpfen. Sie geben damit ein Beispiel, dem der Rest der Welt folgen sollte.

System Zwei: Das »Ruhesystem« des Gehirns

Ein enger Nachbar des Glückszentrums ist das System im Gehirn, das uns Ruhe schenkt. Wenn dieses System nicht richtig funktioniert, erfüllt uns eine starke Unruhe.

Wie funktioniert dieses System? Die chemischen Botenstoffe hier sind die natürlichen Beruhigungsmittel, die das Gehirn produziert. Sie werden an Rezeptoren gesendet, die im ganzen Gehirn verteilt sind, um uns das Gefühl von Frieden und Ruhe zu geben. Wenn genügend solche natürlichen Beruhigungsmittel da sind, sind alle Rezeptoren beruhigt. Wenn diese Beruhigungsmittel zu sehr abnehmen, wächst unsere Unruhe und kann so stark werden, dass sie panische Angst auslöst.

Es ist bekannt, dass ein »Beruhigungsmittel« im pharmazeutischen Sinn ein Medikament ist, das das Gehirn beruhigt und Unruhe lindert. Das erste künstliche Beruhigungsmittel, Librium, wurde in den 1950er-Jahren erfunden und hat die Behandlung von Angststörungen revolutioniert. Als es entwickelt wurde, hatte die Wissenschaft noch keine Ahnung, wie Beruhigungsmittel wirken. Erst später entdeckte man, dass das Gehirn seine eigenen Beruhigungsmittel produziert, die ähnlich sind wie die, die wir als Medikamente benutzen. Künstliche Beruhigungsmittel wirken deshalb, weil sie die gleichen Rezeptoren ansprechen wie die natürlichen Beruhigungsmittel des Gehirns.

Aber was hat das mit unserer digitalen Invasion zu tun? Einfach ausgedrückt, die ständige Stimulierung des Gehirns durch unsere übertriebene Nutzung der technischen Geräte sorgt dafür, dass ein Stresshormon, *Cortisol*, ansteigt. Übermäßiges, unnötiges Cortisol kann wichtige Beruhigungsrezeptoren blockieren und der Auslöser dafür sein, dass das Gehirn die Produktion der natürlichen Beruhigungsmittel einstellt. Deshalb ist es wichtig zu verstehen, wodurch die digitale Welt einen übermäßigen Cortisolanstieg auslöst und unser Gefühl, Ruhe zu finden, beeinflussen kann.

Cortisol wird von der Nebenniere als Reaktion auf jede Aufregung oder Anforderung produziert. Das bedeutet, dass viele digitale Anwendungen wie Spielen, Simsen, Twittern und sogar Facebooken eine Stressreaktion auslösen können, die zu einem Cortisolanstieg führt. Wo Stress herrscht, ist eine reichliche Ausschüttung von Cortisol zu beobachten. Alle Computerspiele sind so angelegt, dass sie uns einen Adrenalinkick versetzen, und jedes Mal, wenn das Adrenalin ansteigt, steigt auch das Cortisol. Eine Funktion des Cortisols ist es, die Beruhigungsrezeptoren zu blockieren, damit wir unruhiger werden und mit einem Notfall besser umgehen können. Es handelt sich jedoch um keinen echten Notfall, sondern nur um einen durch ein Spiel vorgegaukelten Notfall. Dieser Verlust an Ruhe kann zu schweren Ängsten führen. Das alles wird in meinem (A. Harts) Buch *The Anxiety Cure* ausführlicher beschrieben.[29]

Es besteht kein Zweifel, dass die übermäßige und zu lange Nutzung der Digitaltechnik unsere Cortisolausschüttung erhöhen kann. Cortisol hat grundsätzlich die Funktion, uns zu schützen und uns zu helfen, mit allem umzugehen, das stressig ist, aber der »Notfall« ist vielleicht nichts anderes als das Vibrieren unseres Smartphones. Die ständig hohe Cortisolausschüttung, wie wir sie bei Internetsucht oder Multitasking sehen, kann auch unser Risiko erhöhen, an ernsten gesundheitlichen Problemen zu erkranken; dazu gehören Übergewicht, Diabetes Typ 2, Bluthochdruck und Herzkrankheiten.

Was ist das Gegenmittel zu dieser Überschwemmung mit Cortisol und dem Verlust von Ruhe? Es gibt vier empfohlene Lösungen, die verhindern können, dass die digitale Welt Ihnen die Ruhe raubt und Angststörungen auslöst:

- **Erstens:** Begrenzen Sie die Zeit, die Sie im Internet oder mit Ihrem Smartphone verbringen. Schränken Sie die Nutzung von stimulierenden Geräten, Internetseiten oder Spielen ein.
- **Zweitens:** Treiben Sie regelmäßig Sport. Wir sitzen grundsätzlich viel zu viel, und die digitale Welt macht uns noch unbeweglicher. Sport hilft, Adrenalin abzubauen und den Cortisolspiegel zu reduzieren.
- **Drittens:** Führen Sie Tiefenentspannungsübungen durch. Es ist allgemein anerkannt, dass diese Entspannungsübungen dazu beitragen können, die Ausschüttung unserer Stresshormone zu reduzieren – einschließlich Cortisol.
- **Viertens:** Erhöhen Sie die natürlichen Beruhigungsmittel Ihres Gehirns. Das geschieht hauptsächlich dadurch, dass Sie Ihre Schlafgewohnheiten verbessern. Es gibt reichlich Beweise, dass eine übertriebene Internetnutzung unser Schlafverhalten stören kann. Teenager simsen oft bis spät in die Nacht und leiden schnell an Schlaflosigkeit. Selbst eine kleine Verbesserung der Schlafqualität und der Schlafdauer kann Wunder wirken.

System Drei: Das »Erinnerungssystem« des Gehirns

Dr. Torkel Klingberg, Professor für kognitive Neurowissenschaft, und viele andere Fachleute sagen, dass das menschliche Gehirn ein sehr »begrenztes Gedächtnissystem« hat. Neue Erkenntnisse in der Psychologie und Gehirnforschung machen deutlich: Die Art, wie wir die Informationen verarbeiten, die uns die digitale Welt mit ihren Ablenkungen, der Forderung nach Multitasking und gleichzeitiger Verarbeitung von Informationen liefert, hat eine schwerwiegende Nebenwirkung: Sie reduziert unsere Fähigkeit, Informationen zu speichern.[30]

Viele digitale Aufgaben verlangen, dass Sie mehrere Dinge gleichzeitig tun oder von einer Aufgabe zur nächsten springen. Die erste

Aufgabe in der Kette erfordert eine bestimmte Menge an »Arbeits-speicher«. Die zweite Aufgabe in der Kette verlangt die doppelte Spei-chermenge. Die Frage, die sich dabei stellt, lautet: Wie viele Infor-mationen kann das Gehirn gleichzeitig verarbeiten und speichern, wenn mehrere Anforderungen gleichzeitig an das Hirn gestellt wer-den? Klar ist, dass das menschliche Gehirn einen viel begrenzteren »Arbeitsspeicher« hat, als den meisten von uns bewusst ist, und das kann zu ernsten Folgen führen, wenn wir zu viele Anforderungen daran stellen. Zum Beispiel könnte ein Chirurg, der sich mit Multi-tasking versucht, während er komplizierte Aufgaben ausführt, einen schweren Fehler machen und Menschenleben gefährden. Vor der gleichen Herausforderung stehen wir, wenn wir auf der Autobahn unterwegs sind. Das ist eine relativ unkomplizierte Aufgabe, aber in einer unbekannten Stadt ständig die Fahrspur zu wechseln und dabei gleichzeitig die Anweisungen des GPS zu befolgen, erschwert die Aufgabe exponentiell. Wenn wir zu viele Veränderungen vor-nehmen, kann sich unser Gehirn nicht alle Details merken. Unter dem Strich kommt folgendes Ergebnis heraus: Wir funktionieren am besten und am effektivsten, wenn wir *immer nur eine Aufgabe auf einmal erledigen.*

System Vier: Das »Lernsystem« des Gehirns

Eng verknüpft mit dem Gedächtnissystem ist das Lernsystem. Wir dürfen nicht vergessen, dass alles Lernen im Gehirn geschieht. Beim Lernprozess geht es nur darum, das Gehirn zu verändern, keine anderen Funktionen des Körpers. Das heißt nicht, dass alle Eltern und Lehrer Neurowissenschaftler werden, hundert Neuro-transmitter auswendig kennen oder sich über die fünfzig Bereiche des Gehirns informieren müssen, die für das Lernen verantwortlich sind, damit sie bessere Eltern oder Lehrer werden. Aber alle Eltern und Lehrer müssen sich einige Tatsachen bewusst machen.

Die erste ist, dass es eine »Erschöpfung des Nervensystems« oder »Müdigkeit des Gehirns« gibt. Das bedeutet, dass genauso wie alle Teile unseres Körpers auch das System, das für das Lernen zuständig ist, müde werden kann. Wenn wir zu müde sind, um uns auf das Material oder die Fertigkeit, die wir lernen sollen, konzentrieren zu können, findet kein dauerhaftes Lernen statt. Aber inwiefern wirkt sich die digitale Welt darauf aus? Was uns unsere digitale Welt bietet, ist ein Übermaß an Ablenkung, nicht im gesunden Sinn wie bei der Ausübung eines Hobbys, sondern eher in einem störenden Sinn. Zum Beispiel hat das durchschnittliche Kind, das seine Hausaufgaben macht oder ein Buch liest, wahrscheinlich ein Handy in der Nähe. Wenn ein Freund anruft oder eine SMS schickt, wird das Kind abgelenkt und der Lernprozess wird gestört. Mehrere solche Störungen können die Müdigkeit des Nervensystems verstärken. Die Neurologie ist hier eindeutig: Nervensysteme, die am Lernprozess beteiligt sind, sind ziemlich schnell »erschöpft«, binnen weniger Minuten sogar. Sie werden müde und stellen ihre Arbeit ein. Wenn man ständig abgelenkt wird, ist kein richtiges Lernen möglich. Kurz gesagt: Egal, welche Form die Ablenkungen annehmen, sie stellen eine zusätzliche Belastung für das Nervensystem dar, die das Lernen erschwert.

Wissenschaftler verweisen auf eine andere Entdeckung, die den Lernprozess stören kann. Wenn Menschen (und das schließt unsere Kinder mit ein) ihr Gehirn ständig mit digitalen Informationen versorgen, bringen sie es um eine Auszeit. Die Auszeit braucht das Gehirn zwischen den Lernübungen, damit es die Informationen, die es lernt, verarbeiten und festigen kann. Hier ist nicht Müdigkeit das Problem, sondern es fehlt die Zeit, um Informationen zu verarbeiten.

Eine fehlende Auszeit stört auch die Kreativität.[31] Eine Studie, die an der Universität von Michigan durchgeführt wurde, fand heraus, dass Menschen deutlich besser lernten, wenn sie einen Spaziergang machten, nachdem sie neuem Lernstoff ausgesetzt waren, statt einfach weiterzulernen. Wenn sie in einem lärmenden, hektischen Stadtgebiet spazieren gingen, war der Lernstoff vergessen. Aber wenn sie im Park oder auf dem Land spazieren gingen, verfestigte sich der Lernstoff.[32] Die digitale Betätigung kann die Auszeit des Gehirns deutlich beeinträchtigen. Je mehr Auszeit wir dem Gehirn zwischen den Lerneinheiten gönnen, umso besser ist es.

Eine weitere große Störung des Lernprozesses, die sich Eltern und Lehrer bewusst machen sollten, ist der Mangel an ausreichendem Schlaf. Ein gesunder Schlaf kann das Lernen genauso verbessern wie eine Auszeit oder regelmäßige Pausen und Entspannung. Wenn die digitale Invasion einer Sache besonders schadet, dann ist es die Tatsache, dass sie uns unseren dringend benötigten Schlaf raubt. Schlafmangel stört das Lernen entscheidend. Warum? Bestimmte Schlafstadien tragen wesentlich dazu bei, das, was wir am Tag zuvor gelernt haben, im Gehirn zu festigen.

Die Forschung setzt sich intensiv mit den Folgen von Schlafmangel auf das Gedächtnis und den Lernprozess auseinander. Untersuchungen bei Tieren und auch bei Menschen legen den Schluss nahe, dass sowohl die Quantität als auch die Qualität unseres Schlafes entscheidenden Einfluss auf das Lernen und auf das Gedächtnis haben können. Erstens ist ein Mensch, dem Schlaf fehlt, am nächsten Tag zu müde, um sich auf neuen Lernstoff konzentrieren zu können; dadurch kann er nicht effektiv lernen. Zweitens spielt der Schlaf selbst eine Rolle bei der Festigung des Gedächtnisses, was beim Lernen neuer Informationen entscheidend ist. Obwohl kein Konsens darüber besteht, wie der Schlaf diesen Prozess ermöglicht, glauben viele Forscher, dass bestimmte Eigenschaften von Hirnströmen in den verschiedenen Schlafphasen mit der Bildung von bestimmten Gedächtnistypen in Verbindung stehen.[33] Da der Schlaf bei vielen gesundheitlichen Problemen so wichtig ist und auch beim Lernen eine entscheidende Rolle spielt, schlagen wir Ihnen folgende Tipps vor, die Ihnen und Ihren Kindern helfen können, die Schlafqualität zu verbessern. Die Prinzipien, die jedem dieser Vorschläge zugrunde liegen, werden in verschiedenen Kapiteln dieses Buches erklärt.

Zehn Tipps für eine bessere Schlafqualität

Kopieren Sie diese Liste und hängen Sie sie so auf, dass jeder aus Ihrer Familie sie sehen kann.

- Geh jeden Abend zur gleichen Zeit schlafen. Das Gehirn muss auf einen gleichbleibenden Schlafbeginn programmiert werden.
- Sorge dafür, dass dein Schlafzimmer so dunkel, ruhig und bequem wie möglich ist. Wenn nötig, benutze Ohrenstöpsel und eine Augenmaske.
- Trinke nach 16.00 Uhr keine koffeinhaltigen Getränke mehr oder, noch besser, verzichte ganz auf Koffein. Koffein blockiert die Beruhigungsrezeptoren des Gehirns.
- Lerne eine Entspannungstechnik und wende sie an, wenn du dich schlafen legst.
- Schalte ungefähr eine Stunde, bevor du schlafen gehst, alle hellen Lichter aus und verdunkle deine Umgebung. Das setzt die Produktion von Melatonin, dem Schlafhormon des Gehirns, in Gang.
- Ziehe dich nach 20.00 Uhr von allen Aktivitäten zurück. Geh nicht mehr an den Computer oder an dein Smartphone. Das stimuliert dein Adrenalin und verhindert das Schlafen.
- Steh jeden Morgen zur selben Zeit auf (nachdem du genug geschlafen hast) und geh so bald wie möglich ans Sonnenlicht. Dadurch wird die Melatoninproduktion eingestellt.
- Versuche, nicht aufzustehen, wenn du nachts aufwachst. Falls du doch aufstehen musst, dann geh so bald wie möglich wieder schlafen und schalte keine hellen Lichter ein. Mach deine Entspannungsübung.
- Achte darauf, dass du jeden Tag genug Sport treibst oder körperlich arbeitest, um müde zu werden. Körperliche Müdigkeit hilft einzuschlafen und verbrennt überflüssiges Adrenalin.
- Bemühe dich um Stressbewältigung und baue Stress ab, bevor du schlafen gehst. Stress ist der größte Schlafräuber.

Ausführlichere Informationen darüber, wie Sie die Qualität Ihres Schlafes verbessern können, finden Sie in einem Buch von A. Hart zum Thema Schlaf.[34]

System Fünf: Das »Beziehungssystem« des Gehirns

Diesem System wird nicht so viel Aufmerksamkeit geschenkt. Das liegt hauptsächlich daran, dass es nicht so leicht verstanden wird wie die anderen Systeme, die wir besprochen haben. Es ist auch möglich, dass die meisten Leser sich nicht viele Gedanken darüber machen, wie ihre digitale Welt sich auf ihre Beziehung zu anderen, einschließlich zu ihren Familienmitgliedern, auswirkt. Gott hat unser Gehirn auf Beziehungen angelegt. Unsere erste Beziehung sollte zu ihm sein. Aber *wie* unsere engen Beziehungen zu anderen aussehen, bestimmt die Funktion eines bestimmten Gehirnsystems, das durch die digitale Invasion auch unter Beschuss gerät. Wir suchen enge Beziehungen, weil das Beziehungssystem im Gehirn uns veranlasst, diese engen Beziehungen zu einem anderen Menschen zu suchen. Dieses System veranlasst uns, einen Partner zu suchen, zu heiraten und Kinder zu bekommen. Aber es wirkt nicht nur bei der Partnersuche und wenn wir uns verlieben mit, sondern auch bei der Entwicklung von Freundschaften.

Sehen wir den Tatsachen ins Auge: Zwischenmenschliche Beziehungen sind komplex und manchmal richtiggehend schwierig. Deshalb werden wir mit Selbsthilfebüchern, Familientherapeuten und Scheidungen überflutet.

Jeder von uns kennt Augenblicke, in denen er lieber den Fernseher einschaltet oder sein Smartphone herausholt, statt sich mit seinem Ehepartner, Kind oder auch nur einem Kollegen zu unterhalten. Manchmal ist es leichter, weniger anstrengend und reizvoller, in der »virtuellen Welt« des Internets Beziehungen zu haben als mit Menschen, die Gefühle haben und uns aus der Ruhe bringen können. Der Neurowissenschaftler Gary Small beschreibt es so:

Die neueste Neurowissenschaft spricht von Leitungsbahnen im Gehirn, die nötig sind, um zwischenmenschliche Fertigkeiten,

*empathische Fähigkeiten und persönlichen Instinkt zu verbes-
sern. Bei Digital Natives (unseren Kindern), die mit der Technik
aufwachsen, werden diese zwischenmenschlichen Nervenbahnen
oft nicht stimuliert und bleiben unterentwickelt. Allerdings kann
es jederzeit passieren, dass eine elektronische Überreizung zu
veränderten Nervenbahnen führt und die sozialen Fertigkeiten
schwächt. Digital Immigrants (ältere Eltern) laufen ebenfalls
Gefahr, dass sie sich so sehr im Internet und mit anderen Techniken beschäftigen, dass sie eine soziale und emotionale Distanz
zwischen sich und ihren Familien und Ehepartnern aufbauen.*[35]

Menschliche Beziehungen sind biologisch notwendig. Ohne sie
würden wir höchstwahrscheinlich sterben. Seit mehreren Tausend
Jahren fühlen sich Menschen zu engen, interaktiven Gemeinschaf-
ten hingezogen und leben darin. Menschen verbringen viel Zeit
mit anderen Menschen. Unser Problem heute ist, dass wir zwar
vielleicht viel mehr Zeit mit Menschen verbringen, aber sie befinden sich am anderen Ende eines Smartphones oder eines Flachbild-
schirms ohne Tiefe. Das ist keine Verbesserung unserer Beziehungen. Die Technik ist dazu entwickelt, die menschliche Effektivität
zu verbessern, aber sie hat auch die Wirkung, dass sie die Distanz
zwischen den Menschen vergrößert und unsere Art, Beziehungen
aufzubauen, verändert.

Können wir uns an diese wachsende Distanz und Isolation von
Menschen aus echtem Fleisch und Blut gewöhnen? Welche Folgen
hat das auf unsere Jugendlichen, die jetzt begrenzte direkte Interaktionen mit ihren Eltern und Freunden haben? Die ehrliche Antwort
ist, dass wir das wirklich nicht wissen. Ich (A. Hart) war von Bild-
telefonen begeistert und benutzte Skype sehr früh, damit ich das
Gesicht von meinen Familienangehörigen, die weit weg wohnen,
beim Telefonieren sehen konnte. Ich glaube, ich habe fast jede ver-
fügbare App für Videokontakte über mein iPhone, meinen Laptop
und meine Tablets. Sie geben mir das Gefühl, einen besseren Bezug
zu ihnen zu haben. Das liegt aber daran, dass ich auch viele direkte
Kontakte habe. Digitale Kontakte können nie einen persönlichen

menschlichen Kontakt zu den Menschen, die wir lieben, ersetzen. Sorgen machen müssen wir uns, welche Folgen diese Distanzierung darauf hat, wie Eltern den Kontakt zu ihren Kindern pflegen und wie das die Art, wie ihre Kinder in Zukunft Beziehungen leben, beeinflusst. Wir sind darauf angelegt, echte, persönliche Beziehungen zu haben, bei denen wir gesehen, geschätzt und gehört werden. Das erleben wir in unseren engsten Beziehungen. Wenn unser Gehirnsystem eine engere Beziehung zu digitalen Geräten aufbaut und sich mehr von Menschen loslöst, wird unsere Beziehungsfähigkeit verkümmern. Beweise dafür sind bereits sichtbar.

Da die Technik sich in einem so rasenden Tempo entwickelt, können wir dieses »Entfremdungsphänomen« nur lösen, indem wir so viele persönliche Kontakte und Interaktionen wie möglich haben. Bauen Sie daher so viele persönliche Beziehungen wie möglich in Ihren Tag ein.

System Sechs: Das »geistliche System« des Gehirns

Wir würden etwas vernachlässigen, wenn wir nicht erwähnten, wie die digitale Welt sich auf unser geistliches Leben als Christen auswirkt. Wir sind mit vielen christlichen Gruppen, Gemeinden und Pastoren im Gespräch und haben eine gute Vorstellung davon, wie unser christliches Leben betroffen ist. Fast überall, wohin wir kommen, ob als Referenten bei Konferenzen oder in Gemeinden, haben wir das starke Gefühl, dass in der christlichen Welt nicht alles gut ist. Wir sehen, dass viele während des Gottesdienstes mit ihrem Smartphone beschäftigt sind. Leute stehen auf und verlassen den Gottesdienst, weil ihr iPhone vibriert und jemand ihre sofortige Aufmerksamkeit verlangt. Das ist kein schönes Bild.

Pastoren, die wir kennen, machen sich Sorgen, weil Handys während des Gottesdienstes sehr störend sind. Als Professor habe ich alle Handys und jeden Internetzugang über Laptops aus meinen Vorlesungen verbannt. Einige Pastoren entschuldigen Smartphones, da sie glauben, die Gottesdienstbesucher benutzten eine Bibel-App, um der Predigt zu folgen. Aber es ist viel eher wahrscheinlich, dass die Gottesdienstbesucher, besonders die jüngeren, spielen oder sich gegenseitig simsen. Ein Pastor erzählte uns, dass seine Gemeindemitglieder in SMS-Nachrichten an andere Gottesdienstbesucher oder an jemanden zu Hause seine Predigten kritisierten, während er noch predigte. Das ist einfach unmöglich! Ein anderer Pastor erzählte uns, dass er ernsthaft daran denke, wegen dieser Störungen seinen Dienst aufzugeben.

Was wir tun können

Wir haben kurz einige wichtige Systeme in unserem Gehirn beschrieben, die durch die digitale Invasion in Mitleidenschaft gezogen werden können. Wenn wir diese Systeme verstehen, kann uns das helfen, zu entscheiden, welche Schutzmaßnahmen wir ergreifen müssen. In den folgenden Kapiteln gehen wir auf einige Lösungsmöglichkeiten genauer ein.

Am Ende dieses Kapitels möchten wir einen besonders wichtigen Punkt in Bezug auf diese ganzen Systeme noch einmal betonen: Genauso wie die Muskeln in unserem Körper sich regenerieren müssen, indem sie sich von Zeit zu Zeit ausruhen, braucht auch unser Gehirn solche Ruhepausen. Unser Gehirn braucht sogar mehr Ruhepausen als unser übriger Körper. Das heißt nicht, dass unser Gehirn in diesen Auszeiten nichts tun würde. Ganz im Gegenteil. Es erfüllt viele andere Funktionen, zum Beispiel löst es Probleme, begreift etwas, bekämpft Infektionen, repariert Schäden und festigt Erlerntes oder Informationen in unserem Gedächtnis. Diese ganzen Funktionen kann es nur erfüllen, wenn es eine Auszeit bekommt.

Die Aussage von Bertrand Russell aus dem Buch *In Praise of Idleness*, die wir am Anfang dieses Kapitels zitiert haben, trifft den Nagel auf den Kopf. Wir möchten seine Worte noch einmal zitieren:

> *Wenn der Rest der Welt denkt, wir wären untätig, geht das Gehirn, wenn es richtig geübt ist, seine eigenen Wege.*[36]

Wir denken erst dann wirklich, wenn unser Gehirn im Leerlauf ist. Es kann nicht viel denken, wenn andere Anforderungen überhandnehmen. Im Gegensatz zu Ihrem Automotor, der im Leerlauf keine Leistung bringt und nirgendwohin fährt, leistet ein Gehirn im Leerlauf Schwerstarbeit. Ein Gehirn in Ruhe ist ein denkendes Gehirn.

An dieser Stelle verliert die digitale Welt viele positive Attribute, denn dieses Bedürfnis berücksichtigt sie überhaupt nicht. Wenn wir der externen Welt der Digitaltechnik erlauben, unser Gehirn zu beherrschen, und ihm keine »Auszeit« für sich allein geben, bezahlen wir den Preis in Form von abnehmender Produktivität und zunehmender menschlicher Not. Das sind sehr deutliche Worte, aber sie sind nötig.

Um in unserer digitalen Welt geistig und geistlich gesund zu bleiben, müssen wir Zeit zum Reflektieren und Nachdenken finden. Wir müssen dem Gehirn auch eine ausreichende Erholungszeit gönnen, das heißt natürlich mehr Schlaf. Sonst können wir nie richtig denken. Das gilt auch für unser geistliches Leben, wo Kontemplation, Meditation und andere geistliche Übungen eine entscheidende Rolle spielen.

Das alles läuft auf eine unbestreitbare Tatsache hinaus: Gott hat unser Gehirn mit bestimmten Begrenzungen geschaffen. Es hat keinen Platz für mehr Speichermöglichkeiten oder einen zusätzlichen Prozessor. Wir müssen diese Begrenzungen respektieren, wenn es uns gut gehen soll und wir ein gesundes Leben führen wollen. Wenn wir keine Ruhe und Entspannung in unser Leben einbauen, können wir nicht so effektiv denken und erhöhen unseren Stress und unsere Angst wegen der Dinge, die uns überhaupt erst unsere Entspannung geraubt haben. Wenn Ihr Gehirn die Ruhe bekommt, die es braucht, lernen Sie besser und werden Sie kreativer.

Wie wir im nächsten Kapitel darlegen werden, muss man, um in Zukunft ein Genie zu sein, in der Lage sein, die digitale Welt zu verlassen und dem Gehirn zu erlauben, die großen Herausforderungen, vor die es gestellt wird, selbst zu lösen. Auch ein ganz normaler Mensch muss, um gesund zu bleiben, regelmäßig eine Pause einlegen und »diesem mausgrauen Parlament aus Zellen, dieser Traumfabrik, diesen kleinen Tyrannen in einer Knochenkugel, dieser Ansammlung von Neuronen, die das Kommando geben«,[37] Ruhe gönnen.

Gesprächsimpulse

- Was haben Sie über die Begrenzungen unseres Gehirns gelernt?
- Was halten Sie von der Aussage: »Wenn Sie mehr als eine Aufgabe gleichzeitig ausführen, wird eine Aufgabe darunter leiden«? Erklären Sie Ihren Standpunkt.
- Haben Sie schon einmal eine Überlastung Ihres Glückssystems bei der Nutzung der Digitaltechnik erlebt?
- Welchen der »Zehn Tipps für eine bessere Schlafqualität« müssen Sie in Ihrem Leben befolgen? Wie ist das in Ihrer Familie?
- Wie wirkt sich die digitale Welt auf Ihre Beziehungen aus?
- Möchten Sie Ihrem Gehirn mehr »Leerlaufzeit« gönnen? Welche Veränderungen müssten Sie dafür vornehmen?

4
Der Mythos vom Multitasking

Im Laufe eines Tages ist genug Zeit für alles, wenn du immer nur eine Sache auf einmal machst, aber wenn du zwei Dinge gleichzeitig machst, ist nicht einmal in einem Jahr genug Zeit.
Lord Chesterfields Brief an seinen Sohn, 1747

Diese Worte, die vor über 260 Jahren geschrieben wurden, sind in unserer modernen digitalen Zeit erstaunlich aktuell. Lord Chesterfields verblüffende Beobachtung, dass das menschliche Gehirn Grenzen hat, gilt heute mehr denn je und sollte bei dem, was wir Multitasking nennen, unbedingt berücksichtigt werden. Aber in seiner Ermahnung geht es nicht nur darum, dass wir weniger schaffen, wenn wir mehrere Dinge gleichzeitig tun. Lord Chesterfield geht in seinem Brief noch weiter: »Die ununterbrochene und ungeteilte Aufmerksamkeit auf eine Sache ist ein sicheres Zeichen hoher Intelligenz; ebenso sind Eile, Hektik und Aufregung die unverkennbaren Symptome eines schwachen, oberflächlichen Geistes.«[38] Immer nur eine Sache auf einmal zu machen war – und ist immer noch – ein Zeichen wahrer Intelligenz.

Lord Chesterfields Bemerkung ist heute noch genauso gültig wie vor über zweihundert Jahren, besonders da die Vertreter unserer modernen digitalen Welt uns alle auffordern, Meister des Multitasking zu werden.

Wohin man sieht, ob in der Bildung, in der Berufswelt oder in der Industrie, überall hört man den lauten Ruf nach *Multitasking*. Aber ist Multitasking das, was es verspricht? Wie wir sehen werden, ist unsere Verherrlichung von Multitasking absolut nicht gerechtfertigt. Wir wissen von keinem Wissenschaftler, der Multitasking befürworten würde. In den Augen vieler ist es schlichtweg ein Mythos.

Ja, Computer helfen uns, Dinge schneller zu erledigen. Ich (A. Hart) kann mich erinnern, was für eine enorme Zeitersparnis die Statistikanalyse durch Computer bei meinen Forschungsarbeiten brachte. Verglichen mit den ermüdenden, kleinen Taschenrechnern, mit denen wir vorher arbeiten mussten, konnte ich eine große Arbeitsmenge an einem einzigen Tag erledigen. Da wir mehr Dinge gleichzeitig erledigen konnten, kam der Begriff *Multitasking* auf. Wir wurden zu Experten darin, Aktivitäten zu bündeln, zu organisieren, zusammenzupacken und zu überlappen. Die Multitasking-Verfechter begannen, von einem »Multitasking-Hotspot« zu sprechen, als ob wir dadurch das Gehirn irgendwie verbessert hätten.

Die Wahrheit über Multitasking

Woher stammt der Begriff *Multitasking*? Als Erstes müssen wir zwischen Multitasking bei Computern und Multitasking bei Menschen unterscheiden. Bei Computern bezieht sich Multitasking auf die Fähigkeit des Computers, verschiedene Aufgaben in derselben Zeitspanne zu erledigen. Multitasking bei Menschen bedeutet, dass ein Mensch scheinbar mehr als eine Aufgabe gleichzeitig ausführt. Zum Beispiel kann ein Mensch telefonieren und gleichzeitig eine E-Mail schreiben oder Socken stricken. Oder er kann Auto fahren und gleichzeitig Musik hören. Einfache Tätigkeiten, bei denen man sich nichts merken muss, lassen sich leicht gleichzeitig ausführen.

In der Anfangszeit der Computer wurde Multitasking als ein Gewinn für die menschliche Leistungsfähigkeit betrachtet. In letzter Zeit wird jedoch der Wert von Multitasking bei Menschen, wenn es um mehr als nur um die einfachsten Tätigkeiten geht, ernsthaft infrage gestellt. Einige gehen sogar so weit, Multitasking bei Menschen als »Mythos, bei dem Menschen glauben, sie könnten zwei oder mehr Tätigkeiten gleichzeitig durchführen und dabei genauso effektiv sein wie bei einer«,[39] zu bezeichnen. Allein der Gedanke, dass unser Gehirn ohne negative Folgen viele Funktionen gleichzeitig ausführen könnte, wird als zerstörerische Kraft gesehen, die sich negativ auf die menschliche Leistung, das Lernen und sogar auf soziale Kontakte auswirkt. Eltern und Lehrer dürfen dieses kritische Thema nicht ignorieren, da wir uns immer stärker zu einer »Multitasking-Generation« entwickeln.

Die Einführung von Multitasking machte langweilige, sich wiederholende Tätigkeiten zwar interessanter und vertrieb die Langeweile, aber es ist nicht so produktiv, wie behauptet wird. Im Gegenteil, bei mehreren Untersuchungen stellte man fest, dass Multitasking deutlich weniger produktiv ist als die Alternative, *Monotasking*. 2005 fand eine Studie, die vom Institut für Psychiatrie an der Universität von London durchgeführt wurde, heraus, dass der Intelligenzquotient von Arbeitern, die durch E-Mails oder Anrufe abgelenkt wurden, um zehn Prozent sank, doppelt so sehr wie bei Marihuanarauchern.[40] Sie bezeichneten es als »Infomania«, Informationssucht, und sagten voraus, dass Multitasking am Arbeitsplatz sich zu einer großen Bedrohung für die Arbeitsproduktivität entwickelt. Wir befürchten, dass »Infomania« auch in unseren Schulen Einzug hält, wenn wir nicht klar regeln, wie Kinder lernen. Wir haben die jüngsten Forschungen über Multitasking genau verfolgt und kommen zu dem Schluss, dass die Vorstellung, Multitasking würde das Lernen erleichtern, zu den größten Mythen im Zusammenhang mit der digitalen Welt gehört.

Einige Leser nehmen zweifellos Anstoß an unserer Schlussfolgerung. Deshalb wollen wir, bevor wir weitermachen, einige Begriffe klären, über die wir hier sprechen. Der Begriff *Multitasking* stellt uns eindeutig vor ein semantisches Problem. Jeder versteht etwas anderes darunter. Deshalb werden unsere Aussagen zu diesem Phänomen teilweise missverstanden.

Es besteht ein Unterschied zwischen extremem Multitasking und Monotasking. Wenn man mehrere Aufgaben zu erledigen hat, wie beispielsweise den Rasen mähen, Unkraut jäten und die Einfahrt kehren, und immer nur eine macht und jede Aufgabe abschließt, bevor man zur nächsten übergeht, nennt man das Monotasking. Wenn Sie sehr viele Aufgaben zu erledigen haben, aber nicht eine Aufgabe abschließen, bevor Sie zur nächsten übergehen, dann für eine Weile zur ersten zurückkehren, dann zu einer dritten oder vierten springen, bevor Sie zur ersten zurückkehren, nennt man das Multitasking. Dieses »Hüpfen« von einer Aufgabe zur anderen ist das, was wir als fragwürdig ansehen.

Diese Form von Multitasking ist weniger produktiv, als wenn Sie jede Aufgabe beenden, bevor Sie zur nächsten übergehen, das heißt Monotasking betreiben.[41] Zum Beispiel habe ich (S. Frejd) das erlebt, als ich bei meinen Kindern zu Hause blieb und Hausfrau war. Ein typischer Tag begann damit, dass ich den Kindern das Pausenbrot machte, dann das Frühstück zubereitete, danach die Kinder zur Schule fuhr und dann anfing, Wäsche zu waschen, ins Internet zu gehen, um Rechnungen zu zahlen, zur Haustür ging, wenn es klingelte, und dann anfing, das Essen zu kochen. Hier liegen mehrere Aufgaben vor, die erledigt werden müssen. Aber auch wenn einige überlappen können, wenn ich zum Beispiel das Bügeln unterbreche, um an die Haustür zu gehen oder Wäsche in den Trockner zu räumen, ist das im Großen und Ganzen Monotasking und *nicht* das Multitasking, das in unserer modernen Welt so begeistert propagiert wird. Ein Beispiel für wahres Multitasking im Gegensatz zu Monotasking ist das, was geschieht, wenn Sie mit dem Auto auf einer verkehrsreichen Straße in der Innenstadt fahren und gleichzeitig versuchen, eine SMS zu schreiben. Dieses Multitasking ist inzwischen verboten, da man erkannt hat, dass es gefährlich ist. Jeder von uns hat viele Aufgaben zu erledigen. Aber sie zu überlappen, kann unsere Effektivität mindern.

Was viele Multitasking-Befürworter nicht berücksichtigen, ist die Rolle des Gehirns beim Multitasking. Das Gehirn kann sich nicht vollständig konzentrieren, wenn es zu Multitasking gezwungen wird. Deshalb dauert es länger, Aufgaben zu erledigen, und die Wahrscheinlichkeit, dass wir Fehler machen, wächst. Das liegt daran, dass das Gehirn gezwungen ist, neu anzufangen und sich neu zu konzentrieren, wenn es zu seiner vorherigen Aufgabe zurückkehrt. Wissenschaftler haben untersucht, ob das menschliche Gehirn lernen kann, effektiver mehr Aufgaben gleichzeitig auszuführen, besonders, wenn es das in einem jungen Alter einübt. Aber ihre Ergebnisse zeigen, dass das Gehirn zwar geschickter darin werden kann, Informationen zu verarbeiten, aber richtiges Multitasking beherrscht es nicht.[42]

Betreiben Computer wirklich Multitasking?

So viel zu Multitasking bei Menschen. Aber wie ist es mit Computern? Beherrschen sie Multitasking im eigentlichen Sinn? Die meisten glauben, Computer wären große Multitasker. Deshalb überrascht es Sie vielleicht, dass wir überhaupt eine solche Frage stellen. Natürlich betreiben alle Computer Multitasking, wie sollten sie sonst so viele Dinge gleichzeitig machen, nicht wahr?

Ich (A. Hart) stellte diese Frage meinem Schwiegersohn, der beim amerikanischen Patentamt arbeitet. Er erklärte mir, dass Computer, genau genommen, nicht mehrere Tätigkeiten gleichzeitig ausführen. Er verwies mich an das *Computer Dictionary* von Microsoft, das genau beschreibt, wie der durchschnittliche Computer funktioniert.[43] Das Lexikon definiert Multitasking als »Funktionsweise eines Betriebssystems, bei der ein Computer an mehr als einer Aufgabe gleichzeitig arbeitet«. Es gibt verschiedene Arten von Multitasking. Beim »Task-Switching« hat der Computer eine Aufgabe im Vordergrund und eine im Hintergrund. Die Aufgabe, die im Vordergrund ist, wird verarbeitet – nur diese eine Aufgabe. »Kooperatives Multitasking« wurde früher in Mac-Computern verwendet. Hintergrundaufgaben wurden nur bearbeitet, wenn die Vordergrundaufgaben nicht arbeiteten. Bei den derzeitigen Betriebssystemen werden durch »Zeitscheiben-Multitasking« den einzelnen Aufgaben Prioritätsstufen zugeordnet, aber sie werden nacheinander bearbeitet.

Ja, Sie haben richtig gelesen. Computer betreiben im eigentlichen Sinn des Wortes kein Multitasking. Sie sind Monotasker. Für den Anwender sieht es vielleicht wie Multitasking aus, aber laut dem *Computer Dictionary* liegt das nur daran, dass das Zeitgefühl des Anwenders viel langsamer ist als die Verarbeitungsgeschwindigkeit des Computers. Es erscheint uns wie Multitasking, weil unser menschliches Gehirn viel langsamer ist.

Jetzt fragt bestimmt jemand: »Aber wie ist es bei Dualprozessoren? Sie sind doch multitaskingfähig.« Das stimmt, viele Computer haben jetzt Mehrkern-Prozessoren; das heißt, ein einzelner Computer hat zwei oder mehr selbstständige Prozessoren, von denen jeder etwas anderes macht. Einen »Dualkern-Prozessor« haben noch die meisten von uns zu Hause. Das ist, als hätte man zwei Computer in einem Gehäuse. Bald werden drei oder mehr Kerne die Norm sein. Multikern-Computer können zwar scheinbar schneller laufen, aber bei den meisten Anwendungen laufen sie in Wirklichkeit gar nicht so viel schneller, es sei denn, die Programmierer investieren unverhältnismäßig viel Zeit und Geld, um sie zu programmieren.[44] Außerdem kann der Computer nicht selbst denken, wie es das menschliche Gehirn kann, und jeder winzige Computerschritt erfordert sehr viel Arbeit bei der Programmierung. Dualprozessoren müssen vielleicht außerdem den gleichen Speicher- und Systembus benutzen, wodurch ihre Leistung in der echten Welt zusätzlich eingeschränkt ist. Jedenfalls ist unser Gehirn zwar nur ein einziger Prozessor, aber es kann selbst denken und sich im Betrieb buchstäblich selbst programmieren. Wir bräuchten einen zweiten Schädel und ein zweites Gehirn, um einen Dualprozessor nachzuahmen.

Computer haben zwar eine gewisse Ähnlichkeit mit dem menschlichen Gehirn, aber der Versuch, es nachzuahmen oder direkte Vergleiche anzustellen, ist nicht angebracht. Das menschliche Gehirn ist mehr als ein Computer. Es ist ein lebendes, denkendes Organ.

Multitasking-Grenzen des Menschen

Ja, Menschen können mehrere Dinge gleichzeitig machen. Wir können gleichzeitig auf einer viel befahrenen Straße fahren und Musik hören, ohne ein allzu großes Risiko einzugehen, dass wir abgelenkt werden und einen Unfall verursachen. Wir können Erbsen schälen und uns gleichzeitig mit unserem Ehepartner unterhalten und sogar mit einem Auge eine Fernsehsendung verfolgen, während wir uns unterhalten. Aber wundern Sie sich nicht, wenn Ihre Frau sich beschwert, dass Sie ihr nicht richtig zuhören. Aber das ist nicht das Multitasking, das uns hier beschäftigt. Ja, Sie können Auto fahren und dabei Radio hören, aber wir wissen jetzt, dass es gefährlich ist, während des Autofahrens zu telefonieren. Was ist der Unterschied? Anscheinend wird Ihr Gehirn beim Sprechen mehr abgelenkt und ist stärker gefordert, als wenn Sie nur Musik hören. Das Maß der Herausforderung oder Ablenkung entscheidet, ob Sie mehrere Dinge gleichzeitig tun können, nicht Ihre Intelligenz. Wenn Sie zum Beispiel beim Autofahren eine SMS schreiben, stellen Sie eine Gefahr für andere Verkehrsteilnehmer dar und verstoßen gegen das Gesetz. Wir wissen jetzt, dass echtes Multitasking ablenkt und gefährlich ist.

Ich (A. Hart) kann Ihnen anhand einer Begegnung mit einer Enkelin ein gutes Beispiel dafür nennen, wie extremes Multitasking aussehen kann. Als wir zu Besuch waren, saß meine Enkelin im Wohnzimmer auf dem Sofa. Sie hatte einen Computer auf dem Schoß und schaute auf dem großen Fernseher einen Film an. Als ich näher kam, bemerkte ich, dass sie in jedem Ohr einen Ohrstöpsel hatte und dass auf ihrem Computerbildschirm zwei Fenster gleichzeitig geöffnet waren. Sie schaute einen Film im Fernsehen an, hörte mit dem linken Ohr Musik, war über das rechte Ohr mit ihrem Handy verbunden und unterhielt sich mit einer Freundin, während sie gleichzeitig auf der linken Seite des Bildschirms eine E-Mail schrieb und auf der rechten Hälfte des Bildschirms einen Aufsatz für die Schule verfasste.

Ich schaute mir das eine Weile an und begann dann ein Gespräch, in dem ich vorsichtig andeutete, dass es mich überrasche, dass sie trotz der vielen Ablenkungen ihre Hausaufgaben machen könne. Ohne eine Pause bei ihren ganzen anderen Tätigkeiten einzulegen, antwortete sie: »Opa, wenn diese anderen Sachen nicht wären, könnte ich meine Hausaufgaben nicht machen. Die Hausaufgaben sind so langweilig, dass ich das nicht aushalten kann. Ich mache deshalb die anderen Sachen, damit ich sitzen bleibe und meine Hausaufgaben mache.«

Das hat mir die Augen geöffnet. In mehreren Punkten hatte sie recht. Erstens, Lernen kann manchmal langweilig sein. Okay, vielleicht ist es immer langweilig. Einige Schüler schreiben gern Aufsätze, andere nicht. Ich habe es nie gern gemacht. Aber wir schreiben Aufsätze nicht zu unserem Vergnügen; wir schreiben sie, damit wir lernen, uns schriftlich auszudrücken. Zweitens, es breitet sich unter unseren Jugendlichen immer mehr aus, dass sie sich gleichzeitig mit einer anderen, angenehmeren Tätigkeit oder mehreren Tätigkeiten beschäftigen, während sie ihre Hausaufgaben machen, die sie als langweilig empfinden. Wenn ein Freund eine SMS schickt, vertreibt das die Langeweile. Aber, und dieses ABER muss groß geschrieben werden, bei einem solchen Multitasking lernt man nicht viel. Hirnwissenschaftler stellen das sehr klar heraus: Das Gehirn funktioniert am besten, wenn es immer nur eine Aufgabe auf einmal auszuführen hat. Leider dringt diese Botschaft nicht zu unseren Jugendlichen durch.

Warum ist Multitasking eine solche Herausforderung?

In gewissem Sinn ist jeder in einem bestimmten Maß ein Multitasker. Wir können gleichzeitig spazieren gehen, über unser Smartphone telefonieren, Kaugummi kauen, einem Freund auf der anderen Straßenseite zuwinken und nachsehen, wie viel Uhr es ist. Aber beim Multitasking, das uns heute vor so große Herausforderungen stellt, geht es gar nicht darum, wie wir bereits erklärt haben. Diese relativ unwichtigen Aufgaben sind weder eine Herausforderung noch eine große Ablenkung, und sie erfordern ganz gewiss keine große Leistung des Gehirns. Das moderne Multitasking, das wir heute überall sehen, ist viel fordernder und störender.

Multitasking ist weniger effektiv, weil unsere »Gedächtnisneuronen« verwirrt und überlastet werden, wenn wir mehrere Dinge gleichzeitig machen. Wenn sie wie beim Multitasking ständig ein- und ausgeschaltet werden, überlasten wir das Gedächtnissystem. Es läuft folgendermaßen ab: Angenommen, Sie wären ein Computerprogrammierer, der an einem komplizierten Projekt arbeitet.

Sie sind darin vertieft, einen komplexen Computercode zu schreiben, aber Ihr Computer teilt Ihnen mit, dass Sie eine neue E-Mail bekommen haben. Sie denken, dass die Mail wichtig sein könnte, und unterbrechen das Programmieren, um die E-Mail zu öffnen. Es ist Ihr Chef, der eine Information von Ihnen will – dringend. Sie durchsuchen alle Ordner auf Ihrem Computer. Die Information ist auf Ihrem Computer nicht zu finden. Deshalb versuchen Sie es an einem anderen Computer. Schließlich finden Sie, was der Chef will, und mailen ihm die Information.

Sie kehren zu Ihrem Programmierungsprojekt zurück, aber kaum haben Sie angefangen, klingelt das Telefon. Die nächste Ablenkung. Dann widmen Sie sich wieder der Programmierung und haben einen Code vor sich. Doch jetzt können Sie sich nicht mehr erinnern, wie Sie dorthin gekommen sind. Deshalb müssen Sie zu einem früheren Punkt in dem Programm zurückgehen und versuchen, dort weiterzumachen, wo Sie aufgehört haben. Sie haben eine halbe Stunde vergeudet, dabei stehen Sie mit dieser Arbeit unter Termindruck! Ihr Stressspiegel steigt, und plötzlich haben Sie das Gefühl, Ihr Gehirn arbeite nicht so gut wie vorher, als Sie entspannt waren und nur eine Sache im Kopf hatten.

Was geschieht hier? Dadurch, dass Sie von einer Aufgabe zur anderen sprangen, haben Sie Ihr Gehirn verwirrt. Als Sie anfingen, zu programmieren, hatte Ihr Gehirn einen bestimmten Abschnitt Ihres Gedächtnisses für diese Aufgabe eingesetzt. Diese zugeteilten »Gedächtnisneuronen« sind da, um Ihnen zu helfen, sich zu erinnern, wo Sie aufhören, wenn Sie abgelenkt werden, und machen es Ihnen leicht, zu der Aufgabe zurückzukehren, wenn Sie unterbrochen wurden. Es wäre alles gut gegangen, wenn Sie nur die E-Mail beantwortet hätten und dann zu Ihrer anderen Arbeit zurückgekehrt wären, aber die Ablenkung, eine andere Arbeit erledigen zu müssen, bevor die erste fertiggestellt wurde, hat die erste Gruppe Gedächtnisneuronen verwirrt und ihnen die Fortsetzungsinformationen geraubt, die sie Ihnen normalerweise liefern. Deshalb waren Sie nicht in der Lage, zu Ihrem letzten Programmierungspunkt zurückzukehren, sondern mussten zu einem früheren

Punkt zurückgehen. Das hat Ihre Leistung gestört und macht Sie langsamer. Das geschieht immer, wenn Sie komplexe Aktivitäten gleichzeitig erledigen wollen. Wenn Sie nur eine kleine Ablenkung gehabt hätten, hätten sich Ihre Gedächtnisneuronen erinnert, wo Sie aufgehört hatten, und Sie hätten direkt an der Stelle weitermachen können.

Aus diesem Grund verringert sich Ihre Leistung, wenn Sie von einer Aufgabe zur anderen springen und dann wieder zur nächsten und dann versuchen, dorthin zurückzukehren, wo Sie aufgehört haben. Auf der positiven Seite fühlen Sie sich vielleicht nicht so gelangweilt wie gewöhnlich, weil solche Frustrationen ein wenig stimulierend sein können. Aber wir kommen langsamer und nicht schneller voran, wenn wir mehrere Aufgaben gleichzeitig erledigen wollen. Das ist der Hauptgrund, warum Monotasking dem Multitasking vorzuziehen ist. Sie müssen sich vielleicht mit einer gewissen Langeweile abfinden, aber Ihrem Gehirn tut das gut.

Es gibt überwältigende Beweise, dass Multitasking unser Leistungsniveau mindert. Untersuchungen an den Universitäten Harvard und Stanford mit den intelligentesten Studenten als Probanden stützen diese Ergebnisse. Sie bekamen Monotasking- und Multitasking-Projekte, und bei ALLEN Studenten sank die Leistung beim Multitasking um ein Drittel.[45] Bei dieser Studie ist außerdem bemerkenswert, dass ALLE Studenten am Ende angaben, dass sie wirklich dachten, sie wären beim Multitasking besser als beim Monotasking. Einige Wissenschaftler vergleichen das mit dem, was wir bei betrunkenen Autofahrern erleben. Sie glauben immer, sie würden gut fahren, obwohl sie in Wirklichkeit ein Verkehrsrisiko darstellen. Sherry Turkle, Professorin am Massachussetts Institue of Technology, sagt Folgendes über Multitasking:

Ich unterrichte die intelligentesten Studenten der Welt, aber sie erweisen sich einen Bärendienst, wenn sie glauben, eine Multitasking-Lernumgebung wäre zu ihrem Besten. Es gibt wirklich wichtige Dinge, über die man erst nachdenken kann, wenn es still ist und man nur an eine Sache denkt. Es gibt einfach Dinge,

die nicht zugänglich sind und über die wir nicht nachdenken
können, solange wir fünfzehn andere Dinge tun.[46]

Der Mythos vom Multitasking hat einen großen Teil unserer Bildungs- und Geschäftswelt erfasst, aber es dürfte für unsere Leser wichtig sein zu wissen, dass eine Welt mit extrem gefährlichen und anspruchsvollen Aufgaben Multitasking ablehnt. Zum Beispiel nimmt das Trainingsprogramm für Top-Gun-Kampfpiloten der US-Navy keine Multitasker als Kampfpiloten auf. Fred Harburg, ein Unterrichtspilot, sagt: »Gute Piloten sind KEINE Multitasker.« Die NASA hat erkannt, dass es für einen Piloten tödlich ist, wenn er beim Fliegen nicht mit seiner ganzen Aufmerksamkeit bei der Sache ist. Die besten Piloten sind die, die es gut beherrschen, eine Sache nach der anderen zu erledigen, und nicht ihre Aufmerksamkeit zwischen verschiedenen Dingen aufteilen.[47]

Andere Studien haben herausgefunden, dass Multitasking unsere Arbeitsintelligenz sogar verringern kann. Wenn Sie auch nur ein einziges Projekt zu Ihrer Arbeit hinzufügen, bedeutet das eine beträchtliche Schwächung, die Sie zwanzig Prozent Ihrer Zeit kostet. Wenn Sie noch eine dritte Aufgabe dazunehmen, verlieren Sie fast die Hälfte Ihrer Zeit durch das Hin- und Herschalten zwischen den einzelnen Aufgaben.[48]

Dieselbe Studie, die vom Institut für Psychiatrie in London durchgeführt wurde, fand heraus, dass die exzessive Nutzung der Digitaltechnik auch die Intelligenz der Arbeitenden reduziert. Bei den Leuten, die durch eingehende E-Mails und Anrufe abgelenkt wurden, war eine zehnprozentige Abnahme ihres Arbeits-IQs zu verzeichnen.

Angesichts dieser wissenschaftlichen Beweise, die Multitasking als einen Mythos enttarnen, fragt man sich, warum ihre Erkenntnisse sowohl in der Bildung als auch in der Geschäftswelt ignoriert werden.

Wenn Sie eine Vorstellung davon bekommen wollen, wie sehr Sie oder Ihre Familienmitglieder Multitasking betreiben, kann Ihnen der Test auf der nächsten Seite helfen.

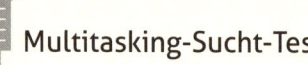

Multitasking-Sucht-Test

Definition: Der Begriff *Multitasking* bedeutet, GLEICHZEITIG mehrere Aktivitäten auszuführen oder Stimulationsquellen zu nutzen wie MP3-Spieler, iPods, iTunes, Computernachrichtendienste, Suchmaschinen oder andere Computer-Musikabspieler.

Empfohlene Vorgehensweise: Wenn ein Teenager sich diesem Test unterzieht, spielt er den Ernst des Problems vielleicht herab. Deshalb empfehlen wir, dass Sie den Test selbst machen und bewerten, wie Sie selbst abschneiden, und ihn dann auf den Teenager in Ihrer Familie anwenden.

Bewerten Sie jede Aussage mit einer Punktezahl und finden Sie damit heraus, wie stark die Gefahr einer Multitasking-Sucht bei Ihrem Teenager gegeben ist:

0 — Nie oder selten
1 — Gelegentlich (scheint kontrollierbar zu sein)
2 — Oft (mehrmals in der Woche und lang)
3 — Immer (jeden Tag und sehr lang)

Bewertung

___ 1. Ihr Teenager vernachlässigt seine Aufgaben im Haushalt, um Multitasking zu betreiben.

___ 2. Die Stimulierung durch Multitasking ist ihm lieber als hinauszugehen oder sich mit Freunden zu treffen.

___ 3. Sie müssen Ihren Teenager drängen, damit er ein Computerspiel oder eine andere Computeraktivität beendet, um zum Essen oder zu einer Familienaktivität zu kommen.

___ 4. Die Interaktionen Ihres Teenagers mit Freunden geschehen hauptsächlich über das Internet.

_____ 5. Die Zeit, die er mit Multitasking verbringt, wirkt sich eindeutig nachteilig auf die Noten Ihres Teenagers aus.

_____ 6. Die Zeit, die er mit Multitasking verbringt, wirkt sich eindeutig nachteilig auf seine Beziehungen zu Freunden und der Familie aus.

_____ 7. Ihr Teenager bekommt nicht genug Schlaf, weil er mit Multitasking beschäftigt ist.

_____ 8. Ihr Teenager wirkt deprimiert oder launisch, aber beim Multitasking hellt sich seine Stimmung auf.

_____ 9. Wenn die Multitasking-Mittel nicht verfügbar sind (der Computer ist kaputt, das Handy funktioniert nicht etc.), wird Ihr Teenager launisch und wütend.

_____ 10. Ihr Teenager scheint nicht in der Lage zu sein, etwas wirklich genießen zu können, das nicht mit Multitasking zu tun hat.

_____ GESAMTPUNKTEZAHL

Auswertung des Tests:

10 oder weniger Punkte: Ihr Teenager scheint nicht multitaskingsüchtig zu sein und kann sein Verhalten vernünftig steuern.

11 bis 14 Punkte: Ihr Teenager ist möglicherweise gelegentlich multitaskingsüchtig und zeigt möglicherweise Anzeichen für eine zunehmende Abhängigkeit.

15 bis 17 Punkte: Das Multitasking-Verhalten Ihres Teenagers ist exzessiv, es besteht eine starke Suchtgefahr. Das Problem muss mit einer gewissen Dringlichkeit angegangen werden.

18 bis 20 Punkte: Ihr Teenager ist eindeutig süchtig und braucht professionelle Hilfe.

Multitasking und Lernen

Die Folgen von Multitasking beschränken sich nicht nur auf den Arbeitsplatz. Multitasking beeinflusst auch unsere Lernfähigkeit. Untersuchungen bei Internetnutzern zeigen schon lange, dass Websites ihre Nutzer dazu verleiten, alles nur zu überfliegen. Die digitale Welt mag einige Vorteile beim Lernen bieten, aber sie hat auch ein Lernvakuum geschaffen. Die Vorstellung, die Technik könnte das Lernen verbessern und erleichtern, wie viele Lehrer glauben, wird überbewertet und ist irreführend. Gibt es in Bezug auf das Lernen einen »Verdummungseffekt«? Ich (A. Hart), seit vierzig Jahren Professor für Psychologie, bin davon überzeugt. Eine übertriebene Nutzung des Internets macht unsere Schüler und Studenten zu oberflächlichen Denkern, wie einige Fachleute sagen.[49]

Die Untersuchungen, welche Auswirkungen Multitasking auf das Gehirn hat, sind noch nicht abgeschlossen. Gehirnscans von Langzeit-Multitaskern zeigen einen erhöhten Blutfluss zu einem Teil des Vorderhirns, das sogenannte »Brodmann-Areal 10« (siehe S. 102).

Von diesem Teil des Gehirns sagt man, dass »er uns zu Menschen macht«. Wissenschaftler haben herausgefunden, dass es zu einer »Reaktionsauswahl-Engstelle« kommt, wenn wir zwischen verschiedenen Aufgaben hin- und herschalten. Zeit geht verloren, weil das Gehirn versucht, zu erkennen, welche Aufgabe es ausführen soll, wenn mehrere Aufgaben ausgeführt werden müssen. Sie haben außerdem herausgefunden, dass Multitasking zur Freisetzung von Stresshormonen wie Adrenalin beiträgt, das in zu großen Mengen langfristige Gesundheitsprobleme hervorrufen kann.[50] Außerdem führt es zu einem Verlust des Kurzzeitgedächtnisses und könnte unsere Lernfähigkeit ernsthaft beeinflussen.

Einige Fachleute vertreten einen optimistischen Standpunkt, was den Einfluss von Multitasking auf das Lernen betrifft, und deuten an, dass das Gehirn durch Übung lernen kann, effektiver zwischen verschiedenen Aufgaben hin- und herzuschalten. Das mag zwar für einfache Aufgaben gelten, aber es gibt immer mehr Beweise, die zeigen, »selbst wenn man beim Multitasking etwas lernt, ist dieses Lernen unflexibler und spezialisierter, wodurch man Informationen nicht so leicht abrufen kann«.[51]

Das wirft vielen Lehrern, die sich darauf verlassen haben, unseren Kindern beizubringen, bessere Multitasker zu werden, einen Knüppel zwischen die Beine. Psychologen und Neurologen wiederholen hartnäckig, dass die Veränderung unserer Gesellschaft einen hohen Preis kostet. Menschen sind nicht dafür gebaut, so zu funktionieren. Dieser Glaube, dass Gott uns so geschaffen hat, wird nicht einmal nur von christlicher Seite her verteidigt. Dr. Poldrack, ein herausragender Psychologe der Universität von Kalifornien in Los Angeles, der dieses Gebiet ausgiebig erforscht hat, hat dies in einer landesweiten Rundfunksendung wie folgt ausgedrückt:

Wir sind wirklich dafür angelegt, uns zu konzentrieren. Und wenn wir uns sozusagen zum Multitasking zwingen, treiben wir uns dazu an, auf lange Sicht vielleicht weniger effektiv zu sein, obwohl es uns manchmal so vorkommt, als wären wir effektiver ... Multitasking verändert das Lernen der Menschen.[52]

Wir haben uns hier viel Zeit genommen, um zu erklären, warum Eltern mehr Wert darauf legen müssen, ihre Kinder bei ihren digitalen Herausforderungen richtig anzuleiten, und nicht kritiklos die Meinung übernehmen dürfen, Multitasking wäre erstrebenswert. Wir leben in einer Zeit, in der wir gestresster, gehetzter und aufgedrehter sind als je zuvor. Das gilt für unsere Kinder genauso wie für uns Erwachsene. Ja, es gab in der Geschichte Zeiten, in denen uns Veränderungen Sorgen bereitet haben, aber keine Veränderung in der gesamten Geschichte war so aufdringlich und zerstörerisch wie die Veränderung, die wir jetzt in unserer modernen digitalen Welt erleben. Der Psychiater Dr. Edward Hallowell drückt es so aus: »Nie in der Geschichte wurde vom menschlichen Gehirn verlangt, so viele Datenpunkte zu verfolgen. Diese Herausforderung lässt sich nur beherrschen, wenn man seine Umgebung und seine emotionale und körperliche Gesundheit kreativ gestaltet.«[53] Multitasking einzuschränken, ist laut Dr. Hallowell lebenswichtig. Auf der nächsten Seite finden Sie einige Tipps für Eltern von Multitasking-Teenagern.

»Brodmann-Areal 10« im menschlichen Gehirn

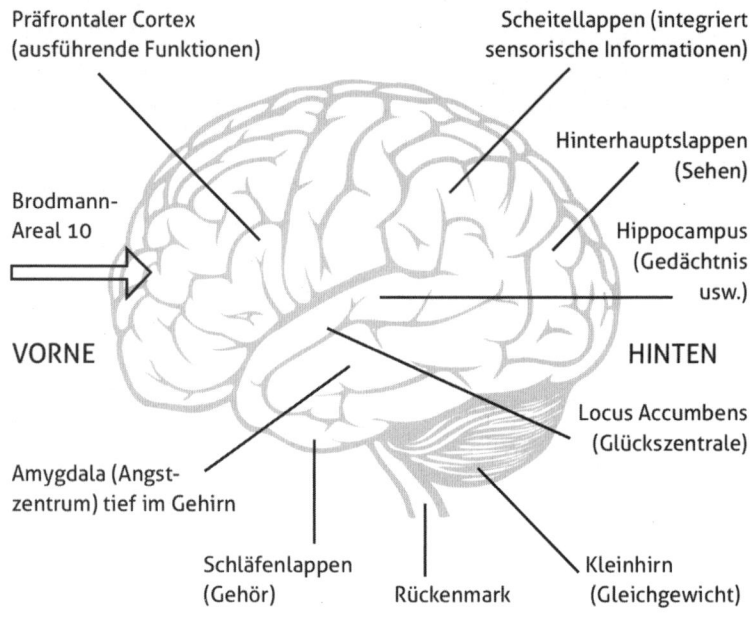

Präfrontaler Cortex (ausführende Funktionen)

Scheitellappen (integriert sensorische Informationen)

Hinterhauptslappen (Sehen)

Brodmann-Areal 10

Hippocampus (Gedächtnis usw.)

VORNE

HINTEN

Locus Accumbens (Glückszentrale)

Amygdala (Angstzentrum) tief im Gehirn

Schläfenlappen (Gehör)

Rückenmark

Kleinhirn (Gleichgewicht)

Multitasking und Aufmerksamkeitsdefizit

Wie wir zu zeigen versucht haben, besteht eine zunehmende Einigkeit, dass Multitasking eine schlechte Langzeitstrategie für das Lernen ist. Aber ein noch ernsterer Aspekt wird in letzter Zeit sichtbar. Multitasking raubt uns die Fähigkeit, richtig aufzupassen. Alle Eltern und Lehrer wissen, dass Aufmerksamkeit beim Lernen entscheidend ist. Menschen, die große Dinge geleistet haben, haben alle eine wichtige Eigenschaft gemeinsam: Sie beherrschen die Kunst, aufmerksam zu sein. Sir Isaac Newton, der von einigen für den größten Wissenschaftler, der je gelebt hat, gehalten wird, schreibt seine Entdeckungen, zum Beispiel die Schwerkraft und die drei Bewegungsgesetze, seiner Fähigkeit zu, gut aufzupassen. Er war außerdem ein bekennender Christ und sah Gott als den Schöpfer, dessen Existenz nicht geleugnet werden kann. Er hatte auch in einem anderen Punkt recht: Er glaubte, dass es in jedem Leben einen »Übergang von jugendlicher Ablenkung zu reifer Aufmerksamkeit« geben müsse. Mit anderen Worten, es ist nur natürlich, dass die sehr Jungen sich leicht ablenken lassen. Aber wenn ein Kind reifer wird, muss es lernen, sich zu konzentrieren und aufzupassen, und das geschieht nur durch disziplinierte Übung, nicht durch Multitasking. Das Problem bei unserer digitalen Welt ist es, dass sie nie das Aufmerksamkeitsniveau erreichen kann, das für die Reife erforderlich ist, solange seine Nutzung nicht diszipliniert geschieht und Eltern die digitale Welt ihrer Kinder kontrollieren.

Deshalb geht Dr. Hallowell davon aus, dass die Ablenkung durch den Versuch, zwei oder mehrere Aufgaben gleichzeitig auszuführen, zu einem Zustand führen kann, den er als »Attention Deficit Trait« (ADT)[54] (Aufmerksamkeitsdefizit) bezeichnet. In vielen Aspekten zeigt es die gleichen Symptome wie ein echtes Aufmerksamkeitsdefizitsyndrom (ADS). Er beobachtet dieses Aufmerksamkeitsdefizit nicht nur in der Berufswelt, wo Arbeiter ständig mehrere Aufgaben gleichzeitig ausführen müssen, es kann auch zum Teil für den epidemieartigen Anstieg von ADS verantwortlich sein, den wir seit einiger Zeit bei Kindern und möglicherweise auch Erwachsenen beobachten können. Sie leiden vielleicht nicht an der klassischen Form von ADS, sondern an einem erzwungenen Defizit an angemessener Aufmerksamkeit, das durch das Phänomen Multitasking hervorgerufen wird. Wir glauben, dass dieser ganze Reichtum an Informationen einen Mangel an Aufmerksamkeit auslöst.

Tipps für Eltern von Multitasking-Teenagern

Was Sie auf keinen Fall tun sollten:

- Verurteilen Sie kein Verhalten, ohne sich vorher die Mühe gemacht zu haben, es zu verstehen.
- Erwarten Sie nicht, dass Ihr Kind weniger Multitasking betreibt, wenn Sie es selbst übertreiben.
- Lassen Sie sich durch Temperamentsausbrüche, Schmollen oder Schimpfen nicht von Ihrem Standpunkt abbringen.
- Bezeichnen Sie Ihren Teenager nicht als »schlecht« und setzen Sie nicht »Liebesentzug« ein, um sein Verhalten zu bestrafen. Er hat immer ein Recht auf Ihre Achtung und Ihre bedingungslose Liebe.
- Lassen Sie sich von der Technik nicht einschüchtern. Einige Eltern setzen keine Grenzen, weil sie sich schämen und weil sie befürchten, dass sie damit ihre Unwissenheit zeigen würden.

Was Sie unbedingt tun sollten:

- Experimentieren Sie selbst mit dem Internet, da dies Ihre Glaubwürdigkeit, Grenzen zu setzen, erhöht.
- Beobachten Sie alle Multitasking-Aktivitäten (z. B. Musik hören, Hausaufgaben machen und simsen) und versuchen Sie, die Anzahl dieser Aktivitäten auf so wenige wie möglich zu beschränken, am besten immer nur auf eine einzige.
- Versuchen Sie, ein Verhalten zu fördern, das sich auf einzelne Aktivitäten konzentriert, wie zum Beispiel nur die Hausaufgaben zu machen oder nur fernzusehen. Loben Sie es und belohnen Sie es.
- Setzen Sie in Bezug auf die Zeit und die Intensität aller stimulierenden Aktivitäten klare Grenzen.

- Ermutigen Sie Ihre Teenager, sich zu entspannen, sich eine Auszeit zu nehmen, hinauszugehen und ihre unmittelbare Umgebung zu wechseln.
- Fördern Sie so viel körperliche Aktivität wie möglich, da sie der starken Stimulierung entgegenwirkt, weil sie dem Körper hilft, überschüssiges Adrenalin abzubauen.
- Achten Sie darauf, dass Sie ein »Schutzprogramm« installiert haben, das den Zugang zu ungeeigneten Websites sperrt.

Wie wir unseren Kindern helfen können, wieder aufzupassen

Da Multitasking die Aufmerksamkeit drastisch verringern kann, besonders bei unseren Kindern und jungen Erwachsenen, wollen wir Eltern praktische Tipps geben. Wir gehen davon aus, dass wir in nicht allzu ferner Zukunft vielleicht sogar Smartphone-Apps erleben werden, die die Aufmerksamkeitsspanne unserer Jugendlichen verbessern sollen, sozusagen »Aufmerksamkeits-Apps«. Wenn die Technik so klug ist, wie sie vorgibt, kann sie sicher effektive Mittel schaffen, die die Aufmerksamkeit fördern. Es ist gut vorstellbar, dass Geräte entwickelt werden, die feststellen, wenn Sie abgelenkt sind. Dann können sie Sie warnen und Sie zu der Aufgabe zurückholen, auf die Sie sich konzentrieren sollten. Auf diesem Gebiet laufen bereits ernst zu nehmende Forschungen.

Aber bis die Technik mit einer Lösung aufwartet, können Sie folgende altmodische Erziehungsstrategien befolgen:

- Fangen Sie damit an, dass Sie ein gutes Vorbild sind und sich selbst auf eine bestimmte Aufgabe konzentrieren. Achten Sie darauf, dass Sie das im Beisein Ihrer Kinder tun, und ermutigen Sie sie, sich daran zu beteiligen. Arbeiten Sie zum Beispiel an einem Bild und beschreiben Sie seine charakteristischen Merkmale. Oder holen Sie ein Buch für Ihre Kinder und eines für sich selbst. Fangen Sie an, Ihren Kindern vor dem Schlafengehen vorzulesen, damit sie einen Sinn für interessante Kinderbücher bekommen. Laden Sie später Ihre Kinder ein, sich zu Ihnen zu setzen, damit Sie alle zusammen lesen können. Allein zu lesen, kann für ein Kind langweilig sein, aber mit jemand anderem zu lesen, kann Spaß machen.

- Da körperliche Bewegung das Gehirn stimuliert, weil es die Blutzirkulation erhöht und unsere Energiehormone stimuliert, sollten Sie nicht zulassen, dass Ihre Kinder zu lange einfach herumsitzen, selbst wenn sie ein Buch lesen. Wechseln Sie körperliche Passivität mit körperlicher Aktivität ab. Für jede Minute, in der Sie nichts tun, sollte Ihre Familie eine Minute mit Aktivität verbringen. Gehen Sie spazieren, fahren Sie Rad oder erledigen Sie einfach körperliche Arbeiten im Haus und Garten. Ihr Körper und Gehirn brauchen Sauerstoff, um gut zu funktionieren, und Sie können das nur durch körperliche Bewegung verbessern.

- Aktivitäten, die Hand-Augen-Koordination erfordern, wie Basteln oder handwerkliche Tätigkeiten, können auch hilfreich sein. Das hilft Ihrem Kind, sich zu konzentrieren, genauso wie Puzzles und Spiele wie Schach, Scrabble und Boggle. Einen Garten anzulegen und ihn zu pflegen, kann auch sehr hilfreich sein. Mein (A. Harts) Tomatenbeet hat gerade angefangen zu blühen. Um es zu pflegen, gehe ich jeden Tag eine Weile aus dem Haus, und es macht Spaß. Geben Sie jedem Kind ein Beet in Ihrem Garten, in dem sie anpflanzen dürfen, was sie wollen, und sorgen Sie dann dafür, dass sie es pflegen.

- Erlauben Sie Ihren Kindern, Ihnen in der Küche zu helfen. Egal, ob Junge oder Mädchen, bringen Sie Ihnen das Kochen bei und lassen Sie sie selbst ein Kochrezept heraussuchen und kochen. Als ich zwölf war, begann meine Großmutter, mich das Kochen zu lehren. Sie war deutscher Abstammung und von ihr lernte ich viele traditionelle Gerichte. Sauerbraten war mein Lieblingessen, und ich bin ihr noch heute dankbar, dass sie sich die Zeit genommen hat, mir das Kochen beizubringen.

- Wenn Sie Ihrem Kind ein Spielzeug kaufen, dann nehmen Sie am besten eines, das man erst zusammenbauen muss. Solche Spielzeuge können mehr Spaß machen als andere, weil man lernt, etwas zu bauen und zu reparieren, und es kann auch helfen, sich besser zu konzentrieren. Statt also ein fertiges Fahrrad zu kaufen, sollten Sie eines kaufen, das erst noch zusammengebaut werden muss. Lassen Sie Ihr Kind helfen, während Sie versuchen, herauszufinden, was wohin gehört. Ihr Kind wird sich an dieses Erlebnis lange erinnern, auch wenn es eine kleine Herausforderung darstellt. Außerdem erwirbt es dabei Fertigkeiten, die es sein Leben lang brauchen kann.

- Und zum Schluss: Seien Sie nicht zu sehr frustriert. Erwarten Sie von Ihrem Kind keine perfekte Mitarbeit und bestrafen Sie es nicht, wenn es nicht mitmacht. Ziel ist es, Aktivitäten zu finden, die die Aufmerksamkeit fördern. Wenn Sie die Beherrschung verlieren, erzeugen Sie Angst. Es wird Rückschläge geben, aber machen Sie dort weiter, wo Sie aufgehört haben, und lassen Sie sich nicht von diesem Weg abbringen.

Effektives Cyberlernen

Wir stießen vor Kurzem auf einen Artikel, der Jugendlichen Hilfe anbot, die an ihrem iPhone oder iPod Multitasking betreiben. Diese Geräte sind die ständigen Begleiter unserer Kinder auf dem Weg zur Schule, ob sie bei ihrer Mutter im Auto sitzen oder im Schulbus fahren oder zu Fuß zur Schule gehen. Neuere Smartphones erlauben dem Nutzer, viele Apps gleichzeitig zu öffnen; das sieht erst einmal ganz harmlos aus. Einige betrachten es als hilfreich, damit Kinder Multitasking besser einüben. Sie können mit einem Freund telefonieren, eine SMS beantworten, zu einem Spiel zurückkehren, das sie vorher gespielt haben, und dann mit ihrem Freund weitersprechen. Angeblich macht das Ihre Kinder zu besseren Multitaskern. Handbücher bieten Übungen für dieses Hin- und Herschalten an, obwohl wir den Verdacht haben, dass jeder Digital Native das intuitiv beherrscht. Die Techniker, die dieses System entwickeln, wissen, was sie tun, und nutzen die Anpassungsfähigkeit der Digital Natives aus. Schließlich erhöhen sie damit die Verkaufszahlen ihrer Smartphones.

Was wir tun können

Monotasking ist die Lösung. Wir können Monotasking lernen – immer nur eines zu machen. Das erlaubt dem Gehirn, schneller und effektiver zu arbeiten. Es liegt bei Ihnen als Eltern zu entscheiden, welche App und welches Spiel ein effektives Mittel beim Lernen Ihres Kindes ist. Helfen Sie Ihrem Kind zu erkennen, welchen Wert es hat, immer nur eine Aufgabe auf einmal zu erledigen.

Vereinfachen Sie Ihre Umgebung. Unser Gehirn ist darauf programmiert, auf neue Anreize zu reagieren. Schließen Sie an Ihrem Computer alle Fenster, die Sie gerade nicht benutzen, schalten Sie Twitter aus und schalten Sie die automatische Mitteilung beim Eingang von neuen E-Mails ab. Räumen Sie Papiere, die Sie im Moment nicht benötigen, aus Ihrem Blickfeld und schalten Sie den Klingelton an Ihrem Handy aus. Arbeiten Sie an Ihrer Konzentrationsfähigkeit. Chronische Multitasker schwächen ihre Fähigkeit, sich zu konzentrieren.

Planen Sie Zeit ein, selbst wenn es nur fünf Minuten sind, um sich einer geistig anspruchsvollen Aufgabe zu widmen; wenn Sie sie geschafft haben, vergrößern Sie die Zeitspanne beim nächsten Mal. Freuen Sie sich über die Anstrengung, die durch eine schwierige Aufgabe kommt, und versuchen Sie nicht, sich in etwas Leichteres zu flüchten. Jedes Projekt, mit dem Sie beschäftigt sind, und das eine geistige Anstrengung erfordert oder kritisches Denken und Kreativität nötig macht, ist manchmal ein wenig schmerzhaft. Versuchen Sie, den Durchbruch zu schaffen, wenn Sie nicht weiterkommen.

Planen Sie bewusst Pausen ein, denn Menschen arbeiten in Zyklen; wir können uns eine gewisse Zeitspanne konzentrieren, aber dann brauchen wir Zeit, um uns auszuruhen. Gehen Sie ungefähr nach jeder Stunde eine Runde um den Block oder verlassen Sie einfach Ihren Schreibtisch für ein paar Minuten.

Wir hoffen, dass Sie und Ihre Familie es schaffen, Multitasking zu reduzieren, und dann die Nachricht verbreiten, dass es ein Zeichen für wahre Intelligenz ist, immer nur eine Sache auf einmal zu machen.

Fünf kostenlose Apps, die Ihnen helfen können, Ihre Zeit zurückzugewinnen

Sie brauchen sie nur zu googeln und herunterzuladen.

1. **Rescue Time –** Diese App hilft Ihnen, die Zeit, die Sie in sozialen Netzwerken verbringen, zu beschränken. Am Ende einer Woche bekommen Sie einen Ausdruck mit einer vollständigen Analyse der Zeit, die Sie damit verbraucht haben. Das zeigt Ihnen, wohin Ihre Zeit geht.
2. **Easy Task Manager –** Dieser Manager hilft Ihnen, Prioritäten zu setzen, Strategien aufzustellen und Dinge auf Ihrer Liste abzuhaken. Nur für Mac-Computer.
3. **Think –** Diese App hilft Ihnen, Multitasking zu beschränken. Es blockiert alles außer dem Programm, an dem Sie gerade arbeiten. Nur für Mac-Computer.
4. **Stay Focused –** Statt Ihre Zeit zu messen, begrenzt diese App die Zeit, die Sie in sozialen Netzwerken verbringen. Sie können es so einstellen, dass Sie, sagen wir, 60 Minuten auf Facebook verbringen können. Wenn Ihre Zeit abgelaufen ist, werden Sie automatisch ausgeloggt.
5. **Focus Booster –** Diese App teilt Ihre Arbeit in 30-Minuten-Abschnitte ein und fordert Sie alle 25 Minuten mit einer Meldung auf, eine fünfminütige Pause einzulegen.

Gesprächsimpulse

- Was sagen Sie zu dem Gedanken, dass »auf Multitasking zu verzichten, ein Zeichen für Intelligenz ist«?
- Wie wirkt sich Multitasking auf Ihre Produktivität aus – zu Hause und bei der Arbeit?
- Tauschen Sie sich über die Unterschiede zwischen Multitasking und Monotasking aus.
- Überlegen Sie Möglichkeiten, wie Sie Ihr eigenes Multitasking reduzieren können.
- Wie würde es bei Ihnen aussehen, wenn Sie versuchen würden, wie Isaac Newton, die Kunst aufzupassen, zu beherrschen?
- Wie haben Sie beim »Multitasking-Sucht-Test« abgeschnitten? Welche Veränderungen müssen Sie vielleicht in Ihrem Leben und in Ihrer Arbeit vornehmen?

5
Beziehungen und soziale Netzwerke

Echte Kontakte sind für psychisches Wohlbefinden maßgebend und für wachstumsfördernde und heilende Beziehungen unerlässlich.[55]

Janet L. Surrey

Ein kürzlich erschienener Artikel in einer Zeitschrift war eine sehr aufschlussreiche Beschreibung der Urlaubswoche einer Journalistin. Sie war entschlossen, von ihrer Abhängigkeit von sozialen Netzwerken frei zu werden, in die sie im Laufe der letzten zwei Jahre hineingeraten war. In diesem Artikel schildert sie ihre Erfahrungen und beschreibt, dass sie auf ihren zwei Smartphones fast ununterbrochen getwittert hat. Sie wollte ihre Freunde ständig an ihren alltäglichen Erlebnissen teilhaben lassen. Manchmal ging sie in Facebook, manchmal in LinkedIn. Wenn sie nicht viel Zeit hatte, twitterte sie; wenn sie ein Video verbreiten wollte, benutzte sie YouTube. Ständig in Kontakt zu bleiben hatte sich zu einer Besessenheit entwickelt, aber sie war klug genug, das zuzugeben.

Vor Kurzem hatte sie erkannt, was für ein unausstehlicher Tischpartner beim Essen sie geworden war. Als ein Freund sie als »süchtig von sozialen Netzwerken« beschrieb, begriff sie, dass sie eine Grenze überschritten hatte, die sie eigentlich nie hatte erreichen wollen. Wie oft und wie lang sollte man auf digitalem Weg soziale Kontakte pflegen? Sie erkannte, dass ein Kontakt mit einem einzigen Menschen, dem man persönlich gegenübersitzt, viel gesünder ist als das oberflächliche Twittern, Simsen oder Mailen. Als sie fünf Tage Urlaub hatte, um sich zu entspannen und wieder aufzutanken, beschloss sie, dass sie alle elektronischen Kommunikationsmittel vollständig abschalten und sich auf das konzentrieren wollte, was wirklich vor ihr war. Sie nahm sich fest vor, in diesem Urlaub von dieser Sucht loszukommen und sich gesündere Grenzen zu setzen. Das hat ihr die Augen geöffnet, und sie hat ihre Erfahrungen in einem Tagebuch festgehalten.

Es war keine leichte Aufgabe. Sie wusste, dass ihre Sucht nicht einfach verschwinden würde. Sie müsste auf der Hut sein und sich bewusst vornehmen, der Versuchung zu widerstehen, alle ihre Urlaubserfahrungen zu twittern. Um jede Versuchung auszuschalten, sperrte sie ihre zwei Smartphones in den Safe ihres Hotelzimmers. Ein Freund, der ähnliche Erfahrungen gemacht hatte, hatte sie gewarnt, dass es anfangs schwer sein würde, er hatte ihr aber versprochen, dass sie es ziemlich bald genießen würde, nicht ständig online zu sein.

Ihr Hauptproblem sah so aus: Sie wollte ständig anderen über Twitter mitteilen, was sie erlebte. Sie fühlte sich genötigt, andere in ihre Erfahrungen einzubeziehen. Als sie sich zwang, ihre Erfahrungen für sich zu behalten, wurde ihr langsam bewusst, wie viel erfüllender sie waren, wenn sie sie für sich allein erlebte. Es war viel befriedigender, wenn sie ein Erlebnis einfach genoss und voll und ganz in dem Moment lebte. Zu ihrer Freude spürte sie am vierten Tag ihres Urlaubs nicht mehr den Drang, jedes Erlebnis mitteilen zu müssen, sondern genoss es lieber für sich selbst.

Wir sind auf Beziehungen angelegt

Das Problem bei den sozialen Netzwerken, das wir in diesem Kapitel ansprechen wollen, ist, dass sie nicht nur eine sehr starke Suchtgefahr in sich bergen und schwer zu durchbrechen sind, wie die Erfahrungen dieser Journalistin zeigen. Das Phänomen der digitalen sozialen Medien kann noch viel tief greifendere Folgen haben.

Gott hat uns auf echte Beziehungen und sinnvolle Kontakte angelegt – Beziehungen, die die Kraft haben, uns das Gefühl von Sicherheit zu geben, uns wachsen zu lassen, uns zu befreien und uns zu verändern. Die Psychologin Janet L. Surrey drückt es so aus: »In Momenten einer tiefen Bindung in unseren Beziehungen brechen wir aus der Isolation und Verkrampfung aus und betreten einen ganzheitlicheren und freieren Zustand des Denkens und des Herzens.«[56] Die Forschungen zeigen, dass menschliche Bindungen der Schlüssel zum Glück sind. Bindungen machen uns zu Menschen und sind das Herzstück dafür, wie wir unser Menschsein zum Ausdruck bringen. Das führt uns zu der Frage: Können die ganzen Kontakte durch die sozialen Medien unserer digitalen Welt uns die dauerhaften Beziehungen bringen, die wir brauchen, um uns erfüllt und sicher zu fühlen? Die Technik kann uns helfen, den Kontakt zu entfernteren Beziehungen zu pflegen, aber gleichzeitig entfremdet sie uns von unseren engsten Beziehungen. Wir benutzen die Technik für Kontakte, die wir kontrollieren können, wie Simsen, Twittern, Mailen und Posten. Die Technik ermöglicht uns zu editieren, zu löschen und zu verändern, was wir sagen und wie wir aussehen. Echte Gespräche sind Schwerstarbeit, chaotisch, herausfordernd, unvorhersehbar und zeitintensiv – aber sie sind lohnenswert.

Man kann kaum davon ausgehen, dass die am Anfang dieses Kapitels beschriebene Journalistin ihre Abhängigkeit von sozialen Medien vollkommen überwinden kann, indem sie einfach ihren fünftägigen Urlaub unter ein Smartphone-Verbot stellt. Sie gibt in ihrem Artikel zu, dass sie noch viel mehr verändern muss. Aber für sie war es ein guter Anfang. Nach ihrem Kurzurlaub kehrte sie an ihre Arbeit zurück und baute wieder persönliche Kontakte zu ihren Freunden auf. Sie beschreibt, dass sie jetzt besser zuhören kann und eher in der Lage ist, anderen ihre ungeteilte Aufmerksamkeit zu schenken. Sie hat erkannt, dass jede Beziehung immer aus zwei Seiten besteht, und dass in jeder gesunden sozialen Bindung beide Seiten zu gleichen Teilen etwas beitragen müssen. Leider neigen die digitalen sozialen Medien, die oft unser Leben beherrschen, eher dazu, mehr Ichbezogenheit als tiefere Beziehungen zu fördern.

Die Narzissmus-Epidemie

Die Erfahrungen der Journalistin stellen einen der größten Nachteile unserer übermäßigen Nutzung der sozialen Medien heraus:

Sie fördern die Zunahme von Narzissmus, der bei jungen Leuten wie eine Epidemie zu beobachten ist. Für die Leser, die den Begriff Narzissmus nicht kennen: Mit dem Begriff Narzisst beschreibt man einen Menschen, der ein aufgeblähtes oder übertriebenes Ichgefühl hat. Narzissten sind vor allem mit sich selbst beschäftigt und regelrecht davon besessen, was andere von ihnen denken. Außerdem glauben sie, ihnen stünde die Aufmerksamkeit von allen anderen zu.

Was hat Narzissmus mit sozialen Medien zu tun? Narzissmus ist anscheinend eine unausweichliche Folge von übermäßigen Kontakten im Internet. Die extreme Nutzung sozialer Medien fördert nicht die Sorge oder Fürsorge für andere. Vielmehr erleichtert sie eine Konzentration auf das eigene Ich und die Einbildung, man wäre der Mittelpunkt des Universums. Narzissten interessieren sich nicht sehr für Wärme und Fürsorge in ihren sozialen Interaktionen. Sie können es genießen, mit anderen Menschen zusammen zu sein, und sie können sehr charmant, schmeichelnd und sympathisch sein. Aber das alles geschieht zu ihrem eigenen Nutzen.

Woher wissen wir, dass es eine wachsende Narzissmus-Epidemie gibt, besonders bei unseren Jugendlichen? Der Beweis kommt aus drei Quellen: die dramatische Zunahme der Nutzung von sozialen Medien, Veränderungen, die bei unserer Jugend zu beobachten sind, und Veränderungen, die in unserer Kultur stattfinden. Die Zunahme von Narzissmus wird in dem Buch *The Narcissism Epidemic* von Jean Twenge und W. Keith Campbell gut belegt. Darin schreiben sie: »Der Name ›MySpace‹ ist kein Zufall. Der Slogan von ›YouTube‹ lautet: ›Sende dich selbst‹. Der Name ›Facebook‹ ist genau treffend, denn es geht darum, zu sehen und gesehen zu werden und dabei vorzugsweise so attraktiv wie möglich auszusehen.«[57]

Soziale Netzwerke sind nicht nur für die Digital Natives unserer Welt eine Herausforderung. Ihre Nutzung nimmt auch in der Welt der Digital Immigrants sprunghaft zu. Als in der Anfangszeit des Internets E-Mails möglich wurden, revolutionierte das unsere Kommunikation, aber es hatte nur eine geringfügige Auswirkung auf unsere Beziehungen. Aber die »neue E-Mail«, wie sie von eini-

gen genannt wird, geht viel weiter als die alte E-Mail. Die folgende
Statistik zeigt das riesige schwarze Loch, in dem unsere Zeit verschwindet, wenn wir Facebook, Twitter, YouTube oder andere soziale Medien benutzen.

- Jeder neunte Mensch auf der Erde ist in Facebook.
- Die Menschen verbringen 700 Milliarden Minuten pro Monat
  in Facebook.
- YouTube hat 490 Millionen Einzelnutzer, die diese Seite jeden
  Monat besuchen.
- Wikipedia enthält 17 Millionen Artikel.
- 3 000 Bilder werden jede Minute auf Flickr (das soziale Netz-
  werk, bei dem man Fotos mit anderen teilen kann) hochgeladen.
- Durchschnittlich wird auf Twitter 190 Millionen Mal am Tag
  getwittert.[58]

Obwohl Internetkommunikation öffentlicher ist als viele andere
Kommunikationsarten, ist laut dem Psychologen John Suler eine
Tendenz zu beobachten, der sogenannte »Online-Enthemmungs-
effekt«, der dazu führt, dass Menschen bei Online-Interaktionen
»lockerer werden, weniger gehemmt sind und offener sprechen«.
Suler schreibt weiter: »Im Internet enthüllen sich manche Menschen mehr oder geben mehr von sich preis, als sie es in persönlichen Begegnungen tun würden.«[59] Irgendwie glauben sie, dass
das, was sie hier tun, anonym wäre. Deshalb sind sie weniger vorsichtig und sagen Dinge, von denen sie denken, sie würden privat
bleiben.

Das Problem bei der digitalen Welt ist, dass sie nicht privat ist
und nichts vergisst. Es ist, als ließe man sich tätowieren. Wenn man
es auf Facebook geschrieben, es heruntergeladen oder gepostet hat,
schwebt es irgendwo da draußen in der Cyberwelt herum. Man darf
auf keinen Fall vergessen, dass alles, was man online gepostet hat,
in der einen oder anderen Form vielleicht für immer dort bleibt.
Das heißt, jeder Beitrag und jedes Bild, das Sie hochladen oder herunterladen, kann bewertet und beurteilt werden. Das ist eine gute

Ermahnung, dass wir alle vorsichtig mit unserer digitalen, virtuellen Welt umgehen müssen. Die virtuelle Welt sieht alles!

Warum erwarten wir mehr von der Technik und weniger voneinander?

Im Februar 2013 hatte Facebook über eine Milliarde aktive Nutzer. Nutzer müssen sich registrieren, bevor sie die Seite nutzen können. Danach können sie ein persönliches Profil von sich erstellen, andere Nutzer als Freunde hinzufügen und Mitteilungen austauschen, einschließlich automatischer Benachrichtigungen, wenn sie ihr Profil aktualisieren. Als einfache Kommunikationsart zwischen Freunden übertrifft Facebook Formen wie Telefon, Handy und E-Mail deutlich. Zu viel Abhängigkeit von der Technik schafft auch neue soziale Probleme, da Menschen sich sozial immer mehr zurückziehen, Begegnungen im echten Leben meiden, Teamarbeit scheuen, persönliche Kontakte fürchten und stattdessen Onlinekommunikation vorziehen. Das erklärt, warum die sozialen Netzwerke in den letzten paar Jahren ein so exponentielles Wachstum erleben. Das virtuelle Leben bringt also auf der einen Seite Kontakte, aber andererseits isoliert es.

Unser traditionelles Verständnis von Freundschaft geht von einer Beziehung zwischen zwei Menschen aus, bei der jeder etwas in die Beziehung einbringt. Wir verbringen Zeit mit unseren Freunden, wir investieren uns (emotional, psychisch und sogar finanziell) in unsere Freunde, und wir werden bereichert, indem wir zuhören, was sie uns erzählen wollen. Aber bei Beziehungen mit Facebook-Freunden fehlt dieser persönlichere Austausch. In einigen Fällen haben wir überhaupt keinen Kontakt zu einem Facebook-Freund, da es nicht ungewöhnlich ist, dass ein normaler Facebooker mehrere Hundert »Freunde« hat. Wenn wir Kontakt haben, sind unsere Interaktionen hauptsächlich oberflächlich und unpersönlich und ihnen fehlt die tiefe emotionale Hingabe, die wir in unseren echten Freundschaften außerhalb unseres virtuellen Lebens finden. Kurz gesagt, Facebook-Freundschaften stellen kaum Anforderungen an uns. Sherry Turkle, Professorin für Sozialwissenschaften am Massachussetts Institue of Technology, glaubt, dass wir durch unsere übertriebene Nutzung der sozialen Medien mehr von der Technik erwarten als voneinander. Sie erklärt:

Vom Umfang und der Geschwindigkeit unseres Lebens überwältigt, wenden wir uns an die Technik, um mehr Zeit zu finden. Aber die Technik beschäftigt uns mehr als je zuvor und verstärkt unsere Suche nach Rückzug. Wir betrachten unser Online-Leben immer mehr als das eigentliche Leben.[60]

Dr. Turkle führt weiter aus, dass wir, statt das Geben und Nehmen eines echten Gesprächs zu lernen, witzige schriftliche Antworten entwerfen. Sie erklärt, wenn wir durch Textnachrichten kommunizieren, ist unsere Kommunikation viel begrenzter, als wenn wir persönlich kommunizieren. Wenn wir online oder durch SMS-Nachrichten kommunizieren, bleiben die Körpersprache, die Stimme und der Augenkontakt, die bei einer echten Kommunikation wichtig sind, auf der Strecke. Man sieht die Tränen nicht und fühlt den Schmerz nicht, den nur das Gesicht zeigen kann. Das heißt, je weniger persönliche Kommunikation man mit Menschen hat, umso schlechter werden wahrscheinlich die sozialen Fähigkeiten.

Da die sozialen Fähigkeiten immer mehr abnehmen, müssen wir uns ernsthaft fragen, welche Langzeitwirkung unsere sozialen Kontakte in der digitalen Welt auf unsere tieferen Beziehungen haben. Konkreter ausgedrückt: Entwickeln Jugendliche und junge Erwachsene, die stark von den Kontakten in sozialen Medien abhängig sind, die Fertigkeiten für gesunde Beziehungen und die emotionale Intelligenz, um zum Beispiel eine glückliche Ehe zu führen? Haben Eltern noch die sozialen und emotionalen Fähigkeiten, die nötig sind, um miteinander und mit ihren Kindern zu kommunizieren? Beim SMS-Schreiben kürzen wir tiefe emotionale Aussagen bereits ab. Das geht so weit, dass sie nicht mehr unsere tieferen Gefühle zum Ausdruck bringen. Das könnte für gesunde Bindungen und den Aufbau von Beziehungen schädlich sein. Zum Beispiel verwenden wir beim Simsen digitale Kürzel und schreiben Dinge wie LOL oder LL (Laughing out loud; laut lachend), IMY (I miss you; ich vermisse dich) und WYWH (Wish you were here; wenn du nur hier wärst). Auf solche Abkürzungen bekommen wir nicht die gleiche emotionale Antwort, wie wenn wir diese Worte jemandem persönlich sagen. Man hat eher den Eindruck, als hätte der Absender nicht die Zeit oder den Mut, seine Gefühle in Worte zu fassen. Das lässt die emotionale und soziale Entwicklung verkrüppeln. Ein Jugendlicher hat es folgendermaßen ganz richtig beschrieben:

Viele meiner Freunde fühlen sich wohler, wenn sie simsen, als wenn sie mit anderen sprechen und echte Beziehungen haben. Sie haben Probleme bei persönlicher Intimität, weil sie es so sehr gewohnt sind, ihr Leben im Internet und durch Simsen zu führen. Beim Simsen fühlt man sich sicherer, als wenn man jemandem persönlich sagt, was man fühlt.

Ja, beim Simsen fühlt man sich sicherer. Weil man nicht wirklich sagen muss, was man fühlt, empfinden wir SMS-Nachrichten als sicheres Versteck. Die Technik bietet uns die Möglichkeit, Informationen schnell zu übermitteln, aber sie kann keine tiefgründigeren, nonverbalen Kommunikationsformen ermöglichen.

Eine gute Faustregel für Sie und Ihre Kinder ist es, die digitale Welt zu benutzen, um notwendige Informationen weiterzugeben, aber tiefere Gedanken und Gefühle in direkten, persönlichen Begegnungen anzusprechen. Das ist in der heutigen digitalen Welt nötig, um die Grundlage für gesunde Beziehungen und Bindungen zu legen.

Zwölf Tipps, wie Sie Ihre Kommunikation
verbessern können

- Entspannen Sie sich.
- Seien Sie da, wo Sie sind.
- Werden Sie innerlich ruhig.
- Haben Sie bewusst eine positive Einstellung.
- Denken Sie über Ihre tiefsten Werte nach.
- Greifen Sie auf eine angenehme Erinnerung zurück.
- Beobachten Sie nonverbale Informationen.
- Bringen Sie Wertschätzung zum Ausdruck.
- Sprechen Sie herzlich.
- Sprechen Sie langsam.
- Sprechen Sie kurz.
- Hören Sie genau zu.

Zunahme von Online-Partnervermittlungen

Wie die sozialen Medien unsere Welt verändern, fällt besonders daran auf, wie man heute seinen Partner sucht. Bei der enormen Zunahme der sozialen Kontakte über das Internet ist es sinnvoll, dass viele im Internet ihren idealen »Seelenverwandten« suchen. Online-Partnervermittlungen nehmen immer mehr zu, selbst in der christlichen Welt, und sie erfüllen zweifellos ihren Zweck. Eine Partnervermittlungsseite behauptet, dass sie für fast fünf Prozent der Ehen in den USA verantwortlich sei.[61] Diese Zahlen steigen.

Aber es gibt einige wichtige Fragen, die geklärt werden müssen: Ist die Online-Partnersuche mit der konventionellen Suche nach einem Partner vergleichbar oder gibt es Unterschiede? Fördert sie die Liebesbeziehung zwischen zwei Menschen?

Ein kürzlich erschienener Bericht des Verbandes für Psychologie-Wissenschaft stellt fest, dass die Onlinekommunikation zwischen Fremden zwar die Intimität und Zuneigung fördern kann, dass sie aber auch zu unrealistischen Erwartungen und Enttäuschung führen kann, wenn sich potenzielle Partner irgendwann persönlich treffen. Obwohl viele Internet-Partnervermittlungsdienste damit werben, wie ausgereift ihr System sei, die passenden Partner zusammenzuführen, und sie behaupten, dass sie »wissenschaftliche Algorithmen« verwenden, um die geeigneten Paare zu finden, gibt es kaum Beweise, dass diese Algorithmen immer vorhersagen können, ob zwei Menschen gut zusammenpassen oder nicht. Man kann die »Chemie der Liebe«, die am Anfang, wenn man sich kennenlernt, nötig ist, nicht erzeugen, indem man einfach Menschen anhand mehrerer Eigenschaften zusammenbringt. Der Bericht stellt weiter fest:

Die bestehenden Abgleichungs-Algorithmen vernachlässigen die wichtigen Erkenntnisse der wachsenden Disziplin der Beziehungswissenschaft. Die Algorithmen versuchen, eine langfristige Liebeskompatibilität aufgrund gewisser Eigenschaften der zwei Partner, bevor sie sich treffen, vorherzusagen. Aber die stärksten Faktoren für das Gelingen einer Beziehung wie die Art eines Paares, miteinander umzugehen, und die Fähigkeit, Stresssituationen zu meistern, kann durch solche Daten nicht erfasst werden.[62]

Wir raten von der Online-Partnersuche nicht ab, aber wir wollen betonen, dass alle Aspekte eines Menschen erst dann zum Vorschein kommen, wenn man im echten Leben Zeit mit ihm verbringt und ihn in den verschiedensten Situationen erlebt. Das heißt, dass es trotz sorgfältiger Auswahl des Partners nicht genügt, sich nur am Anfang gut zu verstehen. Realistisch gesehen gibt es so etwas wie einen perfekten Partner nicht. Bei der Ehe geht es mehr darum, der richtige Mensch zu *werden*, statt den richtigen Menschen zu finden. In jeder Ehe ist es nötig, dass man sich immer wieder anpasst und verändert, und das geschieht zum größten Teil erst nach der Hochzeit, wenn man miteinander lebt. Hier beginnt die eigentliche

Partnerarbeit. Egal, wie viele ähnliche Interessen Sie haben, die nach welchen Kriterien auch immer herausgefunden wurden, besteht der Schlüssel für eine gute Ehe darin, sich die Zeit zu nehmen, jemanden durch viele persönliche Kontakte und Kommunikation im direkten Gegenüber kennenzulernen, und in dem lebenslangen Prozess, »selbst der richtige Mensch zu werden«.

Vorsichtsmaßnahmen bei der Online-Partnersuche

- Geben Sie die Kontrolle nicht aus der Hand.
- Schützen Sie Ihre persönlichen Daten.
- Bitten Sie um ein aktuelles Foto.
- Treffen Sie sich das erste Mal an einem sicheren Ort.
- Benutzen Sie einen professionellen Online-Partnervermittlungsdienst.
- Weihen Sie einen Freund ein und halten Sie ihn auf dem Laufenden.
- Hören Sie auf Ihren gesunden Menschenverstand.[63]

Eine einsame Zukunft

Ein anderes ernst zu nehmendes Problem der digitalen sozialen Medien und ihrer Folgen für unsere Beziehungen ist das, was einige »emotionale Ansteckung« nennen. Untersuchungen von John Cacioppo und seinen Kollegen an der Universität von Chicago haben gezeigt, dass zum Beispiel *Einsamkeit* über soziale Netzwerke übertragen werden kann.[64] Positive und negative Gefühle können sich schnell »wie eine Grippe verbreiten und jeder kann sich damit anstecken«. Cacioppos Ergebnisse zeigen: Wenn jemand, mit dem wir direkten sozialen Kontakt haben, einsam ist, erhöht sich die Wahrscheinlichkeit, dass wir auch einsam werden, um 52 Prozent. Mit anderen Worten, diese Gefühle sind ansteckend. Wenn es sich um den Freund eines Freundes handelt, liegt die Wahrscheinlichkeit, dass wir uns auch einsam fühlen, bei 25 Prozent. Wenn es ein entfernter Kontakt ist, wie der Freund eines Freundes eines Freundes, liegt das Risiko, sich seinetwegen einsam zu fühlen, immer noch bei 15 Prozent.

Diese Ansteckung ist nicht auf ein einziges Gefühl beschränkt. Das Phänomen bedeutet auch, wenn jemand in Ihrem sozialen Onlinenetzwerk wütend oder feindselig ist und das an Ihnen auslässt, ist es sehr wahrscheinlich, dass er diese Stimmung auf Sie überträgt. Das heißt, selbst wenn Sie diesem Menschen im echten Leben vielleicht noch nie begegnet sind und noch nie etwas mit ihm zu tun hatten, kann sein negatives Verhalten trotzdem Ihr Verhalten beeinflussen. Das hat entscheidende Folgen für Ihre Kinder, die möglicherweise viele digitale Kontakte haben. Wir müssen uns vor der Ansteckung mit negativen Gefühlen schützen, indem wir unsere Freunde mit Sorgfalt aussuchen und Leute, die einen schlechten Einfluss auf uns oder unsere Kinder haben, aus unserer Freundesliste streichen.

Jüngste Untersuchungen zeigen außerdem, dass Digital Natives, die den Großteil ihrer Zeit in einer virtuellen Welt verbringen, ein höheres Risiko haben, einsam zu sein. Es überrascht deshalb nicht, dass wir in einer Zeit, in der soziale Medien immer mehr um sich greifen, eine Zunahme von Isolation und Einsamkeit bei Jugendlichen beobachten. Zu viele Menschen ziehen sich in ein »virtuelles Leben« zurück, statt sich im echten Leben mit anderen Menschen zu treffen.

Trotzdem führt das zu einer interessanten Frage: Wie ist es möglich, dass jemand, der 700 Facebook-Freunde hat, sich einsam und isoliert fühlt? Die Antwort ist nicht sehr schwer. Erstens, man kann nicht mit 700 »virtuellen« Freunden eine »echte« Freundschaft pflegen. Im Gegenteil, wenn man nur fünf echte Freunde hat, ist man wahrscheinlich viel glücklicher. Zweitens, Facebook kann uns in die Irre führen. Es kann einem Nutzer den Eindruck vermitteln, sein virtueller Freund wäre glücklicher als er selbst. Diese Verzerrung führt dazu, dass man sich einsam fühlt und mit dem eigenen Leben unzufrieden ist.

Da die unangemessene Nutzung sozialer Medien zunehmend eine Herausforderung wird, wollen wir Ihnen und Ihrer Familie einige Richtlinien an die Hand geben, die Ihnen helfen können, kontaktfreudiger zu werden und mit der Einsamkeit besser umzugehen, ohne auf soziale Medien angewiesen zu sein.

5 Tipps gegen Einsamkeit

1. *Machen Sie eine ehrliche Bestandsaufnahme.* Fragen Sie sich: Bin ich wirklich allein? Vielleicht sind Sie von Freunden, Bekannten und Familienangehörigen umgeben, die Sie lieben. Die meisten von uns sind nicht wirklich allein. Ihnen fehlt vielleicht nur eine Vertrauensperson oder ein guter Freund.

2. *Übernehmen Sie die Verantwortung für Ihre Einsamkeit.* Beurteilen Sie, was Sie getan haben, um Freundschaften aufzubauen, versuchen Sie, neue Leute kennenzulernen, und gehen Sie aus dem Haus. Falls das nicht hilft, sollten Sie Ihre Vorgehensweise überprüfen und sich fragen, warum sie nicht zum Erfolg führt. Versuchen Sie, Freundschaften mit Leuten zu knüpfen, die nicht die gleichen Interessen haben wie Sie? Suchen Sie den Kontakt zu jemandem, der zu viel zu tun und deshalb keine Zeit hat?

3. *Finden Sie heraus, was Sie interessiert und begeistert.* Eine der besten Möglichkeiten, um ähnlich gesinnte Menschen zu treffen, ist es, das zu tun, was Sie lieben. Wenn Menschen das tun, was sie lieben, sind sie allgemein glücklich und strahlen positive Energie aus, die auf andere anziehend wirkt.

4. *Geben Sie nicht zu schnell auf.* Gehen Sie in eine Kleingruppe in Ihrer Gemeinde und kommen Sie einfach immer wieder, um neue Menschen kennenzulernen. Versuchen Sie außerdem, zur selben Zeit dieselben Orte

aufzusuchen. Wenn Sie zum Gottesdienst gehen, dann gehen Sie immer zur selben Zeit und setzen Sie sich in den gleichen Teil des Gottesdienstraums. Gehen Sie jede Woche zur selben Sportgruppe. Menschen, die dieselben Dinge tun, öfter zu treffen, ist eine leichte Möglichkeit, Kontakte zu knüpfen.

5. *Wer einen Freund will, muss ein Freund sein.* Dieses alte Sprichwort gilt immer noch. Gehen Sie auf die Menschen zu und arbeiten Sie daran, ein solcher Freund zu sein, wie Sie gern einen hätten. Versuchen Sie, Leute in Ihr Leben zu lassen, die auch auf Sie zugehen.

Konkurrenzdenken durch Facebook und Twitter

Früher war es unsere einzige Sorge, nicht hinter den Nachbarn von nebenan zurückzustehen. Mit Facebook, Twitter und dergleichen haben wir jetzt Tausende von »Nachbarn«, hinter denen wir nicht zurückstehen wollen. Keiner von uns ist immun gegen die Beiträge und Kommentare, die uns verleiten, uns mit anderen zu vergleichen und unser Leben ihrem gegenüberzustellen.

Wir alle lesen die Beiträge unserer Freunde, dass sie mit der faszinierendsten Frau oder dem wunderbarsten Mann verheiratet seien und dass ihre Kinder die besten Kinder der Welt seien. Die Bilder von der Traumreise unserer Freunde nach Hawaii, die Mitteilungen, dass sie befördert wurden, Bilder von ihren neuen Autos und solche Dinge können uns das Gefühl geben, dass wir etwas im Leben verpassen. Das Gefühl, im Leben etwas zu verpassen, ist bei Facebooknutzern weit verbreitet und wird als »Facebook-Fassade« bezeichnet. Nur die positiven, erfolgreichen und interessanten Fassaden werden gepostet, sodass man den Eindruck bekommt, alle anderen würden ein beneidenswertes Leben führen, nur ich nicht.

Nehmen wir eine junge Mutter, Susi, als Beispiel, die von Facebook dazu verleitet wurde, ihre Tochter mit der Tochter ihrer Freundin zu vergleichen. Susi ging mit ihrer Tochter zum Arzt, um herauszufinden, was bei ihr nicht stimme. Sie hatte in Facebook gelesen, dass die Tochter ihrer Freundin mit vier Jahren bereits gut lesen könne, während ihre eigene Tochter im selben Alter noch überhaupt nicht lesen konnte. Oder nehmen wir Jeff. Er liest die Beiträge auf Facebook und stellt fest, dass die Frau seines Freundes ihrem Mann viele Komplimente macht, und wird neidisch, weil seine Frau keine solchen Kommentare über ihn schreibt. Diese und viele andere Beispiele verdeutlichen, wie die sozialen Medien uns in eine Falle locken, in der wir uns mit anderen vergleichen. Man wird verleitet, ständig Vergleiche anzustellen und unser Leben und das Leben unserer Kinder am Leben von anderen Menschen zu messen.

Dabei verlieren wir ein Stück unserer eigenen Lebensqualität. Die sozialen Medien können Beziehungen schnell verändern, indem sie unsere Freunde zu einem Publikum machen und uns zu den Darstellern.

Dieser Falle, sich selbst zu negativ zu sehen, können Sie entgehen, indem Sie Dankbarkeit einüben. Seien Sie dankbar dafür, dass Gott Sie und Ihre Familie so geschaffen hat, wie Sie sind. Üben Sie die Kunst der Zufriedenheit ein, seien Sie zufrieden damit, wie Sie sind und was Sie haben. Wenn Sie sich selbst und Ihre Familie mit anderen vergleichen, erzeugt das immer Unzufriedenheit und raubt Ihnen die Freude und das Glück, das auf Sie wartet, und macht diese Gefühle für Sie unerreichbar.

Meine (S. Frejds) Tochter hat neulich folgenden Spruch an der Tür eines Mädchens im Studentenwohnheim gelesen:

Du bist viel interessanter als dein Profil, viel attraktiver als deine Bilder. Vergiss also Facebook und genieße das echte Leben mit echten Menschen.

Facebook-Depressionen

Das Klima auf Facebook wird sehr stark von Angst mitbestimmt. Wenn wir Angst haben, was die anderen von uns denken könnten, setzen wir viel Energie ein, um den richtigen Eindruck zu vermitteln, der sich aus den genau richtigen Bildern, persönlichen Informationen und Statusmeldungen zusammensetzt. Es ist wichtig, schlau zu sein, nicht genial.[65]

Das sind die Worte von Jesse Rice aus seinem Buch *The Church of Facebook*.

Untersuchungen zeigen, dass zu viel Zeit auf Facebook und mit anderen sozialen Netzwerken eine »Facebook-Depression« auslösen kann. Es ist eine Depressionsform, die dadurch entsteht, dass man sich zu sehr mit anderen auf Facebook vergleicht. Facebook-Fassaden aufrechtzuhalten und Vergleiche anzustellen, wie wir gerade beschrieben haben, kann eine tiefe Unzufriedenheit hervorrufen, und diese Verzerrungen können letztendlich eine tiefe Depression auslösen, weil wir die falschen Maßstäbe, die die sozialen Medien aufstellen, nicht erfüllen können. Bei den vielen auf uns einströmenden Statusmeldungen und Bildern von anderen kann es leicht passieren, dass wir unsere Erfolge kleiner und unsere Misserfolge größer wahrnehmen, als sie in Wirklichkeit sind. Dieses Verlustgefühl kann eine Depression auslösen.

Ich (S. Frejd) muss an dieser Stelle ein Geständnis ablegen: Erst letzte Woche war ich in Facebook und stellte fest, dass jemand, den ich vor Kurzem als Freund aufgenommen hatte, 2000 Freunde hat. Ich muss ehrlich zugeben, dass mich das sehr verunsichert hat. Fragen schossen mir durch den Kopf: Warum habe ich nicht mehr Facebook-Freunde? Was stimmt mit mir nicht, dass nicht mehr Leute mit mir befreundet sind? Also begann ich, neue Freundschaftsanfragen zu erstellen, um zu sehen, wie schnell ich meine Freundesliste erweitern kann. Ich weiß, ich weiß! Wie konnte ich nur! Besonders da ich gerade ein Buch über dieses Thema schreibe und es eigentlich besser wissen müsste! Ich habe am eigenen Leib erfahren, wie leicht man sich von der falschen Realität einfangen lässt, die die sozialen Medien uns so geschickt vorgaukeln.

Natürlich können soziale Netzwerke ein praktisches Mittel sein, um Beziehungen, die wir bereits aufgebaut haben, zu pflegen und zu erhalten, besonders wenn Freunde und Angehörige weiter weg wohnen, oder um Kontakt zu alten Freunden aufzunehmen. Aber es ist kein befriedigender Ersatz für echte, persönliche Beziehungen. Eine neue Untersuchung zeigt, dass der durchschnittliche Facebook-Nutzer zwar ein Netzwerk aus hundert Freunden hat, aber mit nur ein paar von ihnen regelmäßig Kontakt hat. Ich (S. Frejd) sage Leuten gern, dass sie keine 500 Facebook-Freunde haben, sondern 500 Facebook-Kontakte. Das ist ein großer Unterschied!

Wie viel Zeit in Facebook ist zu viel? Wenn Sie über eine Stunde am Tag in Facebook sind, sollten Sie sich vielleicht Gedanken machen. Egal, was Sie in Facebook oder in anderen sozialen Medien machen, Sie sollten dafür nicht länger als eine Stunde investieren. Wenn Sie sich wirklich konzentrieren, sollten Sie Ihre Facebook-Aktualisierungen in weniger als einer halben Stunde erledigt haben.

Eine andere Möglichkeit, Ihre sozialen Medien besser zu beherrschen, ist es, die »Benachrichtigungsoptionen« von Facebook und Twitter zu deaktivieren, damit Sie sich nicht gezwungen fühlen, die ständigen Aktualisierungen nachzulesen. Das können Sie später tun, wenn Sie Zeit dafür haben. Vergessen Sie nicht: Das echte Leben und echte Menschen haben Vorrang. Wenn Sie sich verpflichten, dass persönliche Interaktionen und »im Jetzt« zu leben immer jede andere Kommunikationsmethode in den Hintergrund stellt, befinden Sie sich auf dem Weg zu einem gesünderen und erfüllteren Leben.

Facebook-Sucht

Es mag viele überraschen, aber es gibt starke Hinweise, dass die übertriebene Nutzung von sozialen Medien wie Facebook zur Sucht werden kann. Viele, besonders Jugendliche und Frauen zwischen dreißig und fünfzig, verbringen zu viel Zeit mit sozialen Medien im

Internet. Sozialpsychologen sind inzwischen überzeugt, dass eine solche Sucht möglich ist, und bezeichnen sie als »FAD« (Facebook Addiction Disorder) oder »Facebooksucht«. Das ist ein Zustand, der durch lange Stunden in Facebook definiert wird – so viel Zeit, dass das gesunde Lebensgleichgewicht in Mitleidenschaft gezogen wird. Schätzungen zufolge leiden inzwischen 350 Millionen Menschen unter dieser Sucht.[66]

Laut *Psychology Today* machen Facebook und Twitter süchtiger als Tabak und Alkohol. In einem Artikel von Michael W. Austin in *Ethics for Everyone* erklärte eine kürzlich durchgeführte Studie, dass es einigen Menschen schwerer fällt, »Facebook (und Twitter) aufzugeben, als mit dem Rauchen aufzuhören oder von Alkohol loszukommen«.[67] Diese Studie über die alltäglichen Wünsche von 250 Menschen fand heraus, dass das stärkste Bedürfnis des Menschen im Laufe eines Tages das Bedürfnis nach Sex und Schlaf ist. Aber der Drang, in den sozialen Netzwerken im Internet auf dem aktuellen Stand zu bleiben, ist laut der Studie am schwersten zu unterdrücken. Der Wunsch nach einem Facebook-Kontakt war für viele sogar höher als nach Alkohol und Tabak.

Wenn diese Studien zutreffen, stellen die sozialen Netzwerke eine konkrete Bedrohung für Menschen mit einer Neigung zu Suchtverhalten dar. Es ist allgemein bekannt, dass die Abhängigkeit von einem Verhalten oder einem Stoff das Risiko, auch eine andere Sucht zu entwickeln, erhöhen kann.

Facebook-Affären

Das bringt uns zu einem anderen wichtigen Aspekt der sozialen Medien. Eine kürzlich durchgeführte Studie zeigt, dass bei jeder fünften Scheidung Facebook-Affären eine Rolle spielten.[68] Soziale Netzwerke, die den Kontakt zu Exfreunden und Exfreundinnen herstellen und Nutzern erlauben, online neue Freundschaften zu knüpfen, sind dafür verantwortlich, dass immer mehr Ehen zerbrechen.

- 57 Prozent der Menschen nutzen das Internet zum Flirten.
- 38 Prozent der Menschen lassen sich auf eindeutige sexuelle Gespräche im Internet ein.
- 50 Prozent der Menschen haben mit jemandem telefoniert, mit dem sie zuvor im Internet gechattet haben.
- 31 Prozent der Menschen hatten Online-Gespräche, die zu Sex führten.[69]

Tausende Ehen leiden, weil jemand über das Internet eine unpassende Beziehung begonnen hat. Natürlich ist das nicht die Schuld der sozialen Netzwerkbetreiber und auch nicht die Schuld des Internets an sich, aber diese Mittel machen es viel leichter, in solche Situationen zu geraten. Affären in Facebook und anderen sozialen Netzwerken sind auch für gesunde Ehen eine Bedrohung. Diese Studie lässt außerdem den Schluss zu, dass die Kontaktaufnahme zu einem Exfreund oder einer Exfreundin in Facebook ebenfalls zu einer Entfremdung vom Ehepartner führen kann.

Als Therapeuten haben wir (A. Hart und S. Frejd) mit eigenen Augen gesehen, welchen Einfluss Facebook auf Ehen hat. Im Folgenden berichten wir aus einigen Ehen, die durch Facebook in Mitleidenschaft gezogen wurden, damit Sie die damit verbundenen Risiken verstehen können.

Bei Peter[70] fing es ganz harmlos an. Seine Freundin aus der Schulzeit fand ihn in Facebook und postete einige Bilder aus ihrem Jahrbuch, auf denen sie zusammen abgebildet sind. Sein Adrenalin stieg, als er sich mit ihr unterhielt, und er fühlte sich wieder wie ein Schuljunge. Bald chatteten sie viel miteinander und flirteten wie damals zu ihrer Schulzeit. Er rechtfertigte sein Verhalten damit, dass er sich einredete, alles wäre ein ganz harmloser Spaß. Das war es am Anfang auch. Aber langsam, und bevor Peter es richtig merkte, hatte er sich mit ihr verabredet. Nicht lange nach diesem Treffen fand seine Frau heraus, dass er eine Affäre hatte, und reichte die Scheidung ein.

Birgit, eine geschiedene Frau, verliebte sich in einen verheirateten Mann, mit dem sie zusammenarbeitete. Sie schickte ihm auf

Facebook eine Freundschaftsanfrage und sie begannen, sich Nachrichten zu schreiben. Es entwickelte sich schnell zu einer flirtenden, sexuellen »Sache«. Sie sagten Dinge, die sie persönlich nie gesagt hätten, da Facebook es einem leicht macht, ungeschoren davonzukommen. Sie kontrollierte ständig seinen Facebook-Status und verfolgte, mit wem er sich unterhielt, was in seinem Leben passierte und wohin er ging. Es wurde zu einer Besessenheit. Sie postete ständig etwas auf Facebook, um ihm indirekt Botschaften zu schicken. Das führte zu einer sehr engen emotionalen Bindung, und sie war regelrecht von ihm besessen. Bald entwickelte sie eine eifersüchtige Ader. Wenn andere Frauen ihm irgendetwas schrieben, wurde sie eifersüchtig und fragte ihn aus, bis er wütend wurde. Schließlich fand sie heraus, dass er mit anderen Frauen das gleiche Facebook-Spiel trieb, kam zur Vernunft und machte mit ihm Schluss. Aber es war sehr schmerzhaft, ihn aus ihrer Freundesliste zu entfernen, und noch schmerzhafter war es, von ihrer Sucht und Besessenheit mit Facebook frei zu werden.

Wir haben ähnliche Geschichten von Facebook-Affären gehört und stellen fest, dass die meisten Opfer dieser Affären das Gleiche sagen: »Ich weiß nicht, wie es dazu gekommen ist. Ich dachte, es wäre harmlos. Wie bin ich nur in diese Sache hineingeraten?« Solche Spiele und Affären in sozialen Medien sind immer eine gefährliche Sache; wenn man einmal anfängt, kann man nur schwer wieder aufhören.

Tipps, um Facebook-Affären zu verhindern

1. *Hören Sie nicht auf, an Ihrer Ehe zu arbeiten.* Jede Ehe ist empfänglich für Langeweile, Einsamkeit, Sehnsucht nach einem einfacheren Leben, Sehnsucht nach Romantik oder auch einfach nur Neugier. Arbeiten Sie ein gutes Ehebuch durch, besuchen Sie ein Eheseminar, treffen Sie sich mit einem Mentorenehepaar oder nehmen Sie sich ein verlängertes Wochenende ohne die Kinder und ohne die Arbeit.

2. *Seien Sie sich bewusst, dass es auch Ihnen passieren kann.*
   Setzen Sie Grenzen, damit es Ihnen nicht passiert. Flirten
   Sie NICHT! Es mag Ihrem Ego guttun, aber es lohnt sich
   nicht. Eine Frau schrieb: »Achten Sie auf die Warnsignale
   und beten Sie um Kraft, wenn sie aufleuchten. Und seien
   Sie bereit, jemanden aus der Freundesliste zu entfernen,
   wenn die Beziehung anfängt, flirtend zu werden.«

3. *Stellen Sie in Ihrem Facebook-Profil die Fakten klar.* Geben
   Sie in Ihrem Beziehungsstatus »Verheiratet« ein. Klar
   und deutlich. Versuchen Sie nie, die Leute, mit denen Sie
   auf Facebook Kontakt haben, in die Irre zu führen.

4. *Sprechen Sie mit Ihrem Ehepartner ehrlich über alles, was
   Sie im Internet tun.* Sagen Sie ihm ehrlich, mit wem Sie
   befreundet sind und mit wem Sie kommunizieren. Offenheit gegenüber Ihrem Ehepartner in Bezug auf Ihr Face-
   bookverhalten ist wichtig. Nehmen Sie keinen Exfreund
   und keine Exfreundin in Ihre Freundesliste auf.

5. *Geben Sie Ihrem Ehepartner Ihren Benutzernamen und Ihre
   Passwörter.* Es ist sehr wichtig, dass Sie sich gegenseitig
   den Zugang zu Ihren Konten erlauben, da Sie dadurch wissen, dass von Ihnen Rechenschaft verlangt werden kann.

6. *Posten Sie auf Ihrer Profilseite Bilder von Ihrem Ehepartner
   und Ihrer Familie.* Posten Sie außerdem positive Kommentare über sie und machen Sie Ihren Ehepartner regelmäßig zum Thema.

7. *Seien Sie ehrlich zu sich selbst und gestehen Sie sich ein,
   wo Sie verwundbar sind und welche Absichten Sie verfolgen.*

8. *Ergreifen Sie drastische Maßnahmen, falls Facebook eine
   Schwäche für Sie ist.* Wenn Ihre Neigung, Internetbezie-
   hungen anzufangen, Ihre Ehe gefährden könnte, dann
   löschen Sie Ihren Account und suchen Sie professionelle
   Hilfe.

Die Auswirkungen der Digitaltechnik auf Ehen

Angesichts der dramatischen Zunahme von Cyberaffären baten wir die Eheexpertin unserer Familie, Dr. Sharon Hart May, meine (A. Harts) Tochter und meine (S. Frejds) Schwester, um hilfreiche Informationen, wie das Internet sich auf Ehen im Allgemeinen auswirkt.

Dr. May ist überzeugt, dass das Internet Ehen mehr schadet als hilft. Sie sagt, dass das Internet Ehepaare davon ablenkt, Zeit miteinander zu verbringen und emotionale und körperliche Nähe zueinander zu suchen. Nähe ist wichtig für eine gute Ehe. Viele, die auf Facebook emotionale Affären haben, sind sich nicht bewusst, wie schädlich das für ihre Ehe ist. Es wird eine Konkurrenz zu ihrer Ehe. Leider gibt es keine Verhaltensregeln, welche Grenzen man bei Kontakten mit dem anderen Geschlecht in sozialen Medien ziehen sollte.

Dr. May beobachtet durch das Internet auch einen erhöhten Zugang zu Menschen, Produkten und Orten, die für eine Ehe schädlich sind. Männer und Frauen suchen im Internet nach Leuten, mit denen sie eine Affäre beginnen können. Das Internet erlaubt ihnen, ihre Fantasien und Neigungen scheinbar im Geheimen auszuleben, und alles ist nur einen Mausklick weit entfernt. Es beginnt mit der Neugier – jemand will nur einmal schauen und geht dann schnell viel weiter. Sie erzählte, dass sie Klienten hat, die über Facebook wieder Kontakt zu Exfreunden und Exfreundinnen aufgenommen haben. Zu diesen Menschen hätten sie früher nie Zugang gehabt. Normalerweise hätten sie sie nicht gesucht, angerufen oder ihnen eine E-Mail geschrieben, aber sie auf Facebook auf ihre Freundesliste zu setzen, war so leicht und erschien so harmlos. Sie sagt ihren Klienten: »Wenn Sie heiraten, sollten Sie Ihren Partner über alle Beziehungen zum anderen Geschlecht, die Sie hatten, informieren. Diese Offenheit kann Sie beide mehr vor Affären schützen als alles andere.«

Dr. May nennt folgende Anzeichen, auf die ein Ehepaar achten muss, um in keine Facebook-Affäre zu geraten:

Anzeichen für die Gefahr einer Facebook-Affäre

- Sie sind in Ihrer Ehe einsam oder emotional entfremdet und benutzen Facebook oder soziale Medien, um sich abzulenken.
- Wenn Sie in Facebook sind, suchen Sie bewusst, was jemand vom anderen Geschlecht postet und was er macht, und Sie haben das Bedürfnis, Kommentare abzugeben, die ihn auf Sie aufmerksam machen.
- Sie können es nicht erwarten, was der andere Ihnen zurückschreibt, und Sie denken tagsüber an diesen Menschen und überlegen, was Sie posten oder welche Kommentare Sie schreiben können, die der andere liest.
- Sie fangen außerdem an, diesem Menschen private Nachrichten zu schicken, damit andere nicht lesen können, was Sie schreiben.
- Wenn Ihr Ehepartner davon erfährt und Sie auffordert, diesen Kontakt abzubrechen und diese Person aus Ihrer Freundesliste zu löschen, können oder wollen Sie das nicht tun.

Zehn Fragen zu Facebook, über die Sie mit Ihrem Ehepartner sprechen sollten

1. Wie viel Zeit in Facebook ist am Tag akzeptabel?
2. Sollten bestimmte Zeiten in der Woche facebookfrei sein?
3. Welche Freundschaftsanfragen von anderen sollten Sie annehmen und welche nicht?
4. Welche Menschen aus Ihrer Vergangenheit können Sie problemlos auf Facebook suchen und welche nicht?

5. Wie persönlich dürfen Meldungen und Kommentare über Sie selbst, Ihren Ehepartner, Ihre Familie, Ihre Arbeit und Ihr Leben sein?
6. Gibt es Wörter, Formulierungen oder Sätze, die nicht tabu sind? Welche Themen sind in Aktualisierung und Kommentaren tabu?
7. Mit welchen Facebook-Freunden ist eine private Kommunikation über Nachrichten oder Chatten zulässig?
8. Was sollte geschehen, wenn ein Facebook-Freund zu weit geht?
9. Wie sprechen Sie und Ihr Ehepartner offline über Ihre Facebook-Erlebnisse?
10. Wären wir in unserer Ehe glücklicher, wenn keiner von uns in Facebook wäre?[71]

Die Ehe nach einer Facebook-Affäre wieder kitten

Wie können Sie Ihre Ehe wieder in Ordnung bringen, wenn Sie eine Facebook-Affäre hatten? Das ist eine wichtige Frage, da solche Affären immer häufiger vorkommen. Dr. May schlägt Folgendes vor:

Der erste Schritt ist es, ehrlich zu sein und die Wahrheit zu gestehen. Ihr Ehepartner ist vielleicht schockiert und wütend. Sich zu verteidigen oder die Affäre herunterzuspielen, erhöht nur das Misstrauen. So schmerzlich es auch ist, kann Heilung erst dann einsetzen, wenn wir ehrlich sind und zugeben, wie es in unserem Leben und in unserer Ehe aussieht und wodurch eine Affäre überhaupt möglich war. Machen Sie sich bewusst, dass es für Sie vielleicht harmlos war, aber dass es für Ihren Ehepartner trotzdem schmerzhaft ist. Sie müssen beide den Heilungsprozess durchlaufen, um sich einander wieder körperlich und emotional öffnen zu können. Suchen Sie professionelle Hilfe, falls Sie diese Schritte nicht gemeinsam gehen können.

Wie wird ein Ehepaar füreinander zum »sicheren Hafen«? Sie müssen Zeit miteinander verbringen. Wenn Sie das tun, entsteht Vertrautheit. Diese Vertrautheit tut Ihnen beiden gut. Wir wuchsen in Südafrika auf, und in Afrikaans gibt es ein Sprichwort: »*Ek het jou lief.*« Wörtlich übersetzt heißt das: »Ich halte dein Herz.« Die Vorstellung, das Herz des anderen zu halten und zu beschützen, ist ein ausdrucksstarkes Bild, das treffend beschreibt, worum es bei der Liebe geht. Lassen Sie Ihren Ehepartner wissen, dass er Ihnen von ganzem Herzen vertrauen kann. Ein sicherer Hafen zu werden, bedeutet, dass Sie vertrauenswürdig, vorhersehbar und zuverlässig werden müssen.

Was wir tun können

Die digitale Invasion hat ein Intimitätsdefizit geschaffen. Intimität ist eine tragende Säule unserer Beziehungen. Dabei geht es darum, unsere Gefühle und Empfindungen mitzuteilen. Diese tiefere Ebene von Verbundenheit wünschen sich die meisten in ihren Beziehungen, aber wir haben Mühe, sie zu erreichen. Die Technik ist eine gute Möglichkeit, um Informationen weiterzugeben, aber kein gutes Mittel, um unsere Gefühle und Empfindungen zu vermitteln. Verwechseln Sie digitale Intimität nicht mit echter Intimität.

Arbeiten Sie daran, in Ihren Beziehungen Ihre Gefühle zu zeigen. Die emotionale Bindung, die wächst, wenn Sie den anderen an Ihren Gefühlen teilhaben lassen, führt Sie durch schwere Zeiten und erlaubt Ihnen, sich auch mitten in Konflikten nahe zu bleiben. Viele Menschen beschreiben Begegnungen im »echten Leben« mit einem anderen Menschen als lästig und »nicht so aufregend« wie den endlosen Strom an Onlinebegegnungen. Aber diese Onlinebegegnungen schaffen eine Illusion von Intimität, obwohl wir in Wirklichkeit immer noch emotional allein sind.

Überlegen Sie, in welche vier oder fünf wichtige Beziehungen Sie sich investieren wollen. Planen Sie dafür Zeit in Ihren Tagesablauf ein und lassen Sie sich auf echte Gespräche ein. Sie wurden für enge

Beziehungen geschaffen. Bei Intimität geht es darum, den anderen deutlich und vollständig und mit so wenigen Verzerrungen wie möglich zu sehen. Versuchen Sie, in Ihren Beziehungen Gespräche mit Menschen zu führen, nicht nur einen oberflächlichen Kontakt zu anderen zu haben. Echte Intimität erfordert, dass Sie den anderen an Ihren Gefühlen, Ihren Gedanken und an Ihrem Herz teilhaben lassen. Begegnungen im echten Leben sind der Mühe wert, sie geben Gott die Ehre und helfen, dass Ihre Beziehungen wachsen und sich entfalten.

Gesprächsimpulse

- War Ihnen bewusst, wie stark Narzissmus unter den Jugendlichen zunimmt? Erzählen Sie von Ihren Erfahrungen mit narzisstischen Menschen.
- Was sagen Sie zu der Aussage »Wir erwarten mehr von der Technik als voneinander«? Wie könnten Sie das ändern?
- Haben Sie oder jemand, den Sie gut kennen, es mit Partnersuche im Internet versucht? Erzählen Sie von Ihren Erfahrungen.
- Falls Sie Anzeichen für Facebook-Depressionen erleben, erstellen Sie eine Liste dieser Anzeichen und zeigen Sie diese Liste jemandem. Welche Schritte unternehmen Sie, um diese Depressionen zu überwinden?
- Mit welchen Herausforderungen werden Sie konfrontiert, falls Sie Facebook und andere soziale Medien für berufliche Zwecke nutzen? Überlegen Sie gemeinsam praktische Lösungsmöglichkeiten.
- Welche der aufgezählten Tipps, um Facebook-Affären zu verhindern, müssen Sie und/oder Ihr Ehepartner befolgen?

6
Schwerwiegende Probleme durch die Cyberwelt

Die größte Bedrohung für den Leib Christi, für die Gemeinde, für Familien und für den einzelnen Christen ist die um sich greifende, zerstörerische Pornografie, die durch das Internet leicht zugänglich ist.

Josh McDowell

Wir konzentrieren uns zwar in erster Linie auf die allgemeineren Herausforderungen, mit denen Eltern, Lehrer und Gemeindeleiter durch das Internet und die Cyberwelt konfrontiert werden, aber es wäre nachlässig, wenn wir die schwerwiegenderen Herausforderungen, die unsere Informations-Superautobahn schafft, nicht erwähnen würden.

In diesem Kapitel wollen wir einige dieser gefährlicheren Probleme kurz ansprechen, über die noch weiter gesprochen werden muss. Leider ist diesen schwerwiegenderen Problemen nicht mit Selbsthilfestrategien beizukommen. Zur Lösung der Probleme, die wir in diesem Kapitel behandeln, müssen Sie möglicherweise professionelle Hilfe in Anspruch nehmen.

Der Kommunikationswissenschaftler Marshall McLuhan zitierte eine Aussage von Winston Churchill, dem englischen Premierminister während des Zweiten Weltkriegs, der sagte: »Wir werden zu dem, was wir sehen. Wir formen unsere Werkzeuge und dann formen unsere Werkzeuge uns.« Das Gleiche gilt für unsere Digitaltechnik. Wir haben sie erfunden, wir haben sie geformt, aber jetzt formt und beherrscht sie uns.

Noch beunruhigender ist die *Art*, wie die Technik uns formt. Wir denken, dass das weitaus zerstörerischer ist, als wir ursprünglich für möglich gehalten haben.

Zerstörerische Folgen der Internetpornografie

Internetpornografie steht ganz oben auf der Liste der Dinge, die uns beunruhigen. Josh McDowell, Verfechter des christlichen Glaubens, Schriftsteller, Autor oder Co-Autor von ungefähr siebenundsiebzig Büchern, schrieb vor Kurzem ein Positionspapier zu diesem Thema mit dem Titel »Just1ClickAway« (Nur einen Mausklick entfernt). Darin stellt er fest:

Ein heimtückischer Eindringling bringt Ihre Kinder in Gefahr. Er stellt Ihren Kindern systematisch nach; leider merken die meisten Eltern und christlichen Leiter nichts davon. Wir befinden uns inmitten einer Revolution durch die sozialen Medien, die zulässt, dass eine korrupte und perverse Moral direkten Zugang zu unseren Kindern hat.[72]

Genauso wie Josh McDowell stellen wir fest, dass Internetpornografie zu den schwerwiegendsten Problemen gehört, vor die unsere digitale Welt uns stellt. Familien werden angegriffen. Mit einem einzigen Klick auf dem Smartphone, iPad oder Laptop kann man Zugang zu den abstoßendsten Bildern und der anschaulichsten Pornografie bekommen, die man sich überhaupt vorstellen kann. Das Internet hat den Zugang zu Pornografie drastisch erhöht, nicht nur für Erwachsene, sondern auch für Kinder und Jugendliche. Internetpornografie ist die Nummer eins in allen Internetverkaufskategorien. Sie wird häufiger aufgerufen als Spiele, Reisen, Witze, Gesundheit, Wetter und Stellenangebote zusammengenommen.[73] Der Suchbegriff Nummer eins bei den Suchmaschinen ist »Sex«.[74] Das Durchschnittsalter bei der ersten Begegnung mit Internetpornografie liegt jetzt bei elf Jahren; einige Studien sagen, dass sie sogar bei achteinhalb Jahren liegt.[75] Laut einer Untersuchung, die in der *Washington Post* zitiert wird, schauen sich derzeit über 11 Millionen Jugendliche regelmäßig Internetpornografie an.[76]

Leider ignorieren viele Christen dieses Thema. Bei einigen ist das einfach ein Leugnen, als wollten sie sich nicht der Tatsache stellen, dass jemand, der ihnen nahesteht, sich Pornografie anschauen könnte. Außerdem ist es ein peinliches Thema, und deshalb scheuen sich viele Familien, darüber zu sprechen. Wenn eine schwerwiegende Pornografiesucht festgestellt wird, fühlen sich viele ratlos und wissen nicht, was sie dagegen tun sollen. Wir hoffen, dass wir durch dieses Buch helfen können, Pornografiesucht zu verhindern und zu überwinden. Wir glauben, dass das Schweigen der Christen zu vielen sexuellen Themen gebrochen werden muss, damit Eltern die Realität erkennen können, was in der digitalen Welt vor sich geht. Schweigen zu sexuellen Themen kann mehr schaden als nützen.

Unsere Welt verändert sich schnell. Es ist noch nicht so lange her, dass ein Junge nichts Schlimmeres tun konnte, als heimlich einen Blick auf eine *Playboy*-Ausgabe zu werfen, die er hinten in einer Schublade gefunden hatte. Laut den Geschichten, die ich (A. Hart) von vielen Männern gehört habe, ließen ihre Väter diese Zeitschriften bewusst herumliegen, da sie glaubten, dass es für ihre Söhne zum »Erwachsenwerden« gehöre und eine Möglichkeit wäre, etwas über Sex zu lernen. Diese Hochglanzzeitschriften mit farbigen, reizvollen Nacktfotos säumten die Regale in jedem Supermarkt und Zeitschriftenladen und luden Jungen, deren Sexualhormone heranreiften, ein, verstohlene Blicke darauf zu werfen. Aber vielen Eltern war nicht bewusst, welche Macht diese sexuellen Bilder auf das sich noch in der Entwicklung befindliche Gehirn eines Jungen haben, selbst wenn sie nur Nacktfotos sehen.

Alarmierender ist, dass Experten jetzt sagen, dass unsere jungen Männer im Grunde geschlechtslos gemacht werden. In einem Bericht auf CNN.com berichten Dr. Philip Zimbardo, ein weltweit anerkannter Professor Emeritus der Stanford-Universität, und die Psychologin Nikita Duncan, dass die übermäßige Nutzung von Videospielen und die starke Verbreitung von Internetpornografie zum »Niedergang der Männer« führen.[77] Die exzessive Nutzung von Videospielen und Internetpornografie auf der Suche nach dem nächsten Reiz bringt eine Generation von risikoscheuen Männern hervor, die nicht in der Lage (und nicht bereit) sind, die Komplexität und die Risiken, die mit Beziehungen, der Schule und einer

Arbeitsstelle im echten Leben einhergehen, auf sich zu nehmen. Geschichten über diese Rückentwicklung sind weit verbreitet. Sie berichten, dass 2005 ein Südkoreaner einen Herzstillstand erlitt, nachdem er fast fünfzig Stunden ununterbrochen ein Internetspiel namens »StarCraft« gespielt hatte. 2009 brachte *True Life* von MTV die Geschichte von einem Mann namens Adam, dessen Frau ihn aus dem Haus warf, »weil er nicht aufhören konnte, sich Pornos anzuschauen«. Weiter wurde berichtet, dass »junge Männer – die Hauptkonsumenten von Pornografie – durch die Digitaltechnik auf eine völlig neue Art verändert werden, die eine ständige Stimulierung verlangt. Diese zarten, sich noch in der Entwicklung befindenden Gehirne werden mit einem einzigen Mausklick durch Videospiele und Porno nach Bedarf in endlosen Variationen bedient.«[78]

Dass Jugendliche unangebrachten Nacktbildern und eindeutigem Sex ausgesetzt werden, geschieht in einem Stadium ihres Lebens, in dem sie noch sehr empfindlich sind. Deshalb hat Pornografie die Macht, eine Besessenheit und Abhängigkeit zu schaffen. Natürlich leiden in der Mehrheit Männer darunter, aber viele Frauen erliegen dieser Sucht ebenfalls. Die Internetpornografie zielt jetzt auch auf ein weibliches Publikum ab, das sie in Chatrooms lockt. Ihr Ziel ist es, dass Frauen in diesen Chatrooms Beziehungen aufbauen, da Frauen mehr über Beziehungen zu erreichen sind, während Männer sich mehr auf Körperteile konzentrieren.

Das Internet bietet einen Markt für eindeutige Sexmedien, der alles übertrifft, was wir uns vorstellen können. Pornografie bekommt man nicht mehr nur an Straßenecken oder in Seitengassen, sondern sie ist in jedem Wohnzimmer und Schlafzimmer frei erhältlich. In jeder Hosentasche, in der ein Smartphone steckt. Einige Männer hassen und meiden sie, aber viele lieben und nutzen sie. 1996 gab das amerikanische Justizministerium folgende Warnung heraus: »Nie zuvor in der Geschichte der Telekommunikationsmedien in den USA war so viel unanständiges (und obszönes) Material für so viele Minderjährige in so vielen amerikanischen Häusern mit so wenigen Einschränkungen so leicht zugänglich.«[79]Anscheinend haben wir diese Warnung nicht beachtet.

Vielen Pornosüchtigen ist nicht bewusst, dass vieles unecht ist. In den 1970-er Jahren hatte ich (A. Hart) einen Patienten, der an Depressionen litt. Er erzählte mir aus seinem Leben und seiner Jugend in Hollywood, wo er der Sohn eines Herausgebers von pornografischen Zeitschriften war. Sein Vater erlaubte ihm, sich ungehindert in der Pornoindustrie aufzuhalten, während Fotos aufgenommen und bearbeitet wurden, und er verriet mir viel über die »inneren« Geheimnisse dieses Geschäfts. Am interessantesten fand ich, dass die Pornobilder, die man in einer typischen Zeitschrift findet, nie echt sind. Sie werden verändert, angepasst, verbessert – Makel werden entfernt, Nasen verkleinert und Körper verschönert – und das alles, damit die Fotos Perfektion in jeder Hinsicht darstellen. Jedes Bild ist ein Fantasieprodukt, nicht Realität. Das erklärt, warum es Leuten, die pornosüchtig sind, so schwerfällt, sich im echten Leben und in echten, intimen Beziehungen zurechtzufinden. Wer kann mit einer solchen Perfektion schon konkurrieren? Wenn Männer in ihrer Jugend nur Videos von sexuellen Fantasien und Bilder von Frauen sehen, die nicht das wahre Leben widerspiegeln, fällt es ihnen sehr schwer, die Wirklichkeit zu akzeptieren. »Übertriebene Schönheit« ist einer der zerstörerischen Aspekte der Pornografie und eine einzige große Lüge, die ein Fantasieleben mit perfekten Körpern schafft, die es nicht gibt. Wenn junge Menschen diesen Fantasien ausgesetzt sind, haben sie große Schwierigkeiten, die Realität zu akzeptieren.

In seinem Buch *The Drug of the New Millennium – The Brain Science Behind Internet Pornography* hat Mark Kastleman, Autor, Forscher und Trainer im Wissenschaftsbereich von Körper und Geist, umfassende Forschungen im Bereich der Pornografie und der Vermeidung und Befreiung von sexueller Abhängigkeit angestellt.[80] Er erklärt, dass diese Sucht Amerika und einen Großteil der Welt wie eine Epidemie erfasst. Eltern und Ehepartner suchen verzweifelt nach Antworten. Geistliche und Seelsorger werden mit diesen Problemen überhäuft und suchen nach Lösungen. Es wird geschätzt, dass über 60 Millionen Menschen allein in den USA bis zu einem gewissen Grad süchtig nach Internetpornografie sind und dass ihr neun von zehn Kindern zwischen acht und sechzehn Jahren ausgesetzt sind. Jede Variante der Internetpornografie ist für jeden sofort zugänglich, egal, welches Alter oder Geschlecht er hat. Niemand ist dagegen immun! Die zerstörerischste Superdroge der Geschichte greift unsere Kinder und Jugendlichen an!

Kastleman analysiert meisterhaft, wie Pornografie die geistige und geistliche Fähigkeit ihrer Opfer zerstört; wir empfehlen dieses hervorragende Buch allen Eltern, Lehrern und geistlichen Leitern.

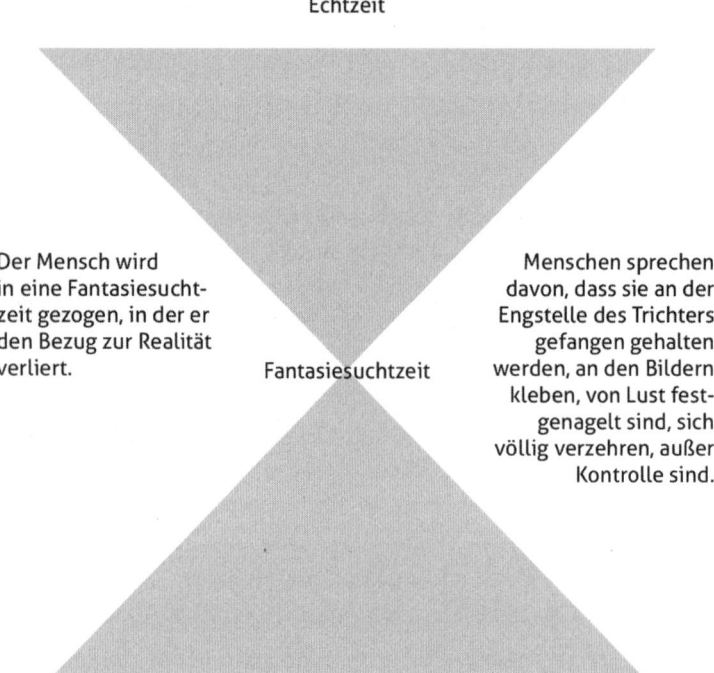

Internetporno-Trichter-Effekt

Echtzeit

Der Mensch wird in eine Fantasiesucht-zeit gezogen, in der er den Bezug zur Realität verliert.

Fantasiesuchtzeit

Menschen sprechen davon, dass sie an der Engstelle des Trichters gefangen gehalten werden, an den Bildern kleben, von Lust fest-genagelt sind, sich völlig verzehren, außer Kontrolle sind.

Echtzeit

Das oben dargestellte Diagramm illustriert sein Modell. Er nennt es den »Internetporno-Trichter«. Oben auf dem Trichter befindet sich der Mensch in der Realität oder Echtzeit. Sobald er oder sie anfängt, sich Pornos anzuschauen, verengt das Gehirn seinen Blick unter dem Einfluss eines »Eroto-Toxins«. Es wird eine Reaktion ausgelöst, die so stark ist, dass wir keinen natürlichen, automatischen Mechanismus haben, um damit fertigzuwerden. Internetpornografie zieht uns aus der Realität in eine Fantasiewelt, in der die Fantasie alles beherrscht. In dieser »Fantasiesucht-Zeit« gibt man die Fähigkeit, klar zu denken, auf und verliert den Bezug zur Echtzeit.[81]

In meinem (A. Harts) Buch *The Sexual Man* beschreibe ich, wie eine Gruppe Studenten an der Duke-Universität zusammenkommt, um über ihre Erfahrungen mit Pornografie in ihrer Jugend zu sprechen. Als sie in der Gruppe darüber sprachen, wurde ihnen bewusst, wie verzerrt Sex für sie geworden war. Fast alle hatten große Schwierigkeiten, mit echten Frauen enge Beziehungen aufzubauen.[82] Dieser lesenswerte Bericht öffnet einem die Augen. Wenn die Pornografie in den 80er-Jahren schon so aussah, ist die moderne Pornografie im Internet eine Million Mal weiter vom echten Leben entfernt. Pornografie in der Form von »virtuellem Sex« entwickelt sich zu unserer nächsten großen Bedrohung. Mit der Bezeichnung »virtueller Sex« meinen wir ein pornografisches Erlebnis, das so realistisch ist, dass man das Gefühl hat, man wäre an dem, was passiert, beteiligt. Eine ganze, neue Industrie erfindet Geräte und Computerprogramme, die die sexuelle Erfahrung auf eine völlig neue Stimulations- und Simulationsebene bringen. Während es rudimentäres sexuelles Spielzeug schon genauso lang gibt wie Pornozeitschriften und -filme, haben künftige Sexerlebnisse über das Internet Stimulationsgeräte, bei denen man keine Hände benötigt, die die Schwingungen und Empfindungen von Geschlechtsteilen des Körpers nachahmen und angeblich für ein so reales Erlebnis sorgen, dass man den Unterschied zur Realität kaum erkennt.[83] Zusammen mit 3-D-Videos mit Kontaktlinsen, die man tragen kann, die ein Bild von jemand anderem vorgaukeln, bringen diese raffinierten Mittel sexuelle Erlebnisse auf eine völlig neue Ebene. In einigen Städten laufen bereits Pläne, Hotelzimmer einzurichten, in denen man diese verbesserten virtuellen Pornoerlebnisse bekommt und für das Sehen bezahlt. Dadurch wird es noch schwerer, mit einer sexuellen Beziehung im echten Leben zufrieden zu sein.

Ausbrechen

So alarmierend diese künftigen Entwicklungen auch sind, wenigstens für uns, wollen wir uns für den Rest dieses Kapitels mit den aktuellen Pornografiepraktiken befassen und wie man sie verhindern und behandeln sollte. Genauso wie bei vielen anderen Aspekten unserer digitalen Welt gibt es Stimmen, die argumentieren, dass Internetpornografie nicht süchtig mache und auch keine Bedrohung für Ehebeziehungen darstelle. Sie zitieren Paare, die Pornografie benutzten, um ihre sexuelle Erregung zu erhöhen oder sexuelle Hemmungen zu überwinden. Auch wenn das bei einigen Paaren helfen mag, müssen wir davon ausgehen, dass das Risiko, dass diese Praxis süchtig macht, für einen oder alle beide hoch ist. Und wie kehrt man, wenn man pornosüchtig geworden ist, als Ehepaar zu »normalen« sexuellen Praktiken zurück?

Wir wollen außerdem ein Bewusstsein dafür wecken, dass ein Zusammenhang zwischen Internetpornografie und Menschenhandel besteht. Dahinter steht die Auffassung, Frauen wären eine sexuelle Ware. Durch Internetpornografie wird diese Auffassung verbreitet und verfestigt. Falls Sie oder jemand, den Sie kennen, Internetpornografie ansieht, stützen Sie damit diese Auffassung und fördern den Menschenhandel für die Sexindustrie. Meine (S. Frejds) Tochter machte in diesem Sommer einen Monat lang einen Missionseinsatz bei Rahabs Rope[84] in Indien, einer Organisation, die sich dafür einsetzt, Sexhandel und Menschenhandel zu verhindern und zu beenden.

In den bereits erwähnten zwei Studien über christliche Sexualität, die ich (A. Hart) und meine Tochter Dr. Catherine Hart Weber vor mehreren Jahren durchgeführt haben, sind wir ausdrücklich der Frage nachgegangen, ob die Verwendung von Pornografie den Sex in der Ehe verbessert. Bei diesen Studien sprachen wir mit über 500 Männern und 2000 Frauen. Bei den Männern fanden wir absolut keinen Nutzen für den Sex in der Ehe, der der Pornografie zugeschrieben werden könnte. Über 30 Prozent der Männer, die wir befragten, berichteten, dass es ihrer heutigen Sexualität geschadet habe, dass sie früher Pornografie ausgesetzt gewesen waren.[85] Achtzig Prozent der Männer gaben zu, dass Pornografie für Frauen eindeutig entwürdigend ist. Bei den befragten Frauen berichteten 21 Prozent, dass sie als Kinder Pornografie ausgesetzt waren.[86] Ihre Hauptbedenken waren, dass die Verwendung von Pornografie, egal in welcher Situation, verstörend ist. Statt ihre sexuellen Erfahrungen zu verbessern, wurden sie behindert. Pornografie wurde immer als entwürdigend für Frauen betrachtet.

Welche zerstörerischen Folgen sehen wir, wenn Pornografie zur Sucht geworden ist?

Zerstörerische Folgen von Pornografie

- Der Wunsch des Benutzers nach sexueller Intimität mit dem Ehepartner nimmt ab.
- Der Benutzer beschäftigt sich so sehr mit Pornografie, dass es sogar in seine Arbeit eingreifen und zur Kündigung führen kann. Es kann dazu führen, dass ganze Tage durch die Verwendung von Internetpornografie oder Selbststimulierung und Fantasien verloren werden.
- Die vielen Stunden, in denen sich alles um Pornografie dreht, können auch zu emotionalen Störungen wie Irritabilität und Depressionen führen.
- Pornografiesucht kann zu einer Eskalierung des Problems führen, je mehr Zeit mit Masturbation oder dem Ansehen von immer erregenderen, stärkeren oder bizarreren sexuellen Inhalten verbracht wird. (Genauso wie bei anderen Süchten steigt der Wunsch nach Befriedigung immer mehr.)

- Pornografiesucht kann dazu führen, dass man ein heimliches Sexleben oder ein Doppelleben führt, dessen ganzes Ausmaß nur der Süchtige kennt.
- Der Süchtige ist trotz schwerwiegender Konsequenzen, früherer Versuche oder wachsenden Drucks von Angehörigen nicht in der Lage, mit der Pornografie aufzuhören.

Cybersex und Cyberaffären

Auch als Computersex oder Internetsex bezeichnet, ist Cybersex eine »virtuelle« sexuelle Begegnung gewöhnlich mit einem völlig Fremden über das Internet. Zwei oder mehr Menschen sind daran beteiligt, die sich gegenseitig eindeutige Nachrichten oder Bilder schicken, in denen sie ihre sexuelle Erfahrung detailliert beschreiben. Es ist eine Form sexuellen Rollenspiels, bei der die Beteiligten so tun, als hätten sie ein fantastisches sexuelles Erlebnis. Cybersex ist darauf ausgelegt, sexuelle Gefühle und Fantasien zu stimulieren. Bei einer Form von Cybersex beschreiben die Teilnehmer, was sie tun und wie sie reagieren, ihrem Chatpartner hauptsächlich in schriftlicher Form durch E-Mails oder SMS, um nicht an ihrer Stimme erkannt zu werden.

Cybersex kann Masturbation einschließen, und in einigen Fällen kann es zu einer sexuellen Begegnung mit anderen Menschen im echten Leben führen. Dann kann Cybersex zu einer Cyberaffäre werden. Es wird allgemein angenommen, dass die Fantasie und die Verdrängung der Dinge, die man im echten Leben glaubt, bei diesen Verhaltensweisen von entscheidender Bedeutung sind. Mit anderen Worten, es fördert ein »sexuelles Erlebnis in der Fantasie« und nicht in der Realität.

Angesichts des hohen Maßes an sexueller Verzerrung in unserer heutigen Welt überrascht es nicht, dass es Menschen gibt, die die Vorteile von Cybersex propagieren. Sie behaupten, dass Cybersex sexuelle Störungen heilen und sexuell Verklemmte befreien könnte und dass Paare, die aus beruflichen oder anderen Gründen getrennt sind, dadurch neue sexuelle Erfahrungen machen können. Aber zu behaupten, dass Cybersex mit vollkommen Fremden geeignet wäre, um einen oft verzerrten und ungesunden Ausdruck sexuellen Verlangens zu befriedigen, können wir nicht gutheißen. Ja, Cybersex mag das Risiko verringern, sich mit Krankheiten anzustecken, die durch Geschlechtsverkehr übertragen werden, oder eine ungewollte Schwangerschaft verhindern, aber er fördert eine Form sexueller Promiskuität, die über das hinausgeht, was als normal gelten sollte.

An Cybersex ist nichts Positives. Wenn es mit Fremden oder heimlich hinter dem Rücken des Ehepartners geschieht, ist es eine Form von Ehebruch. Außerdem ist es gefährlich, da die Teilnehmer an Cybersex oft ihr Tun ins Internet stellen, ohne dass der andere es weiß. Wenn diese Daten später anderen oder der Öffentlichkeit zugänglich gemacht werden, kann das den Ruf eines Menschen zerstören.

Dass Cybersex für Ehen und intime Beziehungen zerstörerisch ist, liegt auf der Hand. Man muss keine teuren oder komplizierten Forschungen durchführen, um zu diesem Ergebnis zu kommen. Die Aktivität an sich schafft eine besondere Art der sexuellen Erregung, die den normalen Sex in einer Ehe übersteigt. Das liegt daran, dass man etwas tut, das den eigenen Werten zuwiderläuft. Die Schuldgefühle, die bei einem solchen Tun entstehen, erhöhen wie bei vielen sexuellen Abhängigkeiten die Adrenalinkomponente für die sexuelle Erregung. Wenn die Adrenalinstimulation mit sexueller Erregung zusammenkommt, führt das zu einer sexuellen Erfahrung, die stärker ist als normal. Diese Form von sexueller Luststeigerung ist bei Vergewaltigung, Sexualdelikten und Serienmorden zu beobachten. Das ist der Grund, warum viele Männer ihre Frauen betrügen. Sie haben danach vielleicht Schuldgefühle, aber dieses »Tiefgefühl« weckt in ihnen nur den Wunsch nach dem nächsten »Hochgefühl« – ein klassischer Suchtprozess.[87]

Sexting

Da das Verschicken von SMS-Nachrichten oder Bildern ein so selbstverständlicher Teil unseres Lebens geworden ist, überrascht es nicht, dass SMS-Nachrichten auch für sexuelle Zwecke zunehmend genutzt werden. Laut dem Projekt »Internet und amerikanisches Leben« des Pew Research Center geben vier Prozent der Jugendlichen zwischen zwölf und siebzehn Jahren, die Handys benutzen, an, dass sie sexuell aufreizende Nacktbilder oder knapp bekleidete Bilder oder Videos von sich selbst über ihr Handy an andere schicken. Fünfzehn Prozent sagen, dass sie Bilder von jemandem, den sie kennen, auf ihr Handy geschickt bekamen.[88] »Jugendliche erklärten uns, dass sexuell aufreizende Bilder eine Art von Währung in Beziehungen geworden ist«, sagt Amanda Lenhart, Forschungsleiterin des Pew Research Centers. Ihr Bericht erklärt weiter, dass bei Jugendlichen die Wahrscheinlichkeit steigt, dass sie sexuell aufreizende Bilder bekommen, je intensiver sie ihr Handy nutzen. Eine Jugendliche, mit der wir sprachen, sagte: »Ja, ich bekomme und verschicke oft solche Bilder. Jungen bitten einen meistens darum. Ein Junge, den ich wirklich mochte, hat mich darum gebeten. Ich hatte das Gefühl, wenn ich es nicht tue, würde er nicht mehr mit mir sprechen. Damals war es keine große Sache, aber wenn ich jetzt zurückblicke, war es eindeutig unangemessen und zu viel.« Dass aufreizende Bilder von ihr im Besitz von jemandem sind, mit dem sie nicht mehr zusammen sein will, lassen ihr keine Ruhe.

Wir wissen, dass Jugendliche (und auch einige Erwachsene) oft Schwierigkeiten mit Impulskontrolle haben. Sie können die Befriedigung von Bedürfnissen nicht aufschieben, und da unsere Handys immer mehr können, ist es so leicht wie nie zuvor, die Technik unweise einzusetzen, ohne die Konsequenzen zu berücksichtigen. Ja, es ist normal, dass Jugendliche ihre Sexualität erkunden, aber Sexting ist dafür nicht der richtige Weg.

Eine ganz konkrete Gefahr beim Sexting sind die rechtlichen Folgen. Sexuell eindeutige Bilder von Leuten unter achtzehn Jahren zu verschicken, ist in manchen Ländern, zum Beispiel in den USA, strafbar, selbst wenn der Absender Bilder von sich selbst verschickt. Diese Bilder zu bekommen, ist auch strafbar. Bei Sexting besteht die Gefahr, der Verbreitung von Kinderpornografie angeklagt zu werden. Ich (S. Frejd) habe diese Woche von einem sechzehnjährigen Jungen gehört, der bereits eine einjährige Haftstrafe absitzt und auf ein Wiederaufnahmeverfahren wartet, weil er ein Nacktfoto von einer Fünfzehnjährigen bekommen und weitergeschickt hat. Wenn er seine Haftstrafe abgesessen hat, wird er für den Rest seines Lebens als Sexualstraftäter in den Akten geführt werden.

Es ist wichtig, dass Eltern Maßnahmen ergreifen, um ihre Kinder zu schützen, indem sie sie bewusst über diese Gesetze und Gefahren informieren. Sie müssen die Finger von Sexting lassen, auch wenn sie glauben, dem Empfänger vertrauen zu können. Sagen Sie Ihrem Kind, dass es solche Bilder, wenn es sie bekommt, sofort löschen und dem Absender sagen soll, dass er aufhören soll, so etwas zu verschicken.

Die andere Gefahr beim Sexting liegt auf der sozialen Ebene. Die meisten Sexbilder, die man einem Freund schickt, werden an jemand anderen als nur an den ursprünglichen Empfänger weitergeschickt. Man kann also nie sagen, wo sie überall landen werden. Sie können weiterverschickt werden, in einem öffentlichen Forum gepostet oder sogar auf einem Computer in der Schule veröffentlicht werden.

Was können Eltern tun, falls Sexting zur Gewohnheit wird, um diese Gewohnheit zu unterbinden? Genauso wie bei allen größeren Abhängigkeiten im Zusammenhang mit Sexualität genügt Selbsthilfe nicht. Der Sextingsüchtige muss professionelle Hilfe bekommen und sich der Tatsache stellen, dass ein ziemlich schwerer Kampf vor ihm liegt. Im Gegensatz zu Drogenmissbrauch, wo eine größere körperliche Krankheit einen Süchtigen oft zur Vernunft bringen kann, werden Verhaltenssüchte wie Pornografie nicht immer als lebensbedrohlich betrachtet und finden deshalb nicht die Beachtung, die nötig wäre, um sie zu überwinden.

Zum Glück gibt es eine zunehmende Zahl von Organisationen im Internet, die Hilfe anbieten. Eine Suche für Ihren Wohnort dürfte

einige Treffer anzeigen. Hier sind einige Websites, die Ihnen vielleicht weiterhelfen können:

- http://www.loveismore.de
- http://www.shg-pornographieabhaengigkeit.de
- http://www.nacktetatsachen.at
- www.maennerforum.ch
- http://www.sexualrecovery.com/pornography-addiction.php
- www.xxxchurch.com
- www.christiananswers.net/q-eden/sexaddictiontips.html
- http://www.blazinggrace.org/

Einige der genannten Websites bieten auch Ehefrauen Hilfe an, die
durch Pornosucht verletzt wurden.

Eine Lösung: Eine gesunde Theologie über Sex
Unsere ganzen schwerwiegenden Probleme mit Sex im Internet
weisen eine Gemeinsamkeit auf: Es fehlt eine »Sex-Theologie«. Sie
helfen Ihren Kindern sehr, wenn Sie sie eine gesunde Sex-Theologie
lehren. Die menschliche Sexualität und Sex sind gute Gaben von
Gott. Ja, Sex ist gut! Die Ehe ist der Rahmen, den Gott dafür vorgesehen hat, um unsere Sexualität auszuleben. Die Ehe wird durch
Sex vollzogen, seine Hauptfunktion ist die Fortpflanzung, aber es
ist auch eine Art, um unserem Ehepartner unsere Liebe zu zeigen.
Und Sex dient dem Genuss und Glücksgefühlen. Die Sünde entwür-
digt und verzerrt die Sexualität durch Begierde und Wollust. Das
geschieht, wenn Sex mit Gewalt, Missbrauch und Vergewaltigung
einhergeht und durch Internetpornografie. Sex in der Ehe formt den
Charakter, weil die Partner lernen müssen, manchmal die eigene
Befriedigung aufzuschieben, und sich bemühen, ihrem Ehepartner
sexuelle Befriedigung zu schenken. Die Initiative für Sex-Theologie
des amerikanischen Verbands der Evangelikalen drückt es so aus:

Gott hat uns eine wunderbare Gabe geschenkt, als er uns als
sexuelle Wesen schuf. Obwohl unser Bild von Sexualität und

unsere sexuellen Erfahrungen durch die Sünde verzerrt sind und sie unvollkommen zum Ausdruck gebracht wird, ist es unsere Aufgabe, der Sexualität das erlösende Licht des Evangeliums zu bringen. Deshalb befürworten und suchen wir eine Sexualität, die Freude bringt, die nicht ausbeutet, die respektvoll ist und die Gottes schöpferischer Absicht entspricht.[89]

Die Zeit ist gekommen, die Gelegenheit zu ergreifen und auf Grundlage der Bibel eine Theologie von Gottes Absichten für unsere Sexualität zu vertreten und zu leben.

Cyberstalking

Es gibt zwar keine allgemein anerkannte Definition für das Wort *Cyberstalking*, aber es beschreibt allgemein die Nutzung des Internets und von E-Mails oder anderen elektronischen Kommunikationsmitteln, um einem anderen Menschen nachzustellen. Beim Stalking ist allgemein eine Form der Belästigung oder bedrohliches Verhalten zu beobachten. Es wird oft wiederholt, was in einigen Fällen dazu geführt hat, dass das Opfer sich das Leben genommen hat. Meistens steckt ein Groll oder der Wunsch nach Rache hinter dem Stalking, oder der Stalker tut es nur, weil es ihm Spaß macht.

Es gibt zwar Gesetze zum Schutz von Kindern vor Nachstellungen im Internet, besonders vor Sexualstraftätern, aber Stalking ist zum größten Teil eher lästig als kriminell und grenzt nur an strafbares Verhalten. Das kann für Eltern, die versuchen, ihre Kinder zu schützen, ein Problem darstellen, da sie keine Rechtsmittel einsetzen können. Deshalb müssen Eltern diese Sache ernst nehmen und versuchen, selbst eine Lösung zu finden.

Das Internet lädt zu diesem Verhalten ein, weil es leicht zugänglich ist und man hier anonym bleiben kann. Man ist auch an kein Land gebunden. Cyberstalking folgt oft nach einem früheren Kontakt zwischen den zwei Seiten, kann aber auch anonym durch eifersüchtige Freunde oder vollkommen fremde Personen geschehen, die eine gemeine Ader haben und Spaß daran finden, andere zu verletzen. Der Stalker kann ein sehr stark gestörter Mensch sein. Versuchen Sie also nicht, ihn selbst zur Rede zu stellen. Nehmen Sie die Hilfe in Anspruch, die Sie von der Schule oder anderen Stellen bekommen können. Und vergessen Sie nicht, dass ein Stalker seine Identität verbergen oder sich sogar hinter der Identität eines anderen verstecken kann.

Melden Sie Stalkingfälle dem entsprechenden Internetdienst, suchen Sie professionelle Hilfe für das Familienmitglied, das dem Cyberstalking zum Opfer gefallen ist, und berichten Sie jede entsprechende Belästigung der Polizei. Falls Ihr Kind von jemandem aus der Schule belästigt wird, müssen Sie es der Schule melden. Selbst wenn der Stalker oder seine Eltern eine Drohung als harmlos abtun, kann sie verheerende Folgen für die Opfer haben, wie wir schon bei jungen Menschen gesehen haben, die Selbstmord begingen, weil sie von Stalkern belästigt wurden. Niemand sollte ein so grausames Verhalten erdulden müssen.

Alle Zeichen deuten darauf hin, dass Cyberstalking ein immer größeres Problem ist. Wir werden es also leider in der Zukunft noch viel öfter erleben.

Cybermobbing

Eng verwandt mit dem Problem Cyberstalking ist das sogenannte *Cybermobbing*. Cybermobbing geschieht meistens bei Kindern. Ein Kind oder Jugendlicher wird von einem anderen Kind belästigt, gedemütigt oder bloßgestellt. Feiglinge können sich bei dieser Form des Mobbings auch beteiligen, weil es aus sicherer Entfernung geschieht.

Das Opfer von Cybermobbing zu sein, kann tief greifende Verletzungen anrichten. Cybermobbing kann im Innenleben eines Kindes unauslöschliche Spuren hinterlassen, sein Selbstwertgefühl untergraben und viele Ängste schaffen. Oft kann ein Kind in einem Moment Opfer sein und im nächsten Moment selbst ein anderes

Kind mobben. Kinder wechseln oft die Rollen und sind abwechselnd Opfer und Täter.

Im Gegensatz zu körperlichen Schikanen, bei denen ein stärkeres, herrschsüchtigeres Kind normalerweise versucht, ein schwächeres Kind zu dominieren oder zu bestrafen, kann Cybermobbing durch eine schwächere Person geschehen, die sich hinter dem Schutz eines Computers oder des Internets versteckt. Diese Person kann ihre Identität verbergen. Dadurch hat das Opfer keine Ahnung, von wem es gemobbt wird.

Im Gegensatz zu körperlichen Schikanen können digitale Mobber praktisch anonym bleiben, indem sie vorübergehende E-Mail-Konten, Pseudonyme in Chatrooms oder Instant Messaging-Programme verwenden, um ihre Identität zu verbergen. Damit kommt ein Kind um rechtliche und soziale Folgen herum.

Cybermobbing kann so einfach sein wie jemandem, von dem man sich abgelehnt fühlt, ständig lästige E-Mails oder SMS-Nachrichten zu schicken. Aber es kann auch Drohungen, sexuelle Bemerkungen, Beschimpfungen und hasserfüllte Bemerkungen enthalten. Manchmal verbündet sich eine Gruppe gegen ein Opfer und macht es zur Zielscheibe von Spott und verbreitet falsche Aussagen über den anderen im Internet. Das Ziel dabei ist fast immer, das Opfer zu demütigen.

Wie weit verbreitet ist Cybermobbing? Eine Untersuchung von Harris Interactive 2006 stellte fest, dass 43 Prozent der amerikanischen Jugendlichen im Jahr zuvor eine Form von Cybermobbing erlitten hatten.[90] Das ist fast jedes zweite Kind. Ein ausgezeichnetes Buch zu diesem Thema, das wir empfehlen, hat den Titel *Cybersafe* und wurde von der Amerikanischen Akademie der Kinderärzte herausgegeben und von Gwenn Schurgin O'Keefe, MD, verfasst.[91]

Glücksspiele im Internet

Es ist besorgniserregend, wie viele Formen von Glücksspielen jetzt im Internet zur Verfügung stehen, und wie leicht man über sein

Smartphone überall Wetten abschließen kann, einschließlich Poker, Sportwetten, Bingo, Lotterien und Pferderennen. Jede Form von Glücksspielen, die es gibt, ist jetzt im Internet verfügbar.

Mobiles Glücksspiel über Computer und Smartphones macht es Glücksspielern möglich, zu spielen, während sie im Park spazieren gehen oder im Bus zur Arbeit fahren. Geld wechselt problemlos den Besitzer und im Großen und Ganzen werden keine Steuern erhoben. Die meisten amerikanischen Banken verbieten zwar, dass ihre Bankkarten für Internet-Glücksspiele benutzt werden, aber es gibt genügend andere Dienste, die Geldüberweisungen leicht machen.

Bei den Recherchen zu diesem Thema waren wir ziemlich besorgt, als wir feststellten, wie leicht man an Internet-Glücksspiele herankommt, und wie viele Menschen, die früher nie etwas mit Glücksspielen zu tun hatten, jetzt regelmäßig spielen. Viele sind möglicherweise auf dem besten Weg, spielsüchtig zu werden!

Schätzungen über die Zahl der Menschen, bei denen eine Glücksspielsucht diagnostiziert wurde, sind schwer zu finden. Sie bewegt sich in den USA wahrscheinlich irgendwo zwischen zwei und fünf Prozent der Bevölkerung. Das klingt vielleicht nach einem kleinen Prozentsatz, aber in reellen Zahlen sind das viele Millionen Menschen, die allein in den USA betroffen sind. Obwohl mehr Männer als Frauen an krankhafter Spielsucht leiden, entwickelt sich bei Frauen diese Sucht schnell und sie können in naher Zukunft die Männer sogar leicht überholen. Männer neigen dazu, diese Sucht als Jugendliche zu entwickeln, während Frauen sie eher später und viel schneller entwickeln als Männer.

Wir glauben, dass Internet-Glücksspielsucht zerstörerisch für Familien ist, und haben bei unseren Klienten die Folgen für die Familien erlebt. Was ist die Ursache für diese Sucht? Das Glückssystem des Gehirns und das Hormon Dopamin sind offenbar daran beteiligt, und genauso wie bei den anderen Süchten sieht unsere Gesellschaft bis zu einem gewissen Grad darüber hinweg.

Glücksspiel ist nicht nur das Problem eines Einzelnen, es hat auch Folgen für die ganze Familie. Dabei geht es nicht nur darum, dass die Familienfinanzen verspielt werden. Die Statistik deutet darauf hin, dass in Familien von Glücksspielsüchtigen, einschließlich Internet-Süchtigen, die Gefahr von häuslicher Gewalt und Kindesmissbrauch steigt. Kinder von Glücksspielsüchtigen haben eine wesentlich höhere Anfälligkeit für Depressionen, Verhaltensstörungen und Drogenmissbrauch.[92] Leider spricht diese Sucht nicht gut auf Behandlungen an, und zwei Drittel der Menschen, die wegen einer Glücksspielsucht eine Behandlung beginnen, brechen die Behandlung vorzeitig ab. Dabei macht es keinen Unterschied, ob die Behandlung Medikamente, Psychotherapie oder beides einschließt. Es ist schwer, diese Gewohnheit zu überwinden.

Internet-Glücksspieler wehren sich genauso sehr dagegen, eine Behandlung zu beginnen, wie andere Glücksspieler. Im Gegensatz zu Drogen- oder Alkoholsucht, durch die man seine Arbeitsstelle verlieren kann, ist die Bedrohung bei Glücksspielsucht nicht so offensichtlich und wird deshalb leichter ignoriert. Wenn man im Internet seine Glücksspielsucht auslebt, kann man ein Maß an Solidität erhalten, weil es nicht öffentlich geschieht, während Drogen- oder Alkoholsucht oft in der Öffentlichkeit sichtbar wird. Obwohl es keine standardisierte Behandlung von krankhafter Glücksspielsucht gibt, ist es für viele hilfreich, sich den Anonymen Spielern (Gamblers Anonymous, GA) anzuschließen. Genauso wie beim Alkohol braucht man eine sehr starke Unterstützung, um den Ausstieg zu schaffen. Der Ausstieg aus jeder Sucht gelingt besser, wenn man gleichzeitig die Hilfe eines ausgebildeten Therapeuten in Anspruch nimmt. Wenn also irgendjemand in Ihrer Familie internetspielsüchtig ist, sollten Sie dafür sorgen, dass er einen erfahrenen Therapeuten aufsucht, der bei der Behandlung von Spielsucht kompetent ist.

Internet-Videospielsucht

Internetspielsucht hat eine gewisse Ähnlichkeit mit krankhaftem Glücksspiel, aber da viele es als eine Form der Unterhaltung sehen, ist es nicht so anstößig. Die Sucht wird vielleicht über das Internet ausgelebt, aber viele Videospiele sind durch Spielekonsolen wie

Xbox und PlayStation leicht zugänglich; man braucht dafür also keinen Internetzugang. Diese Videospieltechniken sind inzwischen fest in der kulturellen Identität der Jugendlichen verankert. Während wir dieses Buch schreiben, spielen schätzungsweise 95 bis 97 Prozent unserer Jugendlichen die verschiedensten Videospiele. Videospielsucht ist die übermäßige Beschäftigung mit Videospielen in einem so großen Maß, dass es ins tägliche Leben eingreift. Spielsucht ist eine Form der Impulskontrollstörung. Menschen mit dieser Störung können dem Drang, ein Verhalten auszuleben, das ihnen selbst oder anderen schadet, nicht widerstehen und sind anfällig für andere Süchte wie Alkohol- und Drogenmissbrauch, Essstörungen und Glücksspielsucht. Ihr Impuls, diese Spiele zu spielen, ist sehr stark. Teenager sind am anfälligsten für Spielsucht. Ihr Bedürfnis zu spielen kann so zwanghaft werden, dass es für sie selbst oder für andere zwanghaft wird.

Die Symptome sind ähnlich wie bei anderen psychischen Abhängigkeiten. Einige spielen viele Stunden am Tag, vernachlässigen die Körperhygiene und gehen so in ihren Spielinteraktionen auf, dass sie ignorieren, was in ihrem echten Leben geschieht. Es wird von Fällen berichtet, bei denen die Spieler sich für lange Zeitspannen von ihrer Familie und ihren Freunden oder von jeder Form sozialer Kontakte isolieren. Das Spielen stört ihr Schlafverhalten. Sie konzentrieren sich vollständig auf ihre Spielerfolge statt auf andere Ereignisse in ihrem Leben. Als Folge davon verliert der Spieler an Kreativität und kann sehr launisch werden, wenn er nicht spielen kann. Wie schon erwähnt, gibt es Fälle, in denen junge Menschen in südkoreanischen Spielhallen tot über ihren Spielkonsolen lagen.

Was löst Spielsucht aus? Wieder spielt das Glücks- und Belohnungssystem des Gehirns eine große Rolle, da es beim Spielen starke euphorische Gefühle auslöst. Das erklärt auch, warum es so süchtig macht. Spielen erzeugt für den Spieler eine Scheinwelt und bietet ihm eine Flucht aus der echten Welt. Im Fall eines Spielers in China, der Selbstmord beging, wurde der Leiter einer Softwarefirma mit folgenden Worten zitiert: »In der hypothetischen Welt, die durch solche Spiele geschaffen wird, bekommen sie Selbstvertrauen und

Befriedigung, die sie in der echten Welt nicht bekommen.«[93] Motivationspsychologen sind außerdem der Überzeugung, dass viele Videospiele grundlegende psychische Bedürfnisse stillen und dass Spieler oft wegen der Belohnung und des Kontakts, der zu anderen Spielern entsteht, weiterspielen.[94] Erst vor Kurzem hat CNN gemeldet, dass »Spielfähigkeit eine Grundvoraussetzung und keine nette Zusatzoption bei mobilen Geräten«[95] ist. Über 60 Prozent der Benutzer spielen regelmäßig Spiele an ihren Mobilgeräten.

Spielsuchtrisiko

Eltern muss bewusst sein, dass die Hersteller dieser Videospiele sie bewusst so konzipieren, dass sie sehr stimulierend sind und das Adrenalin erhöhen. Bei manchen Videospielen dauert es vierzig Stunden, bis das Spiel beendet ist. Andere Spiele wie die Massen-Multiplayer-Online-Rollenspiele (Massively Multiplayer Online Role-Playing Games, abgekürzt: MMORPG) sind interaktiv und basieren auf unvorhersehbaren Szenarien. Diese Spiele stellen die größte Herausforderung dar, da sie am stärksten süchtig machen. Das hat zu einem neuen Phänomen bei jungen Männern geführt: einer starken Unselbstständigkeit. Spielsucht trägt viel dazu bei. Eine Coaching-Organisation namens Forte Strong, die ein Programm gegen diese Unselbstständigkeit anbietet, sagt: »Junge Männer werden von Videospielen und dem Internet erzogen. Manchmal wird es eine Sucht und manchmal hält es diese Männer einfach davon ab, in die echte Welt hinauszugehen, um mit anderen Menschen Gemeinschaft zu haben, sich eine Arbeit zu suchen und wertvolle Fertigkeiten zu erlernen, die ihnen helfen, selbstständig zu werden.«[96]

Das Gespräch mit Ihrem Kind ist der Schlüssel, um es dazu zu erziehen, sich gesündere Spielgewohnheiten anzueignen. Informieren Sie Ihr Kind über die Suchtgefahr dieser Spiele und helfen Sie ihm, seine Spielzeit einzugrenzen.

Für Länder wie Südkorea und China ist Spielen zu einem ernsthaften Problem geworden. Südkorea musste Behandlungszentren für Videospielsüchtige einrichten,[97] um dieser Krise Herr zu werden. Es kann gut sein, dass in Ländern wie den USA dieser Schritt auch bald folgen muss. Für Eltern, die Hilfe brauchen, weil ihre Kinder extreme Videospieler sind, empfehlen wir »Online Gamers Anonymous«. Hier wird ein erprobtes Zwölf-Schritte-Programm zur Selbsthilfe, Unterstützung und Befreiung für Spieler eingesetzt, die an den negativen Folgen von exzessivem Spielen leiden. Diese Organisation setzt auch verschiedene Mitteilungsforen, tägliche Online-Chatrooms, ein Samstags- und Mittwochstreffen und andere Hilfen ein, um von der Spielsucht freizukommen. Vergleichbar in Deutschland sind die »Anonymen Spieler« (www.anonyme-spieler.org).

GamingAddiction.net wurde 2011 ins Leben gerufen, um den verantwortlichen Umgang mit Internetspielen, Internetglücksspielen und Fantasysport zu fördern.[98] Hier finden Spieler und Menschen, denen sie am Herzen liegen, Umfragen und Untersuchungen. Auf dieser Seite findet man eine einfache, dreigliedrige Herangehensweise an verantwortliches Spielen:

Verstehen, was Spielen ist.

Probleme lösen, die durch exzessives Spielen entstehen.

Die Lösung in die Tat umsetzen und ein gesünderes Leben frei von Spielsucht führen.

Suchtgefahr bei Videospielen

Kevin Roberts, in Amerika anerkannter Experte für Videospielsucht und Autor des Buches *Cyber Junkie: Escaping the Gaming and Internet Trap*, ordnet auf der Grundlage seiner Erfahrungen mit Therapiegruppen für Internetsüchtige, die darum kämpfen, ihr Leben wieder in den Griff zu bekommen, einige bekannte Spiele anhand der folgenden Bewertungsskala ein. Die Suchtgefahr reicht von 1 bis 10, wobei 10 die höchste Gefahr darstellt.[99]

- *Puzzlespiele*:
  Tetris, Solitär, FreeCell — Suchtgefahr: 2
- *Körperliche Simulation*:
  Dance Dance Revolution und Gitarrenheld — Suchtgefahr: 2
- *Althergebrachte Spiele*:
  Nintendo 64, PlayStation 1, Segas Dreamcast — Suchtgefahr: 3
- *Lernspiele*:
  TheorySpark, Gettysburg!, Total War — Suchtgefahr: 4
- *Manager- und Wirtschaftssimulationsspiele*:
  Black & White, RollerCoaster Tycoon — Suchtgefahr: 5
- *Ego-Shooter-Spiele*:
  Counter-Strike, Halo und Call of Duty — Suchtgefahr: 7
- *Echtzeitstrategiespiele*:
  Command & Conquer, Age of Empires, Empire Earth — Suchtgefahr: 7
- *Die Narkotika der Spielewelt* — MMORPGs
  (Massively Multiple Online Role-Playing):
  RuneScape — Suchtgefahr: 7,
  World of Warcraft — Suchtgefahr: 10

Virtuelle Welten

In ihrem Buch *Alone Together* begründet Sherry Turkle, Professorin für Sozialwissenschaften am Massachussetts Institue of Technology, eingehend, dass sich die Technik als »Architekt unserer Vertrautheit« darstellt.[100] In gewissem Sinn gibt sich die digitale Welt als Ersatz für die Realität aus und lässt »virtuelle Welten« zu, in denen man einen Avatar (ein computergeneriertes falsches Ego) schaffen kann oder ein imaginäres soziales Leben vorgaukelt. Im Internet kann man sogar ein »virtuelles Baby« großziehen, das Sie aufweckt, etwas zu essen verlangt und genauso weint wie ein echtes Baby. Ein kürzlich veröffentlichter Bericht schildert, dass ein Paar in Südkorea, das ein solches virtuelles Baby übernommen hat, die meiste Zeit damit verbrachte, sich um das virtuelle Baby zu kümmern, während ihr echtes Baby im Zimmer nebenan allein gelassen und vernachlässigt wurde, bis es schließlich starb.

Dr. Turkle erklärt, dass viele Menschen einen Ort suchen, an dem sie ihren Körper lieben, ihre Freunde lieben und ihr Leben lieben können. Das einzige Problem, wenn sie diesen Ort im Internet finden, ist, dass alles nur »virtuell« ist und nicht echt. Ein Beispiel für diese extreme Form der Flucht vor der Realität ist in der Bewegung, die sich Second Life (Zweites Leben) nennt, zu beobachten, einer virtuellen Internetwelt, die im Juni 2003 gestartet wurde.[101] Eine Reihe freier »Zuschauer« ermöglicht Second-Life-Nutzern (sogenannte »Bewohner«), mit anderen durch »Avatars« (die grafische Darstellung ihrer Person in einer Figur, die sie selbst schaffen) zu interagieren. Die Bewohner erforschen dann die Welt (das sogenannte »Grid«) und treffen andere Bewohner, mit denen sie Kontakte knüpfen oder an Gruppenaktivitäten teilnehmen. Das alles soll einem Menschen helfen, das Ideal der Person zu werden, nach der er sich sehnt. Zum Beispiel können Menschen sich klüger, reicher, attraktiver, größer/kleiner, jünger, dünner und geliebter machen. Second Life ist für Menschen ab sechzehn gedacht. 2011 hatte es ungefähr eine Million aktive Nutzer. Einigen gelingt es vielleicht, es eine Weile als Spiel zu betreiben und dann in die Realität zurückzukehren und sich ihr zu stellen. Das Problem ist aber, dass viele nicht in die Realität zurückkehren, und das hat verheerende Folgen. Wir müssen darüber hinaussehen, wie wir unsere Computer heute nutzen, und erforschen, wie die digitale Welt unser Leben in der Zukunft beeinflusst. Bei allem gebührenden Respekt vor Second-Life-Spielern, sie müssen trotzdem in der realen Welt ihre Kinder erziehen, zur Arbeit gehen und sich ihren Lebensunterhalt verdienen. Wir brauchen eine digitale Welt, die uns helfen kann, in der Realität zurechtzukommen und uns zu entfalten, und dürfen nicht nur unsere Unterhaltung suchen. Unser »erstes Leben« ist immer noch das beste Leben!

Was erwartet uns in der Zukunft?

Wir haben uns nur auf einige der schwerwiegendsten Probleme der Cyberwelt konzentriert, mit denen wir heute konfrontiert werden, aber wenn man sieht, wie schnell sich diese Probleme entwickelt haben, ist damit zu rechnen, dass wir in der Zukunft noch mehr Probleme bekommen werden. Während das heutige Internet sich mit immer schnelleren Verbindungen und wachsenden Internetnutzerzahlen rapide ausbreitet, überrascht es nicht, dass uns bald der »internetfreie Raum« ausgeht.

Was bedeutet das alles auf persönlicher Ebene? Das hängt ganz davon ab, in welchem Umfang wir als Eltern, Lehrer, gesellschaftliche und politische Führungspersonen auf die Zukunft unserer digitalen Welt reagieren und sie gestalten. Wohin steuern wir? Am Ende dieses Kapitels wollen wir einige Trends, die wir beobachten, beleuchten und laden Sie ein, sich darüber Gedanken zu machen und wachsam und vorsichtig im Umgang mit der digitalen Welt zu sein.

Trend 1: Staatliche Stellen machen sich immer mehr Sorgen über unsere Sicherheit auf nationaler und auf persönlicher Ebene. Wir müssen beim Versenden persönlicher und finanzieller Informationen über das Internet vorsichtiger sein. Sicherheit und Privatsphäre sind die unmittelbaren, kurzfristigen Herausforderungen, vor denen wir heute stehen. Bei der Dezentralisierung des globalen Netzes ist nichts mehr privat, wenn wir nichts unternehmen, um unsere Informationen zu schützen.

Trend 2: Die Verbreitung des Internets fördert das Einkaufen über das Internet. In den kommenden Jahren werden immer mehr Menschen den e-Commerce nutzen. Wir rechnen damit, dass der Tag kommen wird, an dem Geschäfte, wie wir sie kennen, irrelevant sein werden. Die meisten Einkäufe können online getätigt werden und die Waren werden nach Hause geliefert. Das klingt zwar nach einer guten Sache, aber es erfordert noch mehr Wachsamkeit, um unsere persönliche Identität zu schützen und Identitätsdiebstahl zu verhindern.

Trend 3: Die Digitaltechnik breitet sich auch auf unsere Autos und andere Fortbewegungsmittel aus. Ford hat bereits eine Reihe von Geräten angekündigt, die dem Fahrer zur Verfügung stehen, darunter die Fähigkeit von Ford SYNC, die Datenverbindung eines Handys in einen WLAN-Hotspot umzuwandeln. Mit MobileEase schaltet das Audiosystem des Fahrzeugs automatisch auf stumm, wenn ein Anruf gestartet oder empfangen wird, und die moderne Stimmenerkennungstechnik macht es Fahrern und Beifahrern möglich, mit einfacher Sprachsteuerung Verbindungen herzustellen. Staatliche Stellen äußern bereits Bedenken, da es beim Autofahren ablenkt. Wir haben schon genug Mühe, Simsen während des Autofahrens zu unterbinden; und es sieht so aus, als lägen noch viele andere Kämpfe wegen Ablenkungsgefahren durch das Internet vor uns.

Trend 4: Laut Bill Gates werden die Menschen in den kommenden Jahren zunehmend über Computer und andere digitale Geräte miteinander kommunizieren und sich unterhalten lassen.[102] Damit diese digitalen Aktivitäten sicher sind, müssen wir das Internet so sicher wie möglich machen. Das ist eine langfristige Herausforderung, und wir werden auf diesem Weg unweigerlich viele Fehler machen. Einige Fachleute auf dem Gebiet der Internetsicherheit und Internetprivatsphäre glauben: ES GIBT KEINE PRIVATSPHÄRE. Steve Rambam, ein Privatdetektiv, der sich auf die Privatsphäre im Internet spezialisiert hat, sagt: »Die Privatsphäre ist tot. Finden Sie sich damit ab.«[103] Wenn wir ignorieren, dass es im Internet keine Privatsphäre gibt, hat das schwerwiegende Folgen für die Zukunft.

Was wir tun können

Am Anfang dieses Kapitels sagten wir, dass die Internetpornografie die größte Bedrohung unserer digitalen Invasion sei. Wir glauben, dass die Zeit kommt, in der Ihr Smartphone, Tablet und dergleichen einen Warnhinweis haben wird: »Exzessive Nutzung dieses Digitalgeräts kann schädlich für Ihre Gesundheit sein.«

Diese Invasion hat verheerende Folgen für unsere Ehen und Familien, und wir möchten Sie auffordern, pro-aktiv damit umzugehen. Die große Mehrheit der erwachsenen Pornosüchtigen kam im Jugendalter das erste Mal mit Pornografie in Kontakt und wurde abhängig. Ein Internet-Kontroll-Tool wie Covenant Eyes, das Sie auf allen Digitalgeräten Ihrer Familie installieren können, könnte einen dringend benötigten Schutz bedeuten. Covenant Eyes verfolgt die Internetseiten, die Sie besuchen, und sendet einen Bericht an eine Kontrollinstanz, die Sie selbst bestimmen.

Meine (S. Frejds) Familie hat dieses Tool installiert und wir schätzen es. Die dadurch gewährleistete Internet-Transparenz ist die beste Verteidigung gegen diesen gefährlichen Angriff auf Sie und Ihre Familie. Als Eltern sollten Sie diejenigen sein, die Ihre Kinder über Sex, Liebe und Beziehungen aufklären. Den wichtigsten Einfluss auf das Sexualleben und die Einstellung und das Verhalten Ihrer Kinder haben Sie.

Gesprächsimpulse

- Sprechen Sie über Josh McDowells Aussage am Anfang dieses Kapitels, dass »die größte Bedrohung für den Leib Christi, für die Gemeinde, für Familien und für den einzelnen Christen die um sich greifende, zerstörerische Pornografie ist, die durch das Internet leicht zugänglich ist«. Stimmen Sie dieser Aussage zu oder widersprechen Sie ihr?
- Haben Sie in Ihrer Familie oder in der Familie eines Freundes »Sexting« erlebt? Wie wurde damit umgegangen und was kam dabei heraus?
- Welche Erfahrungen haben Ihre Familie oder die Familien Ihrer Freunde mit Cybermobbing gemacht?
- Hat irgendeine Form von Videospielen Einfluss auf Ihre Familie oder enge Freunde? Um was für ein Spiel handelt es sich und was daran stört Sie?
- Stimmen Sie zu, dass Internetglücksspiele eine Familie genauso zerstören können wie regelmäßiges Glücksspiel? Warum?
- Welcher der künftigen Trends in der digitalen Welt, die wir am Ende dieses Kapitels genannt haben, bereitet Ihnen die größten Sorgen? Warum?

7
Internetsucht überwinden

Früher hatte ich ein Leben ... jetzt habe ich einen Computer.

Autor unbekannt

Einen Abend im World Wide Web zu verbringen ist so ähnlich, wie wenn man sich zu einem Essen aus Erdnussflips an den Tisch setzt ... zwei Stunden später hat man klebrige Finger und keinen Hunger mehr, aber man hat nichts Vernünftiges im Bauch.

Clifford Stoll

Als wir anfingen, dieses Kapitel zu schreiben, wurde gerade ein beunruhigender Bericht auf CNN.com mit dem Titel »Ist das Internet schädlich für Kinder?« veröffentlicht. Darin heißt es:

Die explosionsartige Zunahme von sozialen Medien, Smartphones und digitalen Geräten verändert das Leben unserer Kinder in der Schule und zu Hause. Forschungen ergeben, dass auch schon die Jüngsten mit Tablets und Smartphones ins Internet gehen und Apps herunterladen. Consumer Reports berichtete im letzten Jahr, dass über 7,5 Millionen amerikanische Kinder unter 13 Jahren auf Facebook sind, obwohl die Nutzer theoretisch mindestens 13 sein müssen, um einen Account eröffnen zu dürfen. Niemand hat eine Ahnung, was diese Nutzung der ganzen Medien und der Technik für unsere Kinder bedeutet.[104]

In dem Bericht heißt es weiter, dass unsere Kinder schon im Alter von zwei Jahren zu neunzig Prozent eine »Online-Geschichte« haben. Mit fünf Jahren spielen über fünfzig Prozent regelmäßig mit einem Computer oder Tablet-PC, und mit sieben oder acht Jahren spielen die meisten Kinder regelmäßig Videospiele. Deshalb verwundert es nicht, dass wir uns große Sorgen darüber machen müssen, wie süchtig die Cyberwelt unsere Kinder und Jugendlichen machen kann. Teenager versenden durchschnittlich 3300 SMS-Nachrichten im Monat. Außerdem verbringen unsere über zehn Jahre alten Kinder mehr Zeit in den digitalen Medien als mit ihren Eltern und Lehrern.

Gibt es Internetsucht überhaupt?

Internetsucht ist wahrscheinlich die häufigste und am schnellsten wachsende Sucht unserer modernen Zeit. Die Verwendung, die übertriebene Nutzung und der Missbrauch des Internets gehören zu den Bereichen der psychologischen Untersuchungen, auf die in den letzten zehn Jahren das stärkste Augenmerk gelegt wurde. Jeder läuft Gefahr, von seinem Digitalgerät abhängig zu werden und in eine übermäßige Nutzung der Cyberwelt hineinzurutschen, die so weit gehen kann, dass es eine Sucht wird. Abhängigkeit von einer bestimmten Form der Internetnutzung durch unsere Jugendlichen ist schwer fassbar, sie wird kaum verstanden und weithin ignoriert, und ihre Langzeitfolgen werden von den meisten nicht beachtet. Millionen Menschen versenden jeden Tag Milliarden Nachrichten und Meldungen, es wird also zunehmend schwierig, zu erkennen, wo die Grenze zwischen normaler Kommunikation und zwanghafter, süchtiger Kommunikation liegt.

Um bei unserer Untersuchung von digitalen Abhängigkeiten objektiv zu sein, möchten wir mit folgender Frage beginnen: Gibt es wirklich so etwas wie Internetsucht oder digitale Abhängigkeit? Sollten wir das Wort »Sucht« nicht für Alkohol, Kokain oder andere Arten von Drogenmissbrauch reservieren?

Es gibt viele andere technische Ablenkungen außer dem Internet und unserer digitalen Welt, die in der Vergangenheit als süchtig machend eingestuft wurden. Das naheliegendste Beispiel ist das Fernsehen. Als es eingeführt wurde, äußerten viele ihre Bedenken, dass es süchtig machen könnte. Die Kritiker der Internetsucht argumentieren jetzt, da wir uns an die weitverbreitete Nutzung des Fernsehens gewöhnt haben, werde sich auch die Beschäftigung mit dem Internet bald beruhigen und mit der Zeit eine weitere harmlose Form der Unterhaltung werden.

Die lautesten Kritiker der »Internetsucht-Theorie« sind diejenigen, die im Internet aufleben. Sie leben in ihren E-Mails, SMS-Nachrichten, Smartphones, Facebook und Spielen auf und wollen nicht als »Süchtige« bezeichnet werden. In gewissem Sinn haben sie recht. Vieles, was unsere Jugendlichen im Internet machen, hat nichts mit Sucht zu tun, selbst wenn sie es exzessiv betreiben. Wir müssen aufpassen, wie weit wir das Netz der Internetsucht spannen. Die nächste Frage, die sich dadurch zwangsläufig ergibt, lautet: Wie viel Internetaktivität ist nötig, um süchtig zu werden? Wo ist die Grenze zwischen exzessiver und normaler Internetaktivität?

Was ist Sucht?

Zuerst müssen wir klären, was das Wort *Sucht* wirklich bedeutet. 1990 schrieb ich (A. Hart) ein Buch mit dem Titel *Healing Life's Hidden Addictions* (Die verborgenen Abhängigkeiten des Lebens heilen).[105] Ich schrieb das Buch zu einer Zeit, in der es eine größere Kontroverse darüber gab, ob Verhalten süchtig machen kann. Viele Ärzte, die auf Suchterkrankungen spezialisiert sind, behaupteten, dass nur Drogen und Alkohol süchtig machen könnten, aber nicht ein bestimmtes Verhalten. Auf der anderen Seite vertraten Verhaltensforscher den Standpunkt, dass bestimmte Verhaltensweisen süchtig machen könnten. Sie gingen ein wenig zu weit und behaupteten, dass jeder von irgendetwas abhängig wäre. Sie zählten Beispiele auf wie Einkaufssüchtige, Golfsüchtige, Joggingsüchtige und Eltern, die süchtig auf ihre eigenen Kinder sind. Selbst sich zu verlieben, wurde von einigen als eine Sucht betrachtet. Das Bedürfnis, in fast jedem Verhalten eine potenzielle Sucht zu sehen, war unlogisch und klang für viele trivial, lächerlich und für diejenigen, die an »echten« Abhängigkeiten leiden, sogar abwertend. Mein Buch war ein Versuch, diese gegensätzlichen Meinungen zu versöhnen und klarzustellen, was eine richtige Sucht wirklich ist.

Wir sehen Sucht als eine komplexe Interaktion von psychischen, biologischen, neurologischen und geistlichen Faktoren. Mit anderen Worten, sie wird nicht nur durch ein Verhalten oder eine chemische Substanz ausgelöst, sondern durch eine Kombination aus beiden. Alkoholiker werden Ihnen sagen, dass sie von dem verrauchten Pub, der sozialen Umgebung und der Atmosphäre genauso abhängig sind wie vom Alkohol selbst. Einige Mittel wie Kokain können leicht zu einer Abhängigkeit führen, aber viele Verhaltensweisen können das auch. Wenn eine Verhaltensweise süchtig macht, spricht man von einer »Prozess-Sucht«, weil nicht ein Mittel, sondern ein »Prozess« zur Sucht führt.

Das perfekte Beispiel für eine solche Sucht ist die Glücksspielsucht. Wie ich in meinem Buch zu zeigen versuchte, ist bei einem Verhalten zwar nicht die Einnahme eines Mittels nötig, um ein Suchtverhalten auszulösen, aber das Verhalten selbst setzt einen chemischen Stoff im Gehirn frei, der die Abhängigkeit erleichtern oder verstärken kann. Ein Beispiel, das ich hier oft zitiere, ist »Adrenalinsucht«. Bestimmte hoch stimulierende oder gefährliche Aktivitäten wie Bungeejumping können eine starke Adrenalinausschüttung auslösen, ein Erlebnis, das als aufregend und angenehm empfunden wird. Wenn es wiederholt wird, kann es zu einer Abhängigkeit sowohl von dem Verhalten als auch von dem Hormon Adrenalin kommen. Menschen, die immer auf der Suche nach dem neuesten Kick sind, bewerten dieses Phänomen als gut, weil der Adrenalinanstieg sehr angenehm ist und unser Glückssystem in Gang setzt. Wenn es zu sehr stimuliert wird, kann das Dopaminsystem des Gehirns, der Botenstoff, der das »Glückssystem« des Gehirns in Gang setzt, eine Abhängigkeit von dem Verhalten, das es auslöst, erzeugen.[106]

Wir wissen, dass das Gehirnhormon Endorphin beim Langstreckenlauf ausgeschüttet wird. Es vermittelt dem Läufer Glücksgefühle, weil die Funktion des Endorphins darin besteht, Schmerzen auszusperren. Die Überschwemmung mit Endorphin ist die Hauptursache für »Joggingsucht«.

Zusammengefasst würden wir sagen, dass unserer Meinung nach die Verhaltensweisen, die an vielen digitalen Aktivitäten beteiligt sind, zu einem Suchtverhalten führen können.

Die Realität von digitalen Abhängigkeiten

Die Schlagzeile auf dem Titelblatt der Zeitschrift *Newsweek* im Juli 2012 lautete: »iCrazy: Angstzustände. Depressionen. Psychosen. Wie die Internetsucht unser Gehirn neu vernetzt«.[107] Der Artikel führt aus, dass der Gehirnscan von Internetsüchtigen viel Ähnlichkeit mit dem Gehirnscan von Drogen- und Alkoholabhängigen aufweist. Unsere digitalen Geräte wirken wie elektronisches Kokain auf das Gehirn.

Diese Sucht ist kein neues Phänomen. 1995, noch in der ersten Zeit der Computerentwicklung und der Ausbreitung des Internets, wurde bereits die Sorge geäußert, dass es süchtig machen könnte. Ein prominenter Fachmann auf diesem Gebiet, Dr. Kimberly Young, gründete das Zentrum für Heilung von Internetsucht, um die Forschungen zu diesem und ähnlichen Themen voranzutreiben. 1996 nahm ich (A. Hart) an der Jahreskonferenz amerikanischer Psychologen teil, auf der das erste Papier zu einem solchen Thema präsentiert wurde. Es hatte den Titel »Internetsucht: Das Entstehen eines neuen Krankheitsbildes«. Dr. Youngs Studie fand heraus, dass »Ehen, Liebesbeziehungen, Eltern-Kind-Beziehungen und enge Freundschaften durch die übertriebene Nutzung des Internets beeinträchtigt werden. Abhängige verbringen nach und nach immer weniger Zeit mit echten Menschen in ihrem Leben und dafür immer mehr Zeit allein vor einem Computer.«[108]

»Internet Addiction Disorder«, abgekürzt IAD, auf Deutsch »Internetabhängigkeit«, wurde 2013 in das *Diagnostic and Statistical Manual of Mental Disorder* (DSM-V; Diagnose- und Statistik-Handbuch für psychische Störungen), die »Bibel« der Psychologie, als echte Störung aufgenommen. Dahinter steht, dass Internetabhängigkeit als schweres nationales Gesundheitsproblem betrachtet wird. Ein Mensch ist anfällig für eine Sucht, wenn in seinem Leben ein Mangel an Befriedigung, ein Fehlen von Intimität oder starken Kontakten zu anderen Menschen, ein Mangel an Selbstvertrauen oder zwanghafte Interessen oder der Verlust von Hoffnung zu beobachten ist. Menschen, die sich erdrückt fühlen oder die persönliche Probleme erleben oder die lebensverändernde Ereignisse durchmachen wie Scheidung, Umzug oder den Tod eines nahestehenden Menschen, können in einer virtuellen Welt aufgehen. Das Internet kann eine psychische Flucht werden, die den Benutzer von einem Problem im echten Leben oder einer schwierigen Situation ablenkt. Internetnutzer, die an mehreren Abhängigkeiten leiden, stehen am stärksten in Gefahr, internetsüchtig zu werden.

Wer ist gefährdet, eine solche Sucht zu entwickeln? Hauptsächlich die Digital Natives, weil sie die Digitaltechnik stärker nutzen, und weil sie einem Bildungssystem ausgesetzt sind, das die Digitaltechnik sehr stark benutzt. Aber momentan ist die Kluft zwischen einem »Internetsüchtigen« und einem Durchschnittsmenschen dünn oder gar nicht existent. Laut der Zeitschrift *Parenting* sind Mütter die neuen Internet-Junkies![109] Viele junge Mütter sind süchtig nach Blogs, Foren und virtuellen Welten wie Second Life. In den extremsten Fällen vernachlässigen Süchtige ihre Körperhygiene, sie vernachlässigen ihre Kinder und sie nehmen Medikamente, um nachts länger wach zu bleiben und mehr Zeit im Internet verbringen zu können. Warum ist das Internet für junge Mütter so reizvoll? Einer der Gründe ist, dass junge Mütter den größten Teil des Tages allein sind und dass sie sich nach jemandem sehnen, mit dem sie sprechen können, und diese Gesprächspartner in einer Online-Community finden. Mütter begeben sich in die Internetwelt, um das Gefühl zu haben, nicht allein zu sein. Es wird eine Flucht, die sie ergreifen, sobald sie sich gestresst fühlen. Es kann auch eine Möglichkeit sein, sich selbst auszudrücken. In Second Life, einer virtuellen 3-D-Welt, in der die Nutzer sich in Chatrooms unterhalten, Kontakte knüpfen und etwas kreieren können, können

Mütter Onlinebilder von sich selbst schaffen und die Figur sein, die sie gern wären. Als Psychiater stelle ich (A. Hart) ernsthaft infrage, ob das gesund ist. Es mag unterhaltsam sein, aber für die meisten ist es mehr als nur Unterhaltung. Sie versuchen im buchstäblichen Sinn des Wortes, ein »zweites Leben« zu führen.

Erkennungsmerkmale und Folgen

Alle Formen der Internetabhängigkeit weisen folgende vier Erkennungsmerkmale auf:

1. *Exzessive Nutzung,* oft verbunden mit einem Verlust des Zeitgefühls oder einer Vernachlässigung der grundlegenden Bedürfnisse und Pflichten.
2. *Entzugssymptome,* einschließlich Gefühle von Wut, Anspannung und/oder Depressionen, wenn der Computer nicht zugänglich ist.
3. *Toleranz,* einschließlich des Bedürfnisses nach der neuesten Computerausstattung, mehr Softwareprogrammen und mehr Nutzungszeit. (In Bezug auf Abhängigkeit ist mit *Toleranz* gemeint, dass der Körper sich an ein Medikament gewöhnen kann und man dadurch nicht mehr die gleiche Wirkung erzielt. Bei Süchten heißt das, dass man immer mehr von einer Droge nehmen muss, um die gleiche Wirkung zu erzielen. Das Gleiche gilt für Internetabhängigkeit – man braucht immer mehr.)
4. *Negative Folgeerscheinungen,* einschließlich Streitsucht, Missbrauch in der Familie, Lügen, Leistungsabfall, soziale Isolation und Müdigkeit.

Wie sehen die Folgen für Internetabhängige aus? Sie haben ziemlich viel Ähnlichkeit mit den Folgen von anderen Abhängigkeiten:

• Die wichtigen Beziehungen, die gepflegt werden müssen, werden zunehmend vernachlässigt. Das kann zu mehr gescheiterten

Ehen, Affären (das Internet macht es leicht, entsprechende Partner zu finden) und kaputten Familien (entweder vernachlässigen Eltern ihre Kinder oder Kinder meiden ihre Eltern) führen.

- Der Verlust des Arbeitsplatzes aufgrund der exzessiven Nutzung des Internets für persönliche Zwecke während der Arbeitszeit. Oder die Ablenkung des Internets beeinträchtigt die Arbeitsleistung.
- Schlafmangel. Exzessive Nutzung des Internets zu Hause bis spät in die Nacht kann zu Schlafstörungen oder einfach Schlafmangel führen. Inzwischen wird ein Bezug zwischen Schlafmangel und Übergewicht, Diabetes Typ 2 und der Entwicklung von Herzkrankheiten gesehen.
- Verminderte Energie nicht nur aufgrund des Schlafmangels, sondern auch aufgrund der exzessiven digitalen Aktivität insgesamt.
- Gesundheitsprobleme von zu langem Sitzen, einschließlich Augenschmerzen, Karpaltunnelsyndrom, Kopfschmerzen, Rückenschmerzen und Übergewicht.
- Internetsucht öffnet die Tür des Glückszentrums für viele andere Abhängigkeiten wie Glücksspielsucht, Spielsucht und Pornografie sowie Drogen und Alkohol.

Was haben alle Abhängigkeiten gemeinsam?

Das Internet und seine Anwendungen sind unglaublich gewachsen. Deshalb überrascht es nicht, dass der Begriff *Internetabhängigkeit* ein breites Spektrum von Aktivitäten umfasst. Wir haben einige Aspekte dieser Aktivitäten in anderen Kapiteln detaillierter untersucht, jetzt wollen wir uns auf das Internet im Allgemeinen konzentrieren.

Wie weit verbreitet ist Internetabhängigkeit? Eine landesweite Studie in den USA, die von einem Team aus Medizinstudenten der Universität Stanford durchgeführt wurde, schätzt, dass fast jeder achte Amerikaner an mindestens einem Anzeichen für problematische Internetnutzung leidet; viele denken, dass die Zahlen höher liegen.[110] Alle Abhängigkeiten haben eine gemeinsame Grundlage und Konsequenz, und auf lange Sicht unterminieren sie alle eine gesunde Lebensweise.

Sie können außerdem Familienbeziehungen zerstören und sich auf das Leben von Kindern auswirken. Eine Mutter, die wir interviewten, erzählte uns, wie sich ihre Internetabhängigkeit auf ihre Familie auswirkte. Ihre Beschäftigung mit Facebook war exzessiv geworden. Das war nicht plötzlich passiert, sondern langsam und schleichend gekommen. Woche für Woche verbrachte sie immer mehr Zeit in Facebook, während ihre zwei kleinen Mädchen in einem anderen Zimmer spielten. Zuerst hatte sie Schuldgefühle wegen der langen Zeit, die sie im Internet verbrachte und ihre Kinder vernachlässigte, und jedes Mal, wenn sie sich wieder an den Computer setzte, sagte sie sich, dass sie nur schnell auf Facebook schauen wollte. Aber ohne dass sie es merkte, war eine Stunde oder noch mehr Zeit vergangen. Ihre Kinder begannen, sich zu beklagen, dass sie nie mit ihnen spielte. »Jetzt nicht, Schatz, Mama hat keine Zeit«, war ihre typische Antwort.

Doch eines Tages, als eines ihrer Kinder stürzte und sich verletzte, wachte sie plötzlich auf. »Was ist, wenn eines meiner Kinder einen schweren Unfall hat, während ich in Facebook bin?« Ihr wurde bewusst, dass sie ihre Kinder vernachlässigte und kostbare Zeit damit vergeudete, im Internet zu spielen. »Aber vor allem verpasste ich die kostbare Zeit, die ich mit ihnen verbringen könnte«, sagte sie. »Ich war ein Sklave der sozialen Medien geworden. Ich hatte jeden Tag Kontakt zu vielen Menschen, aber meine eigenen zwei Töchter habe ich vernachlässigt.« Sie ergriff sofort Maßnahmen, um ihre Facebook- und Internetzeit einzuschränken.

Wenn Mütter viele Stunden im Internet verbringen, fordert ihre Sucht unweigerlich Tribut von ihren vernachlässigten Kindern. Einige vergleichen die sozialen Medien mit den Plauderstündchen der Mütter über den Gartenzaun von früher. Aber das lässt sich nicht miteinander vergleichen. Die Zeit dieser Plauderstündchen über den Gartenzaun war allein schon durch die äußeren Umstände begrenzt. Aber jetzt betreiben Mütter »Multitasking« und twittern oder facebooken und vernachlässigen oft wichtige Aufgaben. Und das ist weder für die Mütter noch für ihre Kinder gesund.

Internetabhängigkeiten weisen viele Gemeinsamkeiten mit anderen Abhängigkeiten auf. Folgende Hauptmerkmale sind bei allen Süchten anzutreffen:

Abhängigkeiten distanzieren uns von unseren wahren Gefühlen und bieten eine Fluchtmöglichkeit vor den unangenehmen Aspekten des Lebens. In vielen Fällen benutzt man das Internet exzessiv, um soziale Situationen zu verdrängen, die außer Kontrolle geraten sind. Zum Beispiel könnte ein Ehemann, der mit seiner Ehe unglücklich ist, sein Leben mit Internetaktivitäten überschwemmen. Ähnlich könnte jemand, der bei der Arbeit keine guten Leistungen bringt, in die digitale Welt flüchten.

Das Suchtverhalten beherrscht den Süchtigen in einem Maß, das jede Logik oder Vernunft übersteigt. Der Abhängige hat Gefühle, aber er lässt sie vielleicht nicht zu.

Abhängigkeiten nehmen das Glückssystem des Gehirns gefangen. Nur dass die Sucht Glücksgefühle vermittelt, aber dem Glückszentrum andere Freuden raubt.

Die Sucht hat Priorität über allen anderen Themen des Lebens. Alle Süchtigen entwickeln eine Besessenheit von ihrem Suchtverhalten und denken nur an den Moment, in dem sie zu ihrer Sucht zurückkehren können.

Süchtige leugnen immer, dass ihre Sucht außer Kontrolle geraten ist, und können nichts Schlechtes an ihrem Verhalten sehen.

Alle Abhängigkeiten sind in einem gewissen Sinn auch Abhängigkeiten von bestimmten Stoffen, wenn man bedenkt, dass der Körper von den zugrunde liegenden biochemischen Veränderungen abhängig wird.

Wie entsteht eine Internetabhängigkeit?

Wenn man die zugrunde liegenden Mechanismen bei Abhängigkeit versteht, kann das helfen, dieses immer mehr um sich greifende Problem zu verhindern. Die Ähnlichkeiten sind sowohl psychischer als auch körperlicher Art. Zum Beispiel entwickeln Menschen, die von Alkohol oder anderen Drogen abhängig sind, eine soziale Beziehung zu ihrer Droge. Diese Beziehung stellt alle anderen Beziehungen in den Hintergrund, einschließlich der Beziehung zum Ehepartner und zu den Kindern. Internetabhängige brauchen dieses »Hochgefühl«, um sich normal zu fühlen. Sie ersetzen gesunde Beziehungen durch ungesunde. Sie entscheiden sich für vorübergehende Glücksgefühle statt für tiefere, engere Beziehungen.

Kann Internetsucht zu anderen Suchtarten führen, oder können andere Abhängigkeiten zu Internetabhängigkeit führen? Der gleiche Übergang kann von einer Internetabhängigkeit zu einer anderen Abhängigkeit geschehen. Man spricht hier von einer »Generalisierung der Sucht«. Wenn zum Beispiel jemand süchtig auf Kartenglücksspiele ist, ist er fast mit Sicherheit auch bei Internetglücksspielen gefährdet. Ein anderes Beispiel ist jemand, der kaufsüchtig ist und diese Abhängigkeit von der Einkaufspassage in der Stadt auf Onlinegeschäfte überträgt. Es ist bekannt, dass die Sucht nach einem gefährlichen, aufregenden Verhalten den Weg dafür bereitet, dass jemand leicht auch von anderen riskanten Verhaltensweisen süchtig werden kann.

Das Internet übertrifft andere Abhängigkeiten jedoch darin, dass es den Zugang zu vielen süchtig machenden Verhaltensweisen so leicht macht. Ein süchtiger Bungeespringer muss eine weite Strecke fahren, um springen zu können, aber das Internet ist überall und bietet schnellen und leichten Zugang zu einer Sucht. Christen müssen lernen, mit den Versuchungen, die sich ihnen durch diesen leichten Zugang zum Internet stellen, richtig umzugehen.

Warum macht Simsen so leicht süchtig?

Der starke Anstieg von schriftlicher Kommunikation in Echtzeit – wie bei Facebook, Twitter oder Instant Messaging – hat komprimierte neue Sprach- und Kommunikationsformen geschaffen. Obwohl sie vielleicht oberflächlich harmlos aussehen, haben sie das Potenzial, leicht süchtig zu machen.

Beim Simsen würde man nie erwarten, dass es abhängig macht. Immerhin enthält es normalerweise keine tief greifenden Informationen. Aber es ist jetzt eine der am stärksten verbreiteten Aktivitäten in unserer Kultur. Ausgeklügelte Smartphones sind für Simsen und Instant Messaging zugeschnitten, und die Digital Natives sind darin Experten.

Als Digital Immigrant haben Sie vielleicht nie eine solche Textnachricht erhalten und haben keine Ahnung, was eine Nachricht wie zum Beispiel die folgende bedeutet: »ESIDHIBAETADD!« Ich will Ihnen helfen. Es heißt: »Ein Spatz in der Hand ist besser als eine Taube auf dem Dach.« Beim Simsen wird meistens nur ein einziger Buchstabe eines Wortes oder eine Abkürzung benutzt, um ganze Wörter oder Sätze zu ersetzen. Das hat große Vorteile. Es lässt sich sehr schnell tippen und verschicken. Die Daumen von Teenagern können über winzige Tastaturen fliegen und in Sekundenschnelle eine Nachricht versenden. Natürlich hat der Inhalt nicht viel Tiefgang, aber beim Simsen geht es nicht um den Inhalt! Viele SMS-Nachrichten sehen aus, als wären sie in einer Fremdsprache geschrieben worden.

Forscher haben genau unter die Lupe genommen, warum Simsen so süchtig machen kann. Sie schreiben es einer besonderen Form der »operanten Konditionierung« zu. Das heißt, dass das SMS-Verhalten durch seine Folgen geformt oder verstärkt wird. Wenn Sie ständig erfreuliche Nachrichten bekämen, eine nach der anderen, wären Sie wahrscheinlich bald gelangweilt und würden aufhören, sie zu lesen, da sie alle ziemlich genau den gleichen Inhalt haben. Wenn die meisten Ihrer SMS-Nachrichten hauptsächlich banal sind, Sie dann aber eine SMS bekommen, die sehr aufregend oder interessant ist, verstärkt diese »nur einmal auftretende« aufregende Nachricht Sie darin, auf die nächste aufregende Nachricht zu warten, egal, wie selten sie kommt. Das ist das gleiche Prinzip, das eine Sucht für Glücksspielautomaten hervorruft. Wenn man nur gelegentlich einen Gewinn bekommt, motiviert das, es weiter zu versuchen, bis man wieder gewinnt. Kasinos wissen das und verdienen damit ein Vermögen! Gelegentlich eine aufregende Nachricht zu bekommen, schafft eine größere Abhängigkeit, als wenn man ständig aufregende Nachrichten bekäme. Diese Form der »intermittierenden Verstärkung« macht Simsen zu einem süchtig machenden Verhalten, denn die Erwartung, nicht zu wissen, wann man einen Treffer landet, macht abhängig.

Von Simsen oder Instant Messaging abhängig zu werden, klingt zwar vielleicht nicht nach einer schweren Abhängigkeit, aber es ist ein Problem, das viel Zeit fressen kann und bei der Arbeit, beim Lernen, bei den Hausaufgaben und bei gesunden sozialen Kontakten stört. Die statistischen Zahlen verändern sich ständig, aber aktuell werden die meisten SMS-Nachrichten hauptsächlich von Jugendlichen zwischen dreizehn und siebzehn versendet. Sie versenden und bekommen durchschnittlich 3339 SMS im Monat. Jugendliche telefonieren auch, aber in viel geringerem Maß. Sie sprechen nur 646 Minuten monatlich am Telefon. Der Bericht vermutet sogar, dass Kinder unter zwölf Jahren jetzt ebenfalls viel simsen und ungefähr 1146 Nachrichten pro Monat versenden.[111]

Das ist eine digitale Aktivität, die Eltern leicht übersehen. Simsen ist eine billige und einfache Möglichkeit, mit Freunden in Kontakt zu bleiben. Aber es ist gleichzeitig ein Zeitfresser; deshalb müssen Eltern Grenzen setzen, wann und wie lang ihre Kinder simsen dürfen, und sicherstellen, dass ihre Kinder nicht zu unmöglichen Tageszeiten simsen. Simsen kann leicht zu einer großen Störung in der Schule oder bei anderen wichtigen Aktivitäten werden. Wir haben die Erfahrung gemacht, dass viele Teenager in den frühen Morgenstunden simsen, also dann, wenn sie unbedingt schlafen sollten.

SMS-Tipps für Eltern

- Überlegen Sie gut, ab welchem Alter Sie Ihren Kindern erlauben, mit ihren Handys zu simsen. Nur weil andere Kinder in ihrer Klasse es tun, heißt das nicht, dass Ihr Kind das auch braucht.
- Falls Ihre Kinder simsen, sollten Sie sich eine Flatrate zulegen. Sonst schnellen die Kosten bald in die Höhe.
- Stellen Sie Regeln auf, wann und wo gesimst werden darf. Kein Simsen beim Essen, im Unterricht oder bei Familienunternehmungen. Ach ja, und das Handy wird nachts ausgeschaltet!
- Kein Simsen, solange sie sich auf etwas anderes konzentrieren sollten. Dazu gehören Autofahren – fast die Hälfte aller Jugendlichen geben zu, dass sie beim Autofahren simsen –, Gehen und Gespräche mit anderen. Feste Regeln erhöhen den Schutz und verbessern die sozialen Fähigkeiten Ihrer Kinder.
- Sagen Sie, welche Konsequenzen eine falsche Nutzung des Handys hat. Lügen, unangemessene SMS-Nachrichten, sexuelle Kommunikation. Das alles ist tabu. Wollen Sie zeigen, dass es Ihnen ernst ist? Nehmen Sie Ihrem Kind eine Woche sein Handy ab.
- Achten Sie auf Ihr eigenes Verhalten. Eltern sind immer noch Vorbilder für ihre Kinder. Wenn Sie Ihrem Kind eine SMS schreiben, während es im Unterricht ist, und ihm dann sagen, dass es im Unterricht nicht simsen darf, senden Sie unklare Botschaften aus.
- Wenn Sie den Verdacht haben, dass Ihre Kinder unangemessene SMS versenden oder bekommen, können Sie sich ihre Nachrichten immer noch ansehen. Ja, es klingt ein wenig nach Schnüffeln, aber Ihre wichtigste Aufgabe als Eltern ist es, dafür zu sorgen, dass Ihre Kinder in einem sicheren Rahmen und verantwortlich mit der Technik umgehen.[112]

Wie süchtig sind Sie oder Ihre Kinder?

»Woran kann ich erkennen, ob meine Kinder internetabhängig sind?«, ist die häufigste Frage, die uns Eltern bei Seminaren stellen. Viele haben den Verdacht, dass ihre Kinder vielleicht ein Problem haben, sind aber nicht sicher, ob sie oder ihre Kinder oder sie beide abhängig sind.

Wir wollen zuerst einige allgemeine Symptome der Internetabhängigkeit beschreiben. Schauen Sie sich die folgende Liste sorgfältig an und stellen Sie fest, wie viele dieser Merkmale in Ihrem Leben oder im Leben Ihrer Kinder Sie beobachten:

Symptome von Internetabhängigkeit

- Sie spüren eine erhöhte Euphorie, wenn Sie im Internet aktiv sind.
- Freunde und die Familie werden vernachlässigt und die Internetaktivität hat Vorrang.
- Sie haben mehrmals versucht, die Internetnutzung zu reduzieren, sind aber bei den Versuchen, das eigene Verhalten zu beherrschen, gescheitert.
- Sie leiden an starkem Schlafmangel, weil sie bis spät in die Nacht im Internet sind.
- Unehrlichkeit im Allgemeinen und Leugnen nehmen immer mehr zu.
- Körperliche Veränderungen sind zu beobachten, wie vermehrter Stress, Gewichtszunahme oder -verlust, Rückenschmerzen, Kopfschmerzen, Bluthochdruck, Verdauungsstörungen oder andere gesundheitliche Probleme.
- Rückzug von allen Aktivitäten im realen Leben, die früher Spaß gemacht haben, während irgendeine Aktivität im Internet Priorität bekommt.
- Schuldgefühle, Scham, Unruhe oder Depressionen treten als Folge von exzessivem Onlineverhalten auf.

Im Internet findet man viele Tests, mit denen man prüfen kann, ob man internetabhängig ist. (Wir wissen, dass das ironisch klingt.) Aber wir stellen Ihnen unseren einfachen Test vor, der Ihnen hilft, eine Ahnung davon zu bekommen, wie abhängig vom Internet Sie oder Ihr Teenager geworden sind. Wenn Sie den Verdacht haben, dass ein Problem mit dem Internet vorliegt, oder sich ernste Sorgen machen, sollten Sie unbedingt einen Therapeuten mit Erfahrung auf diesem Gebiet aufsuchen.

Internetsucht-Test für Jugendliche

Vorgehensweise: Da Jugendliche den Ernst ihres Problems vielleicht herunterspielen, empfehlen wir, dass Sie den Test selbst bearbeiten und die Fragen mit Hinsicht auf Ihren Jugendlichen beantworten. Bewerten Sie die Antwort Ihres Jugendlichen auf jede Frage anhand der folgenden Vorgaben:

0 — Nie oder selten
1 — Gelegentlich (scheint kontrollierbar zu sein)
2 — Oft (mehrmals in der Woche und lang)
3 — Immer (jeden Tag und sehr lang)

Bewertung
___ 1. Ihr Teenager vernachlässigt Aufgaben im Haushalt, um ins Internet zu gehen.
___ 2. Ihr Teenager ist lieber im Internet, als sich mit Freunden zu treffen.
___ 3. Es ist schwierig, Ihren Teenager dazu zu bringen, dass er seine Computeraktivität unterbricht, um zum Essen oder zu einer Familienaktivität zu kommen.
___ 4. Die Interaktionen Ihres Teenagers mit Freunden geschehen hauptsächlich über das Internet.

_____ 5. Die Zeit im Internet wirkt sich eindeutig nachteilig auf die Noten Ihres Teenagers aus.

_____ 6. Die Zeit im Internet wirkt sich eindeutig nachteilig auf seine Beziehungen zu Freunden und zur Familie aus.

_____ 7. Ihr Teenager bekommt nicht genug Schlaf, weil er abends spät im Internet ist.

_____ 8. Ihr Teenager wirkt deprimiert oder launisch, aber wenn er im Internet ist, hellt sich seine Stimmung auf.

_____ 9. Wenn der Computer kaputt ist oder das Handy nicht funktioniert oder Sie seine Benutzung einschränken, wird Ihr Teenager launisch, reizbar und wütend.

_____ 10. Ihr Teenager scheint nicht in der Lage zu sein, etwas wirklich genießen zu können, das nichts mit dem Internet zu tun hat.

_____ GESAMTPUNKTEZAHL

Auswertung des Tests:

10 oder weniger Punkte: Ihr Teenager scheint nicht abhängig zu sein und kann sein Verhalten vernünftig steuern.

11 bis 20 Punkte: Ihr Teenager erlebt möglicherweise gelegentlich eine Abhängigkeit vom Internet und zeigt möglicherweise Anzeichen für eine zunehmende Abhängigkeit.

21 bis 30 Punkte: Ihr Teenager ist möglicherweise von einem Aspekt des Internets abhängig. Suchen Sie professionelle Hilfe, um das eindeutig zu klären.

Internetsucht-Test für Erwachsene

Vorgehensweise: Beantworten Sie jede Frage mit einer der folgenden Zahlen:

0 — Nie oder selten
1 — Gelegentlich (scheint kontrollierbar zu sein)
2 — Oft (mehrmals in der Woche und lang)
3 — Immer (jeden Tag und sehr lang)

Bewertung

___ 1. Sie bleiben länger im Internet, als Sie vorhaben, wenn Sie sich vor Ihren Computer setzen.

___ 2. Ihre Arbeit leidet darunter, dass Sie so viel Zeit im Internet verbringen.

___ 3. Wie oft beklagt sich Ihr Ehepartner oder jemand anders, dass Sie zu viel Zeit im Internet verbringen?

___ 4. Wie oft vernachlässigen oder vergessen Sie Ihre Arbeiten zu Hause oder andere Pflichten, weil Sie im Internet sind?

___ 5. Sie nehmen eine Verteidigungshaltung an, sobald jemand fragt, was Sie im Internet machen.

___ 6. Wie oft leidet Ihr Schlaf darunter, dass Sie im Internet sind? (Weil es Ihnen den Schlaf raubt oder Sie nicht einschlafen können)

___ 7. Denken Sie im Laufe des Tages an das Internet oder ertappen Sie sich dabei, dass Sie sich darauf freuen, wieder ins Internet gehen zu können?

___ 8. Wie oft werden Sie wütend, wenn jemand Sie stört, während Sie im Internet sind?

___ 9. Wenn Ihr Computer nicht funktioniert oder Sie nicht ins Internet kommen: Ärgern Sie sich oder regen Sie sich so sehr auf, dass andere das sehen können?

___ 10. Checken Sie zwanghaft Ihre E-Mails – d. h. häufiger als nötig?

___ 11. Ziehen Sie die Aufregung des Internets der vertrauten Beziehung, die Sie zu Ihrem Partner, Ehegatten oder zu Freunden haben können, vor?

___ 12. Ertappen Sie sich dabei, dass Sie sich zwar sagen: »Ich höre jetzt auf«, aber trotzdem weitermachen?

___ 13. Wenn Sie traurig, niedergeschlagen, beunruhigt oder launisch sind: Hebt sich Ihre Stimmung, sobald Sie ins Internet gehen?

___ 14. Wie oft würden Sie sich für das Internet entscheiden, wenn Sie zwischen dem Internet und irgendeiner anderen sozialen Aktivität wählen müssten?

___ 15. Finden Sie, dass Sie jetzt mehr Freunde oder Kontakte im Internet haben als in Ihrem echten Leben?

_____ GESAMTPUNKTEZAHL

Auswertung des Tests:

10 oder weniger Punkte: Es ist zweifelhaft, ob Sie internetabhängig sind.

11 bis 20 Punkte: Bei Ihnen sind die Anfänge einer Abhängigkeit zu beobachten und Sie sind vielleicht abhängiger, als Ihnen bewusst ist.

21 bis 30 Punkte: Es ist klar, dass Sie von bestimmten Aspekten des Internets abhängig sind. Das kann Ihrem sozialen und persönlichen Leben schaden.

Über 30 Punkte: Ihre Internetabhängigkeit ist so ernst, dass Sie professionelle Hilfe in Anspruch nehmen sollten, um sie zu überwinden.

Eine Internetabhängigkeit überwinden

Die Behandlung einer Internetabhängigkeit gilt als schwierig, denn ein vollständiger Entzug ist nicht möglich, da jeder Bereich unseres Geschäftslebens und unseres sozialen Lebens vom Internet beeinflusst wird. Forschungen haben ergeben, dass der effektivste Behandlungsplan zur Überwindung von Internetabhängigkeit eine kognitive Verhaltenstherapie ist.[113] Bei dieser Behandlung geht man davon aus, dass unsere Gedanken über unsere Gefühle entscheiden. Dieses Modell hilft zu erklären, wie negative Gedanken über die eigene Person das zwanghafte Verhalten, das mit der Internetabhängigkeit verbunden ist, fördern können. Die häufigsten negativen Gefühle bei Menschen mit einer Internetabhängigkeit sind Depressionen und Angst. Andere Gefühle, die Internetabhängige haben, sind, dass sie sich angespannt, einsam, ruhelos, zurückgezogen, wütend oder nutzlos fühlen.[114]

Bei der Behandlung von Internetsucht ist es das Ziel, sich von der Anwendung, von der man am stärksten abhängig ist, fernzuhalten und die anderen nötigen Anwendungen maßvoll zu benutzen.

Behandlungsplan bei Internetabhängigkeit

1. **Stress abbauen.** Unsere Internetsucht bedeutet Stress, und Stress führt zu innerer Unruhe.
2. **Umgang mit innerer Unruhe.** Je unruhiger wir innerlich werden, umso mehr greifen wir zu unseren Digitalgeräten, um unsere Unruhe in den Griff zu bekommen.
3. **Die Nutzung von digitalen Anwendungen, von denen wir süchtig sind, einschränken.** Eine völlige Abstinenz ist nicht vernünftig, da unser Leben so sehr mit der digitalen Welt verstrickt ist. Setzen Sie bei den Anwendungen, von denen Sie am meisten abhängig sind, Grenzen.
4. **Negatives Denken ersetzen.** Exzessive Internetnutzung kann ein geringes Selbstwertgefühl und Depressionen ver-

stärken. Schaffen Sie mit Aktivitäten im realen Leben ein Gegengewicht; ändern Sie Ihr Denken. Seien Sie positiver.

5. **Nehmen Sie wieder Beziehungen im echten Leben auf.** Zu den entscheidendsten Faktoren, um von der Abhängigkeit frei zu werden, gehört es, neue Wege zu lernen, wie man zu anderen Kontakt und eine Beziehung aufbaut. Pflegen Sie Gespräche im direkten Gegenüber und beschränken Sie digitale Interaktionen.

6. **Suchen Sie sich jemanden, bei dem Sie Rechenschaft ablegen.** Die erfolgreichsten Behandlungsprogramme bauen die Hilfe von anderen Menschen ein; wir brauchen einander, um eine Sucht zu überwinden.

7. **Suchen Sie Hilfe im Internet:**
Overcoming Digital Addictions Workbook von Sylvia Hart Frejd und Archibald Hart, www.TheDigitalInvasion.com
Behandlungsprogramme bei Internetabhängigkeit:
Restart Addiction Recovery, www.netaddictionrecovery.com
Tech Addiction, www.techaddiction.ca
The Center for Counseling and Health, www.aplaceofhope.com

Was wir tun können

Wenn Sie jemanden kennen, der internetsüchtig ist, können Sie einen der folgenden Vorschläge befolgen, um ihm zu helfen, davon frei zu werden:

- Seien Sie ein gutes Vorbild. Gehen Sie selbst maßvoll mit Ihrem digitalen Leben um.
- Bringen Sie den Internetsüchtigen mit anderen Menschen in Kontakt, die mit ihrem digitalen Leben vernünftig umgehen.

- Begeistern Sie Ihren Freund oder Angehörigen für nichtdigitale Interessen.
- Sprechen Sie mit ihm über Ihre Sorge wegen seiner exzessiven Internetnutzung.
- Unterstützen Sie seinen Wunsch nach Veränderung, wenn er erkannt hat, dass er ein Problem hat.
- Ermutigen Sie ihn, professionelle Hilfe zu suchen.

Falls Sie selbst unter Internetsucht leiden, wollen wir Ihnen mit folgenden Vorschlägen helfen, davon freizukommen:

- Suchen Sie jemanden, dem gegenüber Sie Rechenschaft ablegen. Wenn Sie mehrere Freunde haben, die auch abhängig sind, dann beginnen Sie eine Selbsthilfegruppe, die eine sehr große Hilfe sein kann und Sie herausfordert und ermutigt, wenn Sie schwach werden.
- Im Gegensatz zur Drogensucht können Sie das Internet nicht vollständig meiden. Legen Sie also fest, wie viel Internetaktivität in Ihrem Leben nötig ist, und setzen Sie sich das als Ziel. Ihr Ehepartner kann Ihnen dabei vielleicht Ratschläge geben, oder Ihre Selbsthilfegruppe könnte gemeinsam festlegen, welche Grenzen Sie setzen sollten.
- Legen Sie konkrete Zeiten und die Zeitdauer fest, in der Sie im Internet sein wollen.
- Führen Sie ein genaues Protokoll, damit Sie nachvollziehen können, was Sie im Internet getan haben, und legen Sie Rechenschaft ab.
- Löschen Sie Internetseiten und Apps von Ihrem Computer oder Smartphone, die Sie nicht brauchen oder die Sie zu sehr in Versuchung führen. Es gibt viele Internetgeschäfte, die sich auf Ihrem Computer breitmachen; behalten Sie sie im Auge.
- Suchen Sie Hobbys außerhalb des Internets, um sich in Ihrer Freizeit zu beschäftigen, lesen Sie zum Beispiel echte Bücher, fahren Sie Rad, gehen Sie in eine Sportgruppe, stricken Sie oder arbeiten Sie mit Holz.

- Wenn es Ihnen wirklich schwerfällt, von Ihrer Sucht frei zu werden, sollten Sie einen Therapeuten aufsuchen. Vielleicht liegen Ihrer Sucht andere Probleme zugrunde.
- Machen Sie als Christ Ihren Kampf, von der Sucht frei zu werden, zu einem Gebetsanliegen. Wir sind in unseren persönlichen Kämpfen nicht allein. Gott bietet uns vielerlei Hilfe an. Lesen Sie dazu 2. Chronik 16,9 und Jesaja 40,28–31.

Die Anonymen Alkoholiker und viele andere Selbsthilfegruppen haben das folgende Gebet übernommen – es ist das sogenannte Gelassenheitsgebet. Beten Sie dieses Gebet regelmäßig, während Sie versuchen, Ihre Abhängigkeit zu überwinden. Denken Sie darüber nach, was dieses einfache Gebet bedeutet und wie Sie das echte Leben führen können, das Gott für Sie vorgesehen hat.

Gelassenheitsgebet

Gott, gib mir die Gelassenheit, Dinge hinzunehmen,
die ich nicht ändern kann,
den Mut, Dinge zu ändern,
die ich ändern kann,
und die Weisheit,
das eine vom anderen zu unterscheiden.

Immer nur einen Tag auf einmal zu leben,
immer nur einen Moment auf einmal zu genießen,
Mühen als Weg zum Frieden anzunehmen,
wie Jesus diese sündige Welt so anzunehmen, wie sie ist,
und nicht so, wie ich sie gern hätte,
zu vertrauen, dass du alles gut machst,
wenn ich mich deinem Willen unterordne,
damit ich in diesem Leben glücklich bin,
und im nächsten Leben bei dir für immer überglücklich bin.
Amen.

Reinhold Niebuhr

Gesprächsimpulse

- Glauben Sie, dass Menschen internetsüchtig werden können? Erklären Sie, warum Sie das glauben oder warum nicht.
- Haben Sie irgendeine Folge der Internetabhängigkeit erlebt, die in diesem Kapitel beschrieben werden?
- Berichten Sie, was Sie Hilfreiches über die Entstehung von Internetabhängigkeit erfahren haben.
- Wie haben Sie und Ihre Familie bei dem Test für Internetsucht abgeschnitten? Sprechen Sie darüber, was Sie tun wollen, falls jemand eine zu hohe Punktezahl bei dem Test erreicht hat, oder was Sie tun können, um eine Abhängigkeit in Ihrer Familie zu verhindern.
- Welchen der Schritte, um von der Internetabhängigkeit loszukommen, die in diesem Kapitel vorgestellt wurden, sind Sie bereit zu gehen?
- Welcher Teil des Gelassenheitsgebets am Ende dieses Kapitels fordert Sie am stärksten heraus?

8
Bewusstes Leben
in einer digitalen Welt

Achtet sorgfältig darauf, wie ihr lebt; handelt nicht unklug,
sondern bemüht euch, weise zu sein. Nutzt jede Gelegenheit, in
diesen üblen Zeiten Gutes zu tun. Handelt nicht gedankenlos,
sondern versucht zu begreifen, was der Herr von euch will.
Epheser 5,15-17

Vor ein paar Jahren schrieb der Pastor und Autor John Piper ein
Buch mit dem Titel *Don't Waste Your Life* (Vergeude nicht dein
Leben). Wir würden John Pipers Aufforderung in diesem Kapitel
gern umformulieren in: »Vergeude nicht dein echtes Leben wegen
eines virtuellen Lebens.« Unter Psychiatern, Neurowissenschaftlern
und Gemeindeleitern wächst die Sorge, dass wir, wenn wir unsere
Digitaltechnik bis zum Äußersten nutzen, damit unser echtes Leben
vergeuden. Die Cyberwelt verändert nicht nur unser Gehirn, wie
wir in Kapitel 3 gezeigt haben, es verändert auch unser Verhalten,
unser Benehmen, unsere Kultur und unsere Gewohnheiten. Wie
unser Titel für dieses Kapitel andeutet, müssen wir mit unserem
digitalen Leben ganz bewusst umgehen. Wir müssen uns bewusst
machen, welche Entscheidungen wir treffen und welche Systeme
wir übernehmen, und wir müssen aufpassen, dass wir unser Leben
nicht mit sinnloser Geschäftigkeit und den leeren Zielen vergeuden,
wozu vieles in der Digitaltechnik uns verleiten will.

Unsere Welt verändert sich schnell. Das bedeutet, dass wir nicht
ignorieren können, welche Folgen eine übermäßige Nutzung der
Cyberwelt hat. Wir müssen überlegen, was wir tun, wenn wir das
höchste erreichbare Maß an einem guten Leben erreichen und
Gottes Plan für unser Leben erfüllen wollen. Bei einem bewussten
Leben geht es darum, uns zu entfalten und für die Entscheidungen,

die unser Leben bestimmen, die Verantwortung zu tragen. Dazu gehört, dass wir nicht übertrieben viel Zeit damit verbringen, uns mit der digitalen Welt zu beschäftigen und uns in ihr aufzuhalten. Leider führen schon zu viele ein ziellos getriebenes Leben und nicht ein von einem Ziel gesteuertes Leben, von dem Rick Warren in seinem Bestseller *Leben mit Vision* schreibt.

Die folgenden Zahlen über die digitale Invasion veranschaulichen, wie sehr die Nutzung der technischen Medien in den letzten zehn Jahren zugenommen hat. Bis dieses Buch gedruckt wird, sind die Zahlen wahrscheinlich schon überholt, aber sie geben eine Vorstellung davon, wie weit die Digitaltechnik vorgedrungen ist. Wir verbringen inzwischen achtzehn Stunden oder mehr in der Woche im Internet, suchen zwei Milliarden Mal pro Tag etwas in Google und verbringen vier Stunden am Tag in Facebook. Ein großer Teil der Zeit, die wir damit verbringen, ist sinnlos.

Voranschreiten der digitalen Invasion

2000	**2013**
2,7 Stunden pro Woche im Internet	Über 30 Stunden pro Woche im Internet[115]
100 Millionen Google-Suchanfragen pro Tag	4,7 Milliarden Google-Suchanfragen pro Tag[116]
14 Milliarden SMS am Tag	188 Milliarden SMS am Tag[117]
0 heruntergeladene Apps	25 Milliarden heruntergeladene Apps[118]
0 YouTube-Videos werden monatlich angesehen	Über 800 Millionen YouTube-Videos werden monatlich angesehen[119]
0 Menschen in Facebook	1 Milliarde Menschen in Facebook[120]
0 Tweets in Twitter	400 Millionen Tweets pro Tag in Twitter[121]

In meiner Arbeit als Life-Coach ist es meine (S. Frejds) Aufgabe, Menschen zu helfen, ihr Potenzial zu entdecken und zu entfalten. Es macht mir Sorgen, dass das Leben in der digitalen Welt eine Bedrohung für dieses Potenzial werden kann. Ich habe vor Kurzem mit einem jungen Mann gesprochen, den wir hier Charlie nennen, einen Studenten, der sehr intelligent ist und davon träumt, eines Tages Arzt zu werden und in dieser Welt etwas zum Positiven zu verändern. Er erzählte mir von seinem Problem. Charlie ist süchtig nach Videospielen. Er sagte mir, dass er acht bis neun Stunden am Tag spielt. Er gibt zu, dass er völlig abhängig ist und deshalb schlechte Noten in seinen Kursen hat. Er ist darüber nicht glücklich und will damit aufhören, aber er sagt, dass er es nicht kann. Ich fürchte, dass es da draußen zu viele »Charlies« gibt, die große Ziele und Träume haben, aber es riskieren, dass sie diese nie in die Tat umsetzen, weil sie sich von ihren digitalen Aktivitäten zu sehr ablenken lassen.

Vielleicht ist es bei Ihnen nicht das Spielen, das in Ihr echtes Leben eindringt und Sie zurückhält, sondern Google, Facebook oder andere Smartphone-Apps. Solange Sie nicht lernen, Ihre Technik zu beherrschen, leben Sie vielleicht mit unerfüllten Träumen und unerreichten Zielen.

Unsere Botschaft lautet deshalb: *Lassen Sie nicht zu, dass Ihr virtuelles Leben Ihnen Ihr echtes Leben raubt.* Sie sind nicht zufällig hier. Sie sind nicht hier auf dieser Erde, um nur eine bestimmte Anzahl von Tagen zu leben und dann zu sterben. Sie sind hier, um eine Aufgabe zu erfüllen, die Gott Ihnen zugeteilt hat. Gott hat eine Absicht, einen Plan und ein Ziel mit Ihrem Leben, aber es ist viel Disziplin und Wille von Ihrer Seite nötig, um diesen Weg zu gehen.

Wir wollen Hoffnung anbieten, damit Sie zurückfordern können, was die digitale Invasion Ihnen schon von Ihrem Leben gestohlen hat. Jeder digitale Nutzer muss aufpassen, wie sehr er die Technik nutzt. Es läuft darauf hinaus, wie viel Zeit Sie damit verbringen und mit welcher Intensität Sie in Ihrer digitalen Welt aktiv sind.

Wie aktiv sind Sie in der digitalen Welt?

Als Therapeutin und Coach höre ich (S. Frejd) meine Klienten oft sagen: »Wie ist es in meinem Leben so weit gekommen?« Meine Antwort ist immer die Gleiche: »Der Weg, für den Sie sich entschieden haben, hat Sie hierher gebracht. Deshalb müssen Sie sich für einen anderen Weg entscheiden, um dorthin zu kommen, wo Sie sein sollten.« Ihr Wille entscheidet über Ihre Richtung; der Weg, den Sie einschlagen, entscheidet, wo Sie am Ende herauskommen. Das ist eine Gelegenheit zu beurteilen, wo Sie in Ihren digitalen Aktivitäten stehen, und sich bewusst für den Weg zu entscheiden, den Sie einschlagen müssen, um ein gesundes Ziel zu erreichen.

Wir leben wirklich in einer gefährlichen Zeit. Wir verbringen weniger Zeit damit, uns körperlich zu bewegen, die Natur zu genießen und gesunde Beziehungen zu pflegen. Psychische Krankheiten, die durch Stress, Unruhe und Depressionen verursacht werden, nehmen immer mehr zu. Die Menschen kämpfen damit, dass sie immer isolierter sind und immer weniger Kontakt haben. Wir haben bereits davon gesprochen, dass unsere »Hirnkapazität« verflacht. Was können wir als Ergebnis der ganzen Zeit, die wir sinnlos in der digitalen Welt verbracht haben, vorweisen? Hätte man in dieser Zeit nicht ein Musikinstrument üben, ein gutes Buch lesen, Sport treiben oder die Natur genießen können?

In Kapitel 7 haben wir darüber gesprochen, wie eine ausgewachsene digitale Abhängigkeit aussieht, aber selbst wenn Sie nicht in die Gruppe der Abhängigen fallen, kann es trotzdem sein, dass Sie Ihre digitalen Aktivitäten übertreiben. Werfen Sie einen Blick auf die folgende Liste der digitalen Anwendungen und umkreisen Sie die, die Sie vielleicht zu viel benutzen:

Smartphone-Apps	Spiele	MP3-Player
Tablet	Pinterest	Instagram
Google	E-Mail	SMS
Internet	Soziale Medien (Facebook, Twitter, LinkedIn etc.)	

Andere (Nennen Sie sie) _____

Wenn man die übermäßige Nutzung der Digitaltechnik in den Griff bekommen will, beginnt das damit, dass man ehrlich zu sich selbst ist und sich bewusst macht, welche digitalen Anwendungen man zu häufig benutzt. Folgende »Fragen zur Beurteilung der digitalen Nutzung« helfen Ihnen einzuschätzen, wo Sie stehen.

Fragen zur Beurteilung der digitalen Nutzung

Antworten Sie mit Ja oder Nein

_____ 1. Simsen Sie beim Autofahren, obwohl Sie wissen, dass das gefährlich ist?

_____ 2. Haben Sie den Drang, Ihr Smartphone zu benutzen, während jemand mit Ihnen spricht?

_____ 3. Haben Sie je das Gefühl, dass etwas nicht wirklich passiert ist, solange Sie es nicht auf Facebook posten?

_____ 4. Sitzt Ihre Familie im selben Zimmer, spricht aber nicht miteinander, weil jeder mit seinen Digitalgeräten beschäftigt ist?

_____ 5. Finden Sie, dass ein klingelndes oder vibrierendes Handy alles andere unterbricht und stört?

_____ 6. Lügen Sie manchmal in Bezug auf Ihre Nutzung des Internets oder von Onlinespielen?

_____ 7. Erleben Sie, dass Sie das Interesse an anderen Aktivitäten, die Sie früher genossen haben, verlieren?

_____ 8. Vernachlässigen Sie sich selbst (Schlafen/Essen) wegen der Zeit, die Sie in der digitalen Welt verbringen?

_____ 9. Werden Sie nervös, wenn Sie längere Zeit offline sind?

_____10. Denken Sie je darüber nach, wie Sie sich im echten Leben besser konzentrieren könnten, wenn diese ganzen Geräte nicht so viel Raum bei Ihnen einnähmen?

_____ Anzahl der Ja-Antworten.

Achten Sie auf Ihr Wohl

Forschungen aus der Positiven Psychologie, deren Ziel es ist, emotionale Probleme zu verhindern, zeigen, dass ungefähr fünfzig Prozent unserer positiven emotionalen Zustände wie Glück, Hoffnung und Zufriedenheit von unseren Genen beeinflusst werden. Nur zehn Prozent dieser positiven Gefühle werden durch unsere Umstände bestimmt, die übrigen vierzig Prozent liegen »bei uns«.[122] Dr. Catherine Hart Weber, meine (S. Frejds) Schwester, hat ein Buch mit dem Titel *Flourish: Discover the Daily Joy of Abundant, Vibrant Living* (Entfalte dich: Entdecke die tägliche Freude eines reichen, sprudelnden Lebens) geschrieben, in dem sie darstellt, wie Gott uns geschaffen hat und wie er uns mit allem versorgt, was wir brauchen, um uns in unserem Leben zu entfalten.[123] Leider entfalten sich viele Menschen heute in ihrem Leben nicht, sondern verkümmern. Die Statistiken zeigen, dass nur ungefähr 18 Prozent der Menschen die Kriterien für eine »gute Entfaltung« erfüllen, während 17 Prozent verkümmern. Andere liegen irgendwo dazwischen.[124] Millionen von Dollar werden für die Erforschung und Entwicklung von Maßnahmen ausgegeben, die sich darauf konzentrieren, wie wir negative Gefühle verringern und verhindern, dass wir verkümmern und dabei unser Glück und die Lebensqualität verbessern. Wir müssen leider feststellen, dass nicht viel Aufmerksamkeit darauf verwandt wird zu erforschen, wie unsere übertriebene Beschäftigung mit der digitalen Welt damit zusammenhängt.

Dr. Weber erklärt die Entfaltung folgendermaßen: »Wir entfalten uns, wenn unser Leben einen Sinn und ein Ziel hat und wir routinemäßig positive Gefühle wie Liebe, Freude, Dankbarkeit, Frieden und Hoffnung erleben. Unser Leben hat einen Sinn, wenn wir wissen, dass wir durch unsere Arbeit und unser Vermächtnis eine positive Wirkung auf das Leben unserer Mitmenschen haben.«[125] Wenn wir diese Bereiche unseres Lebens bewusst pflegen, schützen wir uns damit vor einem Leerwerden unserer Glückszentrale. Unser Gehirn ist auf Liebe, Freude, Frieden und Hoffnung angelegt, und es ist Gottes Plan, dass wir echte Freude und reine, gute Glücksgefühle für unser Leben entdecken. Durch unsere digitale Welt werden wir dieses Niveau der Entfaltung nicht erreichen, weil es unsere Glückszentrale völlig durcheinanderbringt. Wir müssen uns bewusst vornehmen, dass wir ein gesundes Glückssystem schützen und wiedererlangen wollen.

In diesem Zusammenhang bitten wir Sie, sich folgende Frage zu stellen: Wie trägt meine Nutzung der Technik zu meinem Glück und meinem Wohlergehen bei und inwiefern behindert sie es?

Ihre Entfaltung und Ihr Wohlergehen können dadurch verbessert oder behindert werden, wie Sie die Medien und Technik benutzen. Wir haben in diesem Buch immer wieder betont, dass es nicht die Technik an sich ist, die darüber entscheidet, ob wir uns entfalten oder verkümmern, sondern dass es darauf ankommt, wie wir damit umgehen. Albert Einstein hat einmal gesagt: »Warum bringt diese faszinierende angewandte Wissenschaft, die Arbeit spart und das Leben erleichtert, uns so wenig Glück?« Diese Frage stellte er lange vor der Entdeckung der digitalen Welt, aber sie ist immer noch sehr aktuell. Auf unsere digitale Welt angewandt, lautet die einfache Antwort: Weil wir noch nicht gelernt haben, vernünftig damit umzugehen. Es kommt darauf an, dass wir bewusst, ausgeglichen und vernünftig sind und uns klar bewusst machen, welche Folgen die Technik für unser Wohlergehen insgesamt hat.

Damit es uns wohl ergeht und wir aufblühen, müssen wir bewusst unser körperliches, geistliches und emotionales Leben, unsere Beziehungen und jetzt auch unser virtuelles Leben regeln. Das virtuelle Leben ist eine zusätzliche Dimension Ihres Seins, die Sie für den Rest Ihrer Zeit hier auf der Erde begleiten wird.

Sie müssen jedes digitale Gerät kontrollieren und ihm bewusst Grenzen setzen, wenn Sie verhindern wollen, dass es viele Bereiche Ihres Lebens negativ beeinflusst.

Geschätzte aktuelle digitale Nutzung

Bitte tragen Sie die ungefähre Stundenzahl ein, die Sie mit den jeweiligen Aktivitäten verbringen. Bei den einzelnen Aktivitäten sollte ungefähr die Gesamtstundenzahl, die Sie zur Entspannung oder mit Spielen im Internet verbringen, stehen.
Bitte beachten Sie: Geben Sie Schätzungen für eine typische Woche ein.

Geschätzte Wochenstunden
Videospiele _____
Chatten _____
Einkaufen (keine Auktionen) _____
eBay _____
Facebook/MySpace/Instagram _____
Musik herunterladen _____
Videos herunterladen _____
Podcasts anhören _____
Mit Software »spielen« _____
Nachrichten lesen _____
Blogs lesen _____
E-Mails _____
Informationen sammeln _____
Pinterest _____
Pornografie schauen _____
Videos schauen (z. B. YouTube) _____

Internetforen/Newsgroups _____

Twitter _____

Geschätzte Gesamtstundenzahl _____

Fünf Tipps, um Ihre Glückszentrale wiederherzustellen

- *Führen Sie ein Leben mit Beziehungen.* Pflegen Sie Ihre Beziehungen. Gesunde, liebevolle Beziehungen sind die wichtigste Voraussetzung für Ihr jetziges und künftiges Glück, für Gesundheit, Wohlergehen und langes Leben.
- *Streben Sie unumschränkte Freude an.* Gottes Freude an uns können wir auch lernen. Finden Sie Freude an den einfachen Dingen, am Lächeln eines Babys oder der Umarmung eines Freundes. Verbreiten Sie selbst auch Freude.
- *Empfangen Sie Gottes Frieden.* Gott bietet uns das Geschenk seines Friedens als Gegenmittel gegen den Stress in unserem »immer erreichbaren« Leben an. Beruhigen Sie Ihren Geist und Körper und machen Sie sich bewusst, was Ihnen Ihren Frieden stiehlt.
- *Üben Sie Dankbarkeit ein.* Ein dankbares Herz führt zu einem gesünderen Körper, einem glücklicheren Geist und guten Beziehungen. Dankbarkeit ist das gesündeste Gefühl für Ihr Gehirn und dadurch für Ihr Leben. Seien Sie also jeden Tag dankbar für alles, was Sie haben.
- *Kultivieren Sie Hoffnung und Widerstandskraft.* Behalten Sie bei den Veränderungen im Leben die richtige Perspektive. Wenn eine Tür zugeht, dann warten Sie, bis Gott Ihnen eine andere öffnet. Haben Sie eine Vision für Gottes Absicht und Plan für Ihr Leben. Finden Sie konkrete Mittel, um die Motivation nicht zu verlieren.

Digitale Grenzen setzen

Die Psychologin und Bloggerin Doreen Dodgen-Magee sagt über unseren digitalen Konsum: »Ich habe eines Abends ein paar alte Ausgaben der Zeitschrift *Life* aus den 50er-Jahren durchgeblättert. Dabei fiel mir auf, dass alle Anzeigen Werbung für Fertignahrung und Zigaretten waren. Dann überlegte ich, dass wir in den 70er-Jahren, ungefähr 15 bis 20 Jahre später, von Fertignahrung und Zigaretten völlig begeistert waren und jetzt von Lungenkrebs hören und die Nahrungspyramide vorgestellt bekommen, die die Schlussfolgerung nahelegt, dass, upps, der hohe Fettgehalt und das viele Natrium in Fertiggerichten doch keine so gute Idee waren. Das Gleiche denke ich auch in Bezug auf die Technik. Wir sind von dieser Sache, die eine wunderbare Beilage oder Hilfe für unser Leben sein könnte, so begeistert. Aber sie ist zur Hauptsache geworden. Was davon wird in 10 bis 15 Jahren nicht mehr kontrollierbar sein?«[126]

Allein die riesige Menge der Angebote, die wir durch das Internet konsumieren können, ist überwältigend. Diese enorme Flut an Informationen und Aktivitäten macht es uns nicht nur schwer, uns zu entfalten, sie fordert auch ihren Tribut von unserer Gesundheit.

In den Vereinigten Staaten, wo inzwischen zwei Drittel der Menschen übergewichtig sind, wachte keiner eines Tages auf und sagte: »Ich glaube, ich ernähre mich schlecht und werde richtig fett.« In den 1970er-Jahren haben die Hersteller absichtlich angefangen, Nahrungsmittel mit allen möglichen Süßstoffen und künstlichen Zutaten herzustellen, die so angelegt waren, dass sie in uns einen Hunger nach Junkfood weckten. Diese hochkalorische Nahrung wurde bewusst so gemacht, dass sie reizvoll und verführerisch ist. Es war ein großes Geschäft.

Das Gleiche kann man von unserer heutigen Aktivität in der digitalen Welt sagen. Genauso wie beim Essen müssen wir Verantwortung für unseren Umgang mit der Technik übernehmen und versuchen, die Veränderungen des Lebensstils vorzunehmen, die nötig sind, damit wir auf dem zerstörerischen digitalen Weg nicht zu weit gehen. Wir müssen die Menschen bilden, informieren, überzeugen und beraten, damit sie erkennen, was für sie wirklich gesund und das Beste ist. Genauso dringend wie wir einen Diätplan für unsere Ernährung brauchen, benötigen wir einen digitalen Diätplan. Wir alle müssen essen und wir alle nehmen auf die eine oder andere Weise die Technik in uns auf. Genauso wie wir beim Essen aufpassen müssen, müssen wir bei unserem Umgang mit der Digitaltechnik aufpassen und die Technik so benutzen, dass sie gesunde Folgen für unser Leben hat. Wir müssen uns nicht am digitalen All-you-can-eat-Büfett vollstopfen.

Wie sieht der richtige Umgang mit Essen aus? Essen dient der Ernährung, Gemeinschaft und dem Feiern. Was ist die richtige Nutzung der Digitaltechnik? Sie soll das Leben leichter und bequemer machen, damit wir die Informationen bekommen, die wir brauchen, um mit anderen soziale Kontakte zu haben, und ja, sie dient auch der Unterhaltung.

Hier sind einige Fragen zu Ihrem digitalen Ernährungsplan, die Sie sich stellen sollten:

- Hilft die Digitaltechnik, mein Leben leichter zu machen, oder macht sie es schwerer?
- Ist mein stundenlanges Suchen und Googeln gesund für mein Leben?
- Hilft mir die Technik, eine tiefere Beziehung zu den Menschen, die ich liebe, aufzubauen?
- Teile ich meine Zeit, die ich mit Unterhaltung verbringe, gut ein?

Wir borgen uns die Pyramide aus der Ernährungswelt, die uns einen gesunden Ernährungsplan erklärt, und veranschaulichen anhand der folgenden Grafik unseren aktuellen »digitalen Ernährungsplan« in dieser Pyramide:[127]

Aktuelle digitale Ernährungspyramide

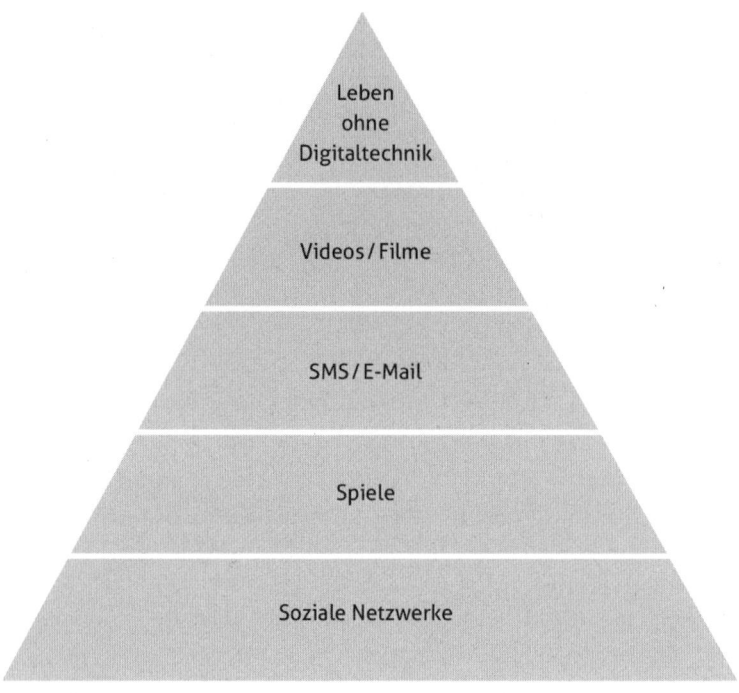

Leben
ohne
Digitaltechnik

Videos / Filme

SMS / E-Mail

Spiele

Soziale Netzwerke

Wie Sie sehen, zeigt die typische »digitale Ernährungspyramide«, dass wir die meiste Zeit im Internet mit sozialen Netzwerken verbringen. Dann folgt Unterhaltung, zum Beispiel durch Spiele, gefolgt von SMS und E-Mails. Die wenigste Zeit verbringen wir ohne Digitaltechnik.

Unser digitales Leben dient uns am besten, wenn es durch sein Gegenstück – unser Leben ohne Digitaltechnik – ausgeglichen wird. Wenn Sie Ihre aktuelle digitale Ernährungspyramide auf den Kopf stellen, wäre Ihre Ernährung viel gesünder. Wir sollten den größten Zeitanteil im realen Leben ohne Digitaltechnik und Internet verbringen. Das gilt für unsere ganze Familie, nicht nur für Erwachsene. Wir sollten unsere Technik zwar für die richtigen Zwecke nutzen, aber wir sollten auch Zeit finden, um im echten Leben etwas zu tun.

Nehmen Sie die folgende leere Pyramide und erstellen Sie Ihren eigenen Ernährungsplan:

Erstellen Sie Ihre eigene
digitale Ernährungspyramide

Leben ohne Digitaltechnik

Beachten Sie, dass Ihr »Leben ohne Digitaltechnik« jetzt unten steht und die meiste Zeit einnimmt. Das ist nötig, wenn Ihr digitaler Ernährungsplan Ihnen die bestmögliche Gesundheit bringen soll. Nehmen Sie sich jetzt Zeit und füllen Sie den Rest Ihrer digitalen Ernährungspyramide so aus, wie Sie Ihr digitales Leben gern verbringen würden.

Wir schlagen vor, dass Sie dann eine Kopie von Ihrer Pyramide machen und sie irgendwo in Ihrem Haus oder an Ihrem Arbeitsplatz aufhängen, um an Ihren digitalen Ernährungsplan erinnert zu werden. Halten Sie sich genauso gewissenhaft daran wie an Ihren Ernährungsplan beim Essen.

Sie können auch einige leere Pyramiden ausdrucken, die andere Mitglieder Ihrer Familie ausfüllen können.

Ich (S. Frejd) möchte Ihnen einige digitale Grenzen vorstellen, die ich mir selbst gesetzt habe, und hoffe, dass sie Sie ermutigen, Ihre eigenen digitalen Grenzen aufzustellen.

Meine digitalen Grenzen

- Ich schalte mein Smartphone erst nach meiner stillen Zeit am Morgen ein.
- Ich versuche, meinen digitalen Tag spätestens um 21 Uhr zu beenden.
- Ich schaue nicht auf mein Smartphone, wenn ich mich mit jemandem zum Mittagessen oder Abendessen treffe, oder ich lasse es gleich im Auto.
- Ich lege jeden Sonntag einen digitalen Fastentag ein.
- Bei den Mahlzeiten gibt es keine Digitalgeräte.
- Ich beschränke das Lesen von E-Mails und SMS auf einmal pro Stunde.
- Ich versuche, nicht mit (virtuellen) Personen zu telefonieren, wenn echte Menschen vor mir sitzen.
- Ich bete jeden Tag, dass Gott mir hilft, gut mit meinem virtuellen Leben umzugehen.

Bewusste Strategien, um sich in Ihrem echten Leben zu entfalten

Ich (S. Frejd) stieß vor Kurzem auf eine neue App: SelfControl (Selbstbeherrschung).[128] Die Website erklärt, wenn einem im Internet Selbstbeherrschung fehle, könne man durch diese App leicht eine Portion Selbstbeherrschung herunterladen.[129] Was für eine originelle Idee! Diese App kann den Zugang zu allen störenden Aktivitäten wie Mailserver, soziale Medien und andere Websites blockieren. Das Großartige an dieser App ist, dass Sie eine oder zwei Websites, die ablenken, blockieren können, aber trotzdem Zugang zum restlichen Internet haben. Das kann eine hilfreiche App sein, aber was wir bei unserem digitalen Ernährungsplan wirklich brauchen, ist mehr praktische Selbstbeherrschung und nicht nur eine App. Eine Aufforderung durch den Heiligen Geist würde uns weiterbringen. Wir verbieten uns nicht gern etwas und verschieben auch nicht gern eine Belohnung. Studien zeigen, dass Menschen mit Selbstbeherrschung besser fähig sind, ihr Verhalten, ihre Gefühle und ihre Aufmerksamkeit zu steuern, um langfristige Ziele zu erreichen, als ihre impulsiven Mitmenschen. Wir alle brauchen Grenzen und klare Regeln, wie schon der Psalmist sagte: »Ein Mensch ohne Selbstbeherrschung ist so schutzlos wie eine Stadt mit eingerissenen Mauern« (Spr 25,28). Wenn wir unseren Appetit zügeln, bringt uns das einen großen Gewinn, weil das in uns die Reserven aufbaut, die wir brauchen, wenn wir versucht sind, eine Grenze zu überschreiten. Früher war eine Stadt ohne Stadtmauern gegenüber einem Feind, der in die Stadt einmarschieren und sie einnehmen wollte, verwundbar. Genauso ist ein Leben, das keine Grenzen einhält, oder, um es in der Sprache des Psalmisten auszudrücken, »mit eingerissenen Mauern« für jede digitale Invasion oder Ablenkung, die auftaucht, verwundbar. Wenn Sie kleinen Schwächen nachgeben, müssen Sie damit rechnen, dass sie am Ende die Oberhand gewinnen und Ihr ganzes Leben beherrschen werden. Alles, was außer Kontrolle gerät, wird Ihr Leben schwächen.

Eine große Hilfe, um gesunde Grenzen bei Ihrem digitalen Konsum aufzustellen, ist es, jeden Tag eine vernünftige Zeit zu finden, die das Ende Ihres »elektronischen Tages« markiert und ab der Sie alles ausschalten und, außer in Notfällen, keine elektronischen Geräte mehr benutzen. Versuchen Sie, Ihren Digitaltag spätestens um 21 Uhr zu beenden, und ruhen Sie sich aus oder bewegen Sie sich. Verdunkeln Sie Ihre Umgebung und reduzieren Sie den Lärm und Stress durch die Technik, indem Sie Ihr Smartphone auf Vibrieren stellen und die Lautstärke Ihres Laptops und aller Alarme und Meldungen herabdrehen.

Zehn Schritte zu einem gesunden Umgang mit der Digitaltechnik

1. Überlegen Sie sich zweimal, ob Sie etwas posten oder twittern.
2. Geben Sie Ihrem Ehepartner Ihren Facebook-Benutzernamen und Ihr Passwort.
3. Legen Sie einmal in der Woche oder einmal im Monat eine digitale Fastenzeit ein.
4. Suchen Sie den Kontakt zu Menschen – echte Menschen sind wichtiger als virtuelle Menschen.
5. Überlegen Sie genau, ob Sie ein neues Digitalgerät wirklich brauchen, bevor Sie es kaufen.
6. Verbringen Sie so viel Zeit wie möglich in Ihrem echten Leben.
7. Seien Sie in Bezug auf Ihren Umgang mit der Digitaltechnik ein gutes Vorbild für Ihre Familie.
8. Schlafen Sie ohne Digitaltechnik. Verbannen Sie alle Handys aus dem Schlafzimmer (oder stellen Sie sie wenigstens stumm!).
9. Nehmen Sie sich täglich Zeit für Gott (siehe Kapitel 10).
10. Heiligen Sie Ihre Technik und setzen Sie sie zu Gottes Ehre ein.

Wo sind unsere Manieren geblieben?

In unserer schnelllebigen Gesellschaft mit ihren vielen Anforderungen besteht die große Gefahr, dass wir unsere Manieren verlernen, besonders unsere sozialen Anstandsregeln. Zu Hause gehen die Manieren verloren, da die Familienaktivitäten durch die Technik gestört werden. Die Gastfreundschaft leidet darunter, dass wir zu viele Dinge gleichzeitig tun. Durch die Anonymität, die das Internet bietet, wimmelt es in den Kommentarteilen von Blogs und Zeitungswebsites nur so von unhöflichen Bemerkungen.

Deshalb ist es wichtig, dass wir bewusst allgemeine Höflichkeitsregeln einhalten. Freundlichkeit und Liebenswürdigkeit sind ein wichtiger Bestandteil eines höflichen Verhaltens. Liebenswürdigkeit ist die Fähigkeit, anderen Menschen zu vermitteln, dass sie in unserer Welt willkommen sind und sich darin wohlfühlen können. Freundlichkeit hat viel mit Rücksicht zu tun, sie spiegelt aber auch Herzenswärme wider. Höflich und freundlich zu sein, ist der äußere Ausdruck eines christusähnlichen Verhaltens. Menschlicher Anstand ist in der heute komplexen und sich ständig verändernden digitalen Welt wichtiger denn je.

Sie haben zweifellos selbst schon beobachtet, was ich (S. Frejd) jetzt beschreiben werde, und könnten bestimmt viele ähnliche Geschichten erzählen: Ein junges Paar Ende zwanzig saß an einem Nachbartisch im Restaurant. Der junge Mann war mit seinem Smartphone beschäftigt und war voll und ganz auf seinen kleinen Bildschirm konzentriert. Das ging eine Dreiviertelstunde so, während seine Begleiterin ihm gegenübersaß. Vor Langeweile begann sie, auch auf ihrem Handy zu spielen. Bald verbrachten die beiden mehr Zeit mit ihren Handys als miteinander. Am Ende ihres Essens hatten sie kaum ein Wort miteinander gesprochen.

Das mag trivial klingen, aber so etwas geschieht ständig in den Restaurants und zu Hause. Mit Smartphones herumzuspielen, scheint die neue Beschäftigung zu sein, wenn man miteinander ausgeht. Dieses Phänomen wird als *abwesende Präsenz* bezeichnet und bedeutet, dass jemand an seinem Handy seine Nachrichten abruft, Videospiele spielt oder mit Apps spielt, während er mit jemand anderem zusammen ist. Wegen dieses Verhaltens möchten wir unsere eigene »Netikette-Revolution« ausrufen. Wir nennen sie: »Sei da, wo du bist.« Uns gefällt diese Formulierung, da sie kurz und knapp beschreibt, worum es geht. Wie oft haben Sie sich schon dabei ertappt, dass Sie mit jemandem in einem Zimmer sitzen, aber mit jemand anderem sprechen, der nicht da ist? Statt »abwesende Anwesenheit« zu praktizieren, schlagen wir vor, »anwesende Anwesenheit« einzuüben.

Bei dieser »Revolution« geht es darum, wieder einzuüben, ganz da zu sein, wo man ist. Wenn Sie sich in dieser Situation befinden, dann drücken Sie auf Pause an Ihrem Smartphone oder klappen Sie Ihren Laptop zu und konzentrieren Sie sich auf den Menschen, der bei Ihnen ist. Wenn Sie zum Beispiel mit einem Freund oder Ihrem Ehepartner essen gehen, dann versuchen Sie, sich zu konzentrieren, präsent zu sein und ganz in der Gegenwart zu leben. Schenken Sie dem anderen Ihre volle Aufmerksamkeit. Stellen Sie Ihr Smartphone auf Vibrieren und lassen Sie es in der Tasche. Widerstehen Sie dem Drang, darauf zu schauen. Noch besser: Lassen Sie es im Auto. Wenn Sie im Supermarkt an der Kasse stehen, unterhalten Sie sich mit der Kassiererin. Eine andere Idee ist es, zu Hause eine »Kopf-hoch«-Regel aufzustellen, das heißt, dass während eines Gesprächs niemand nach unten auf einen Computer oder ein Handy schaut. Wenn Ihr Gegenüber sich nicht die Zeit nimmt, Ihnen in die Augen zu schauen, unterbrechen Sie das Gespräch, bis er Sie wieder ansieht. Wäre es nicht herrlich, wenn wir alle da wären, wo wir sind?

Wir möchten Ihnen noch einige grundlegende Höflichkeitsregeln vorstellen. In Südkorea wird es *Netikette* genannt; es handelt sich dabei um ein landesweites Programm, bei dem die Schulkinder lernen, im Internet Höflichkeitsregeln einzuhalten. Wir gehen davon aus, dass das im Laufe der Zeit auch auf andere Länder übergreifen wird, da alle ein wenig Netikette vertragen könnten. Die goldene Netikette-Regel lautet: *Behandle andere im Internet so, wie du behandelt werden möchtest.*

Zehn Grundregeln der Internet-Netikette

1. Versuchen Sie, immer höflich und respektvoll zu sein.
2. Kontrollieren Sie alles, das Sie versenden, noch einmal auf Tippfehler und Rechtschreibfehler, da Fehler die Glaubwürdigkeit der Nachricht herabsetzen.
3. Schreiben Sie nicht ganze Wörter in Großbuchstaben, da das dem Leser vermittelt, angeschrien zu werden!
4. Sagen Sie online und in Ihren Profilen die Wahrheit, da Ehrlichkeit zu den besten Erfahrungen im Internet führt. Aber seien Sie vorsichtig und geben Sie nur preis, was angebracht ist.
5. Tun Sie im Internet nichts, das Sie im echten Leben nicht tun würden. Seien Sie Sie selbst! Sie sind nicht anonym.
6. Explodieren Sie nicht und reagieren Sie nicht auf unangenehme Weise, da persönliche Beleidigungen unhöflich sind, und Netikette ist höflich.
7. Verfolgen Sie keine Spams oder Pop-up-Links, da Sie sich damit leicht Viren und Spyware einfangen können.
8. Seien Sie sparsam mit den E-Mails, die Sie verschicken, da Qualität besser ist als Quantität.
9. Gewöhnen Sie sich nicht an, spät in der Nacht zu facebooken, zu twittern oder E-Mails zu versenden.
10. Seien Sie aus persönlichen und beruflichen Gründen diskret, wenn Sie online Informationen weitergeben.[130]

Der Technik bewusste Grenzen setzen

In einer Barna-Umfrage von 2011 wurden Eltern und Jugendliche gefragt, ob es bei ihnen Zeiten gebe, in denen sie bewusst die Entscheidung treffen, Computer, Handy und Co. auszuschalten oder nicht zu benutzen, um eine Pause davon zu machen. Von den befragten Eltern gaben 67 Prozent an, dass sie eine Pause von der Technik machen; 33 Prozent sagten, dass sie das nicht machen.[131]

Von den befragten Jugendlichen sagten 56 Prozent, dass sie eine Pause einlegen; 44 Prozent gaben an, dass sie keine Pause machen. Eltern müssen daran arbeiten, Internetpausen zu machen, und sie müssen ihren Jugendlichen helfen, ebenfalls bewusst Pausen einzulegen.

Eine Mutter erzählte uns, dass sie abends die ganzen iPhones und Laptops der Familie auf einem Tisch im Ess- oder Wohnzimmer liegen hat, wenn ihre Familie zusammensitzt. Sie sagte: »Ich versuche, meinen Kindern klarzumachen, dass es wichtig ist, sich immer nur auf eine einzige Sache zu konzentrieren, aber es gelingt mir nicht immer. Ich denke, mir fällt eher auf, was wir alle tun. Wenn ich in ein Zimmer komme und sehe, dass alle auf einen Bildschirm schauen, mache ich sie darauf aufmerksam, dass wir alle Bildschirme anschauen, statt einander anzuschauen.«

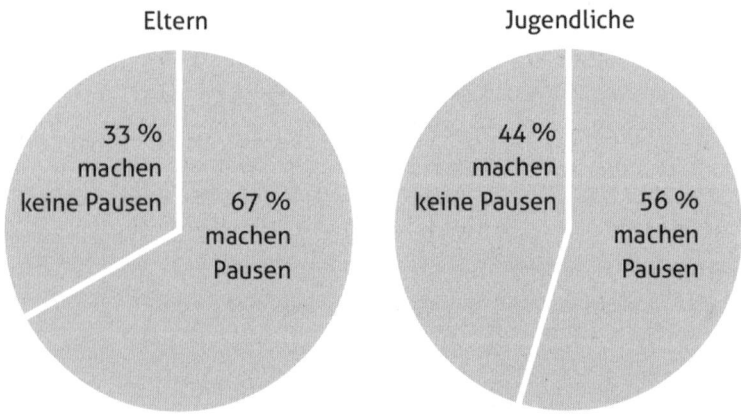

Entscheidung, eine Pause bei der Techniknutzung einzulegen

Eltern

33 % machen keine Pausen

67 % machen Pausen

Jugendliche

44 % machen keine Pausen

56 % machen Pausen

Digitaltechnik-Fasten

Vor ein paar Jahren riet mein (S. Frejds) Life-Coach mir, in meinem bevorstehenden Urlaub von der Digitaltechnik zu fasten. Ich erinnere mich, dass ich bei mir dachte: »Das werde ich bestimmt nicht tun!« In letzter Minute entschied ich mich dann doch, den Rat zu befolgen, und ließ widerwillig meinen Laptop zu Hause und benutzte mein Handy nicht. Nach ein paar Tagen »digitaler Entgiftung« erlebte ich den besten Urlaub, den ich je hatte. Ich war so entspannt und hatte so eine gute Beziehung zu meiner Familie, dass ich die Geräte gar nicht wieder einschalten wollte, als ich nach Hause kam.

Könnten Sie ein Wochenende lang auf die Digitaltechnik verzichten? Könnten Sie Ihre Internetnutzung oder Facebook für vierundzwanzig Stunden unterbrechen? Oder bekommen Sie allein schon bei diesem Gedanken eine Panikattacke? Alles, worauf wir nicht verzichten können, beherrscht uns. Das ist eine Tatsache. Das Digitaltechnik-Fasten und Abschalten sind enorm wichtig für unsere körperliche Gesundheit, für unsere Seele und unseren Geist. Genauso wie beim Verzichten auf Essen durchbricht das Digitaltechnik-Fasten die gewohnten Verhaltensmuster, in die wir so leicht geraten. Es macht unser Gehirn flexibler und bereiter für kreative Arbeit. Was noch wichtiger ist, es macht Ihnen deutlicher bewusst, wovon Sie vielleicht abhängig sind, und verändert Ihr Verhalten gegenüber den Menschen und in den Situationen, in denen Sie stehen.

Als Teil dieses Buchprojekts fördern wir eine weltweite Kampagne unter dem Titel *Digitaltechnik-Fasten*, bei der wir die Menschen auffordern, regelmäßig für vierundzwanzig Stunden ihre ganzen Digitalgeräte auszuschalten und in ihr echtes Leben einzutauchen. Ein Student sagte, bevor er versuchte, zu fasten: »Ich denke, dass ich das schaffe und dass es nicht so schwer sein wird. Falls es doch schwer sein sollte, muss ich wahrscheinlich meine Beziehung zu diesen Dingen neu überdenken. Ich will mir beweisen, dass sie eine Ergänzung zu meinem Leben sind und keine Suchtmittel.« Auszuschalten und von der Digitaltechnik zu fasten verändert nicht nur

Ihr Leben, es hilft Ihnen auch, herauszufinden, ob die Technik eine Ergänzung zu Ihrem Leben ist oder ein Suchtmittel.

Wir haben begonnen, dieses Digitaltechnik-Fasten an Universitäten, in Gemeinden, in Militärbasen und bei Konferenzen in ganz Amerika vorzustellen. Lesen Sie einige Reaktionen von Menschen, die diese Herausforderung angenommen haben und eine bestimmte Zeit auf ihre Digitaltechnik verzichtet haben:

- »Es war eine unangenehme Überraschung zu erkennen, dass ich ständig abgelenkt werde, als liefen mein echtes Leben und mein virtuelles Leben zur gleichen Zeit in verschiedenen Flugzeugen ab.«
- »Es hat mich überrascht, wie sehr meine Finger darauf programmiert sind, F-A-C-E in die Suchleiste einzugeben. Entweder meine Muskeln haben diese Kombination gespeichert oder es geschieht instinktiv, dass ich mich zuerst bei Facebook einlogge, wenn ich ins Internet gehe.«
- »Ich wohne jetzt seit drei Jahren mit denselben Leuten zusammen; sie sind meine besten Freunde, und ich glaube, es war einer der besten Tage, die wir miteinander verbracht haben. Ich konnte sie wirklich sehen, ohne durch irgendetwas abgelenkt zu werden, und wir konnten zu einfachen Freuden zurückkehren.«
- »Die Medien bringen uns die Menschen nahe, die weit weg sind, aber sie trennen uns von den Menschen, die in unserer Nähe sind.«

Im Gegensatz zu unserer Aufforderung zu einem »Digitaltechnik-Fasten« erzählt ein Artikel von CNN.com von einem berühmten Blogger, der nicht einen oder zwei Tage fasten will, sondern ein ganzes Jahr. Er erklärt: »Ich bin die meiste Zeit, in der ich wach bin, im Internet. Ich will einfach wissen, wie es mich beeinflusst und was davon vielleicht nicht gut für mich ist.«[132] Wir raten Ihnen nicht unbedingt, ein ganzes Jahr auf die Digitaltechnik zu verzichten, aber aus der Sicht dieses prominenten Bloggers wird sehr deutlich, dass es eine gesunde Sache sein kann, regelmäßig für eine gewisse Zeit auf alle digitalen Aktivitäten zu verzichten. Wir sehen das genauso und wollen Sie ermutigen, regelmäßig eine Digitaltechnik-Fastenzeit einzulegen.

Ein Pastor erzählte uns neulich, dass ein Mann nach dem Gottesdienst auf ihn zukam und fragte, ob er seine E-Mail bekommen habe. Der Pastor fragte: »Haben Sie sie vor dem Freitagmorgen geschickt?« Der Mann antwortete: »Ich habe sie am Freitag geschickt.« Aber der Pastor hat beschlossen, Freitag und Samstag digital zu fasten, und dazu gehört, dass er keine E-Mails auf seinem Smartphone abruft, da das Teil seiner Arbeit ist. Um sein Gemeindemitglied nicht zu verärgern, versicherte er ihm: »Ich schaue mir Ihre E-Mail am Montagmorgen an.«

Dieser Pastor geht sehr bewusst mit seinem Smartphone um und lässt sich davon nicht beherrschen; das müssen seine Gemeindemitglieder respektieren. Ihnen zu sagen: »Ich schaue von Freitag bis Sonntag keine E-Mails an und rufe sie erst am Montagmorgen ab, dann sind sie immer noch da«, ist ein hervorragendes Beispiel für den klugen Umgang mit dem Smartphone. Er nutzt und genießt alle Vorteile und Apps auf seinem Handy, aber er hat gelernt, es klug einzusetzen.

Was wir tun können

Jetzt sind Sie an der Reihe. Wir laden Sie ein, unsere Herausforderung anzunehmen und für einen Tag in der Woche oder für einen Tag im Monat eine vierundzwanzigstündige Fastenzeit einzulegen, in der Sie Ihre Digitaltechnik ausschalten und in Ihr echtes Leben eintauchen. Versuchen Sie es an einem Samstag oder Sonntag und schalten Sie Ihren Computer, Ihr iPad und Ihr Smartphone aus. Wir wissen, dass sich Berge von E-Mails ansammeln, wenn Sie sie einen oder zwei Tage nicht abrufen, aber Sie werden staunen, wie viel leichter Sie sie abarbeiten, wenn Sie sich einen Tag freigenommen haben.

Lassen Sie Ihren eBook-Reader aus und lesen Sie ein richtiges Buch und unterstreichen Sie Stellen und schreiben Sie Notizen an den Rand. Schreiben Sie mit Stift und Papier, statt zu tippen. In dieser digitalen Welt bewusst zu leben, bedeutet, dass Sie aufwachen und sich Ihre Beziehung zur Technik bewusst machen und erkennen, was die Technik Ihnen gestohlen hat, und dann Ihr echtes Leben und echte Beziehungen zurückerobern.

Lassen Sie uns wissen, wie es lief, nachdem Sie zum ersten Mal eine solche Fastenzeit eingelegt haben. Auf unserer Website www.TheDigitalInvasion.com oder auf www.Facebook.com/TheDigitalFastChallenge warten wir gespannt auf Ihre Erfahrungen mit Digitaltechnik-Fasten.

Digitaltechnikfasten

Die Herausforderung, die Digitaltechnik für 24 Stunden auszuschalten und Ihr echtes Leben zurückzuerobern.

Ziel:
• Aufwachen und erkennen,
wie Ihre Beziehung zur Technik aussieht
• Beurteilen, was die Technik Ihnen gestohlen hat
• Zurückerobern und Ihr echtes Leben und
echte Beziehungen zurückgewinnen

Schalten Sie alle Digitalgeräte aus
und schalten Sie um auf Gottes Wort.
Verbringen Sie eine ungestörte Zeit mit Gott
und lassen Sie sich auf Ihre Beziehungen
im echten Leben ein.

Erzählen Sie uns Ihre Erfahrungen:
www.TheDigitalInvasion.com
www.Facebook.com/TheDigitalFastChallenge

Gesprächsimpulse

- Wie haben Sie bei den Fragen zur Beurteilung der digitalen Nutzung abgeschnitten?
- Haben Sie viel Zeit darauf verwendet, sich über die gesunde Nutzung der Digitaltechnik Gedanken zu machen? Erklären Sie Ihre Antwort.
- Welche Tipps aus den »Zehn Schritten zu einem gesunden Umgang mit der Digitaltechnik« möchten Sie gern umsetzen?
- Möchten Sie sich an der »Sei-da wo-du-bist«-Revolution beteiligen? Wenn ja, wie wollen Sie dabei vorgehen?
- Erklären Sie, welche der »Zehn Grundregeln der Internet-Netikette« für Sie am hilfreichsten waren.
- Möchten Sie die Herausforderung »Digitaltechnikfasten« annehmen? Schildern Sie, wie Sie dabei vorgehen wollen.

9
Der Digitaltechnik-Schutzplan

Weil Gott so barmherzig ist, fordere ich euch nun auf, liebe Brüder, euch mit eurem ganzen Leben für Gott einzusetzen. Es soll ein lebendiges und heiliges Opfer sein – ein Opfer, an dem Gott Freude hat… Deshalb orientiert euch nicht am Verhalten und an den Gewohnheiten dieser Welt, sondern lasst euch von Gott durch Veränderung eurer Denkweise in neue Menschen verwandeln. Dann werdet ihr wissen, was Gott von euch will: Es ist das, was gut ist und ihn freut und seinem Willen vollkommen entspricht.

Römer 12,1-2

Sie schauen es an. Sie hören es an. Sie laden daraus herunter. Sie gehen hinein. Sie spielen darin und surfen darin. Und sie unterhalten sich bestimmt darin. Aber haben Sie als Eltern eine Ahnung, wie viel Zeit Ihre Kinder täglich damit verbringen? *Es* ist natürlich eine oder mehrere digitale Anwendungen, mit denen die Digital Natives spielen. Können Sie überwachen und steuern, wie sehr Ihre Kinder sich damit beschäftigen? Es kann für Eltern herausfordernd und anstrengend sein, in Bezug auf die ganzen Digitalgeräte immer auf dem Laufenden zu bleiben, aber wenn wir wollen, dass unsere Kinder in dieser digitalen Welt sicher leben, ist es wichtig, dass wir alles tun, um sie zu schützen.

Schauen wir uns einen typischen kleinen Jungen an. Nennen wir ihn Dennis. Seine Mutter lässt ihn alle »Baby Einstein«-Videos anschauen. Ich (A. Hart) vermute, dass einige ältere Leser wie ich noch nie von Baby Einstein gehört haben. Das ist eine Serie von Multimediaprodukten wie Videos und Spiele von Disney, die sich auf interaktive Aktivitäten für Kinder zwischen drei Monaten und drei bis vier Jahren spezialisiert hat. Als Dennis vier war, verbrachte er mehrere Stunden am Tag damit, dass er Mathematikfilme und wissenschaftliche DVDs anschaute und sich ganz allein durch das Programm klickte. Als Folge davon lernte er ziemlich früh lesen und rechnen.

Drehen wir die Uhr weiter. Jetzt ist er neun und wild auf Videos, aber nicht mehr die Lernvideos wie »Baby Einstein«. Er ist abhängig von digitalen Videospielen und seine Mutter macht sich große Sorgen. Die Videospiele nehmen seine ganze Zeit in Anspruch und verdrängen andere Interessen. Seine Mutter hat begonnen, seinen Videokonsum einzuschränken, nachdem sie gemerkt hatte, dass er sich für keine Freizeitaktivitäten angemeldet hatte, die seine Spielzeit einschränken würden. Zum Glück erkannte Dennis' Mutter dieses Dilemma und ergriff schnell Schritte, um seine Zeit vor dem Bildschirm zu begrenzen.

Ein Bericht einer Studie des USC-Zentrums für Digitale Zukunft brachte eine besorgniserregende negative Seite der Techniknutzung unserer Kinder zutage. Der Bericht zeigte, dass Eltern allmählich erkennen, dass die Zeit, die die Familie sich mit der Digitaltechnik beschäftigt, die Interaktionen im persönlichen Gegenüber einschränkt und die Zeit, die die Familie bewusst miteinander erlebt, beschneidet. Dr. Michele Borba, eine international anerkannte Expertin und Autorin über Mobbing und ethische Entwicklung, erklärt:

> Was für das Leben unserer Kinder, die ständig mit ihrer Digitaltechnik beschäftigt sind, möglicherweise auf dem Spiel steht, ist schwerwiegend; dazu gehört die Schwächung unserer Bindung zu unseren Söhnen und Töchtern, der Verlust von starken Familienbeziehungen, Ritualen, Erinnerungen und Interaktionen und eine schlechtere Entwicklung der Empathiefähigkeit und der sozialen Fähigkeiten unserer Kinder.[133]

Wir stimmen bis zu einem bestimmten Punkt zu, dass die digitale Welt das kognitive Wachstum unserer Kinder verbessern kann, wenn sie computergenerierte Übungsmittel benutzen. Aber Kinder brauchen auch Begegnungen im echten Leben, um sich ganzheitlich zu entwickeln. Sie müssen Kommunikationsfertigkeiten, emotionale Intelligenz, Empathie, Zuhören und Respekt vor anderen lernen. Zum Beispiel genügt es nicht, dass sie die Landschaft und die Natur nur über einen Computerbildschirm kennenlernen. Experten bezeichnen das inzwischen als »Naturdefizit«. Unsere Kinder brauchen es, die Natur mit ihren Gerüchen und Geräuschen kennenzulernen. Damit dieses Kennenlernen real und sinnvoll ist, müssen die Kinder die Natur mit eigenen Händen, Ohren und der Nase erleben!

Wichtig für Eltern ist: Wenn Sie Ihre Kinder davor schützen wollen, eine Abhängigkeit vom Computer, Internet, Smartphone oder von einem anderen digitalen Gerät zu entwickeln, müssen Sie einen sehr klaren Handlungsplan haben.

Die Befürchtungen von Eltern in Bezug auf die digitale Welt

Bei Gesprächen mit Eltern über dieses Thema äußern viele Befürchtungen darüber, wohin die digitale Welt unsere Kinder führt. Was genau befürchten die Eltern?

- *Altersgemäßer Inhalt* – In welchem Alter sollte Kindern welche Nutzung der Digitaltechnik erlaubt werden?
- *Körperliche Inaktivität* – In welchem Ausmaß fördert mangelnde körperliche Betätigung Übergewicht?
- *Abhängigkeit* – Wo laufen Kinder die größte Gefahr, eine Abhängigkeit zu entwickeln?
- *Zeit vor dem Bildschirm* – Wie viel Zeit vor dem Bildschirm ist für welche Altersgruppe angemessen?
- *Unausgeglichenes Leben* – In welchem Maß bringt eine zu starke Nutzung der digitalen Welt das Leben eines Kindes aus dem Gleichgewicht?
- *Sozialisierung* – Führen die sozialen Medien zu einem Mangel an sozialen Fähigkeiten?

- *Bildung* – Wirken sich digitale Aktivitäten auf das Lernen und die Noten aus?

Laut einem Komitee der amerikanischen Kinderärzte-Akademie ist die Angst, die Eltern in Bezug auf die Erziehung in diesem digitalen Zeitalter an erster Stelle nennen, die Sorge, wie sie die Zeit ihrer Kinder vor dem Bildschirm einschränken sollen. Die empfohlenen Grenzen für Kinder von 0 bis 19 Jahren der amerikanischen Kinderärzte-Akademie finden Sie weiter unten auf dieser Seite. Es mag ein wenig seltsam klingen, dass Babys auf einer solche Liste erscheinen, aber vergessen Sie nicht, dass Tablet-PCs (wie iPads) schon für Babys angeboten werden, die mit den Fäusten darauf schlagen können. Sie werden Computern ausgesetzt, bevor sie überhaupt gehen können!

Empfohlene Bildschirmzeit-Grenzen für Kinder

- *Kinder von 0 bis 2 Jahren:* Überhaupt keine Zeit vor dem Bildschirm. Babys brauchen alle fünf Sinne, um sich in diesem Alter zu entwickeln, und der digitale Bildschirm entwickelt nur zwei dieser Sinne, nämlich das Sehen und Hören.
- *Kinder von 3 bis 5 Jahren:* Eine Stunde am Tag. Das ist das Alter der Fantasie. In diesem Alter haben Kinder keine Logik, und es ist für sie wichtig, mit anderen Kindern zu spielen.
- *Kinder von 6 bis 12 Jahren:* Nicht mehr als neunzig Minuten am Tag.
- Jugendliche von 13 bis 19: Zwei Stunden am Tag.[134]

Die meisten Familien überschreiten bereits die empfohlenen Bildschirmzeit-Grenzen für Kinder und Jugendliche. Nur ungefähr drei von zehn jungen Menschen sagen, dass es in ihren Familien Regeln dafür gibt, wie viel Zeit sie vor dem Fernseher oder mit Videospielen verbringen dürfen. Selbst wenn Eltern Grenzen setzen, verbringen Kinder trotzdem fast drei Stunden am Tag vor ihren Computern, und das übersteigt die empfohlenen Grenzen.[135] Die meisten Achtbis Achtzehnjährigen verbringen sieben bis acht Stunden am Tag vor ihren Bildschirmen. Das zeigt deutlich, dass Eltern sich wirklich Sorgen wegen der digitalen Nutzung ihrer Familie machen müssen.

Die Umsetzung des »Digitaltechnik-Schutzplans«, den wir vorstellen, hat nicht nur den Vorteil, dass sie das Risiko Ihres Kindes, eine Internetabhängigkeit zu entwickeln, verringert, sondern auch andere digitale Abhängigkeiten.

Um Eltern zu helfen, die digitale Nutzung ihrer Kinder in den Griff zu bekommen, stellen wir den folgenden Aktionsplan in sieben Schritten vor. Er ist leicht umsetzbar und kann innerhalb sehr kurzer Zeit in das Leben Ihrer Familie integriert werden.

Schritt 1: Schaffen Sie eine Vertrauensbasis

Eine wichtige Voraussetzung für jeden Plan, der versucht, die Beschäftigung von Kindern mit der digitalen Welt einzuschränken, ist eine Vertrauensbasis zwischen Eltern und Kindern. Eine Vertrauensbasis ist zwar grundsätzlich für eine effektive Erziehung nötig, aber um die digitale Aktivität einzuschränken oder zu steuern, ist noch mehr Vertrauen nötig. Das liegt daran, dass andere Eltern oft keine guten Vorbilder sind. Viele Eltern sehen überhaupt keine Gefahr oder sind sich nicht bewusst, wie nötig es ist, digitale Grenzen zu setzen. Wenn Ihre Kinder sehen, wie die Kinder von Freunden oder Nachbarn sich ungehindert in der digitalen Welt aufhalten, während ihre Zeit eingeschränkt wird, sind sie darüber nicht glücklich. Sie müssen so viel Vertrauen wie möglich zu Ihren Kindern aufbauen, um ihren Widerstand zu überwinden.

Entscheidende Voraussetzungen, um Vertrauen aufzubauen:

- Eltern bauen Vertrauen auf, indem sie bedingungslose Liebe und Zuneigung zeigen. Loben Sie Ihre Kinder, wenn sie etwas richtig machen. Wenn sie etwas nicht richtig machen, dann lenken Sie ihre Aufmerksamkeit behutsam darauf, was falsch lief, und ermutigen Sie sie, es noch einmal zu versuchen.

- Denken Sie immer daran, dass Kinder wollen, es brauchen und es erwarten, dass Eltern klare Grenzen setzen. Konsequentes Verhalten ist immer vertrauensfördernd. Wenn ein Kind weiß, dass ein bestimmtes Verhalten nicht geduldet wird, wird es Ihre Wünsche allmählich zu akzeptieren lernen. Wenn Sie das richtige Verhalten immer loben, setzt sich dieses Verhalten im Leben eines Kindes durch.
- Eltern, die gute Zuhörer sind, bauen ein stärkeres Vertrauen auf als Eltern, die nicht gut zuhören. Erlauben Sie Ihrem Kind, Ihnen zu erklären, warum es gegen die Regeln verstoßen hat. Kinder sind bereitwilliger, wenn sie verstehen und wissen, warum ihre Eltern so handeln, und wenn die Eltern dem Alter der Kinder entsprechend ihren Standpunkt erklären. Sie beantworten nicht alle »Warum?«-Fragen eines Dreijährigen. Ihm sagen Sie einfach: »Weil ich es sage!« Mit sechs Jahren braucht ein Kind vernünftige und logische Erklärungen und Informationen.

Schritt 2: Bleiben Sie auf dem Laufenden, was in der digitalen Welt geschieht

Eltern sind es ihren Kindern schuldig, digital auf dem aktuellen Stand zu sein. Die digitale Welt verändert sich schnell. In der Anfangszeit des Internets bot es hauptsächlich sinnvolle Informationen und Kommunikationsmöglichkeiten. Seine Entwicklung ging so schnell und die Möglichkeiten für Missbrauch sind jetzt so vielfältig, dass es den meisten Eltern und Erwachsenen schwerfällt, mit den Folgen dieser Veränderungen Schritt zu halten.

Zum Glück wird inzwischen »Cyberkriminellen«, Internetverbrechen, Sicherheitsrisiken, Identitätsdiebstählen, Online-Mobbing und sexuellem Missbrauch viel Aufmerksamkeit geschenkt. Der Bundesstaat New York hat eine Spezialeinheit zum Kampf gegen Internetkriminalität an Kindern eingerichtet und zahlreiche Fälle von Onlineverbrechen überführt, bei denen Erwachsene das Internet benutzen, um jungen Menschen und Kindern zu schaden. Eine

Bedrohung, die Eltern oft übersehen, ist die Verteilung von unanständigem sexuellem Material an Minderjährige über das Internet, das inzwischen das bevorzugte Medium von Pädophilen ist!

Um Kinder vor solchen Internetverbrechern zu schützen, müssen Eltern pro-aktiv sein und sich ständig informieren, was in der digitalen Welt passiert.

Wie Eltern sich informieren können

- Gehen Sie ins Internet und schauen Sie, was Sie dort darüber finden. Es ist eine reiche Informationsquelle. Zum Beispiel hat CNN.com Seiten über Technik und Gesundheit, die regelmäßig Nachrichten über Missbrauch im Internet und Risiken für Kinder behandeln.
- Suchen Sie regelmäßig in einer Suchmaschine nach »Internetrisiken für Kinder« und laden Sie alle relevanten Informationen herunter, die Ihnen und Ihrer Familie vielleicht weiterhelfen können.
- Halten Sie die Augen offen nach Nachrichten und Sendungen im Fernsehen, die informativ sein könnten. Es gibt regelmäßig Sendungen über neue Entwicklungen in der Wissenschaft und in der Gesellschaft.

Schritt 3: Lieben Sie Ihr Kind so sehr, dass Sie ihm Grenzen bei der Nutzung der Digitaltechnik setzen

Noch nie in der Menschheitsgeschichte wurden Kinder einem so hohen Maß an Freiheit und einer so starken Stimulation ausgesetzt. Dennis Prager, Soziologe und bekannter Rundfunkmoderator, sagt dazu: »Die jungen Menschen von heute können mehr Anreize erleben als jede andere Generation in der Geschichte. Außerhalb der Schule sind Anreize rund um die Uhr verfügbar. MTV bietet viele Anreize (MTV richtet in dieser Generation mehr Schaden an als die

Tabakindustrie); Videospiele bieten Anreize; die fast überall auftauchenden sexuellen Stimulierungen bieten Anreize; MySpace (im Großen und Ganzen eine menschliche Jauchegrube) bietet Anreize; sich tätowieren zu lassen, ist reizvoll; Piercings sind reizvoll; viele Bilder und Videos im Internet sind reizvoll. Die Liste mit reizvollen Dingen, die viele Kinder jeden Tag erleben, ist endlos lang. Aber diese ganzen Anreize behindern in Wirklichkeit die Fähigkeit unserer Kinder, das Leben zu genießen und damit glücklich zu sein. Diese ganzen Anreize stumpfen unsere Kinder ab, aber sie machen sie nicht glücklich.[136] Was noch wichtiger ist, Teile unserer digitalen Kultur zielen bewusst auf Kinder ab, besonders auf Jugendliche und junge Erwachsene. Für viele Kinder von Eltern, die viel zu tun haben oder gestresst sind, wird die Beschäftigung mit der digitalen Welt von der beängstigenden Freiheit begleitet, dass junge Menschen mehr oder weniger gezwungen sind zu tun, was ihnen gefällt.

Es überrascht nicht, dass Eltern auf Widerstand stoßen, wenn sie Grenzen setzen, nicht nur beim Umgang mit der Technik, sondern auch in anderen Lebensbereichen eines Kindes. Widerstand ist eine natürliche Begleiterscheinung und ist zu erwarten. Ein Kind, das von seinen Eltern nie ein »Nein« hört, entwickelt sich höchstwahrscheinlich zu einem unglücklichen, gestressten Kind. Einer der weisesten Menschen, denen ich (A. Hart) je begegnet bin, ist Erma Bombeck. Von unseren jungen Lesern kennt wahrscheinlich kaum noch jemand diesen Namen! Sie war Humoristin, die mit ihren Zeitungskolumnen sehr populär wurde, in denen sie von Mitte der 1960er- bis Ende der 1990er-Jahre das Familienleben in einer amerikanischen Vorstadt beschrieb. Sie brachte fünfzehn Bücher heraus, die fast alle Bestseller wurden. In einer ihrer Zeitungskolumnen beschrieb sie, dass es einer der schwersten, aber gleichzeitig einer der lohnendsten Berufe auf der ganzen Erde sei, Mutter zu sein, und sie erzählte, wie sie auf den üblichen Ausruf eines Kind reagierte, das mit dem bekannten Spruch: »Du liebst mich nicht!« versuchte, seinen Kopf durchzusetzen.

Sie schrieb: »Eines Tages, wenn meine Kinder alt genug sind, um zu verstehen, was eine Mutter motiviert, sage ich ihnen ...: ›Ich habe dich so sehr geliebt, dass ich dich mit meinen Fragen, wohin du gehst, mit wem du weggehst und wann du nach Hause kommst, nervte.‹«[137] Sie beendet ihre lange Liste mit den Dingen, die sie ihnen sagen wird, mit folgenden Worten:

Aber vor allem habe ich dich so sehr geliebt, dass ich »Nein« sagte, auch wenn du mich dafür gehasst hast, und das war das Schwerste.[138]

Erma Bombeck trifft den Nagel auf den Kopf. *Nein* ist nicht das hässlichste Wort, das Eltern benutzen müssen, sondern manchmal das liebevollste. Ihr Nein gibt Ihrem Ja einen Sinn. Effektive Planung und Grenzen in der heutigen digitalen Welt zeugen von Liebe. Damit sagt man: »Ich kann dir nicht erlauben, dich in Schwierigkeiten zu bringen. Dafür liebe ich dich zu sehr. Ich will, dass du dein Potenzial ausschöpfst. Deshalb musst du mir vertrauen; mein Urteilsvermögen ist besser als deines, und meine Liebe zu dir verlangt, dass ich Nein sage, wenn es nötig ist. Ja, das verstehst du wahrscheinlich nicht, und du willst bestimmt schreien: ›Du liebst mich nicht‹, aber eines Tages wirst du selbst Kinder haben und mich verstehen.«

Kinder werden das nicht immer so sehen. Wie sollen sie auch? Sie sind zu unreif, um es zu verstehen, aber der Tag wird kommen, an dem sie es schätzen, besonders, wenn sie selbst Kinder haben! Also sagen Sie angemessen, konsequent und liebevoll Nein, und Ihre Kinder werden es Ihnen eines Tages danken.

Kinder reagieren oft mit Übertreibungen, wenn sie versuchen, ihren Kopf durchzusetzen. Die klassische Übertreibung ist: »Das macht jeder.« Das ist weltumfassend. Ich habe das von Kindern in Südafrika, Australien und fast jedem Land gehört, in dem ich zu Besuch war. Eltern müssen konsequent bleiben und dürfen sich davon nicht beirren lassen. Tief in ihrem Herzen wollen Kinder keine Eltern ohne Rückgrat. Es ist traurig, aber Ihre Ratschläge werden erst geschätzt, wenn Ihre Kinder erwachsen sind und möglicherweise selbst Kinder haben.

Schritt 4: Schützen Sie die sozialen Fähigkeiten Ihres Kindes

Es besteht kein Zweifel, dass die Entwicklung von guten sozialen Fähigkeiten wesentlich dazu beiträgt, dass unsere Kinder reifen. Diese Fähigkeiten sind wichtig, um Beziehungen aufzubauen, um starke Ehen aufzubauen und um am Arbeitsplatz Erfolg zu haben. Es gibt nur sehr wenige Stellen und Berufe, an denen man sich isolieren kann und nie mit Arbeitskollegen zu tun hat. Gute soziale Fähigkeiten haben viel Einfluss auf die Berufslaufbahn, sie sind sehr wichtig. In sehr vielen Berufen arbeiten die Menschen lieber mit jemandem zusammen, der inkompetent, aber sympathisch ist, als mit jemandem, der kompetent, aber unangenehm ist.

Was hat das mit unserer digitalen Welt zu tun? Wie wir zu zeigen versucht haben, haben sich die digitalen sozialen Medien zu einem wichtigen Bestandteil unseres Lebens entwickelt. Wir sind selbstzufrieden geworden und übersehen wahrscheinlich die gefährlichen Folgen. Die Art, wie wir im digitalen Zeitalter miteinander umgehen, ist eine ernste Angelegenheit und beginnt sehr früh im Leben eines Kindes. Das kann zwar eine hilfreiche soziale Übung bedeuten, aber es kann auch zu einer Vielzahl von Problemen wie Depressionen, einer Veränderung der Schlaf- und Essgewohnheiten, Stimmungsschwankungen, unterschiedlichen Freunden oder sozialer Isolation führen. Die gute Nachricht ist, dass wir das Verhalten unserer Kinder formen können, damit ihr Sozialverhalten gesünder wird. Was können Eltern tun?

Strategien, um soziale Fähigkeiten zu entwickeln

Die *erste Strategie* ist, dass Eltern sicherstellen, dass sie ihre Verantwortung, ab dem frühesten Alter die sozialen Fähigkeiten ihrer Kinder zu fördern, nie aus der Hand geben. Wenn Ihr kleines Kind einen »Babycomputer« mit all diesen digitalen Spielen hat, müssen Sie die Zeitdauer, in der es damit spielt, begrenzen. Achten Sie außerdem darauf, dass Ihr Kind mehr sozialen Kontakt zu Ihnen als zu seinem Digitalgerät hat. Lassen Sie nie zu, dass die Bildschirme das Leben beherrschen oder ein Ersatz für Ihre körperliche Nähe zu Ihrem Kind werden. Kinder müssen echte körperliche Kontakte erleben, echte Stimmen hören und die Gesichter von echten Menschen sehen. Seien Sie der wichtigste soziale Kontakt für Ihr Kind; das hilft ihm, später nicht von sozialen Medien abhängig zu werden. Denken Sie daran, dass echte Liebe die Oberhand behalten wird. Die meisten Kinder wollen gar nicht verantwortungslos sein, sondern beteiligen sich oft nur deshalb zu unangemessenen Uhrzeiten an Aktivitäten in den sozialen Medien, weil ihre Freunde das tun. Kinder sind nicht reif genug, um zu erkennen, dass Schlafmangel schwerwiegende Folgen für ihr Lernen und auch für ihre körperliche und geistige Gesundheit haben kann.

Die *zweite Strategie* ist es, dass Sie nicht zulassen, dass die Kontakte Ihrer Kinder zu Freunden über den Computer oder digitale Anwendungen ein Ersatz für echte Freunde werden. Versuchen Sie, sich an das Mindestalter von dreizehn Jahren zu halten, bevor Sie Ihrem Kind erlauben, bei Facebook einen Account zu eröffnen, auch wenn Facebook zurzeit versucht, die Altersgrenzen abzuschaffen. Warum ist das wichtig? Weil einige Wissenschaftler inzwischen davon überzeugt sind, dass unsere emotionalen Bindungen und die Empathiefähigkeit sich in persönlichen Begegnungen mit einem direkten Gegenüber besser entwickeln als auf einem Computerbildschirm. Ein Experte drückte es so aus: »Mit der Technik kennen sich unsere Kinder aus. Aber mit dem Leben nicht.«[139] Kinder, die ihre Beziehungen hauptsächlich über die sozialen Medien erleben, erfassen nicht die subtileren Punkte der sozialen Interaktion; sie brauchen menschlichen Kontakt, Anleitung und Vorbilder.

Sie sollten bei Ihren Kindern und jungen Teenagern wissen, welche sozialen Medien sie vielleicht benutzen. Achten Sie darauf, dass sie keinen Kontakt zu Fremden aufnehmen, da Pädophile sich im Internet leicht als Kinder ausgeben können. Ihre Kinder sollten über das Internet nur mit Freunden kommunizieren, die sie im echten Leben häufig sehen, wie Schulkameraden und Freunde aus der Gemeinde. Es ist zwar möglich, dass sich ein Kind über das Internet mit jemandem, sagen wir, aus Timbuktu anfreundet, aber die Risiken, die damit verbunden sind, wenn sie sich mit Fremden anfreunden, sind sehr hoch. Sie haben keine Ahnung, ob dieser Freund wirklich in Timbuktu sitzt oder ob er Ihr Kind nur in die Irre führen will.

Die *dritte Strategie* ist es, Ihre Kinder zu ermutigen, immer echte Freundschaften aufzubauen und nicht nur Freundschaften in sozialen Medien. Mit anderen Worten: Soziale Medien können zwar ein effektives Mittel sein, um echte Freundschaften zu verbessern, aber es ist nicht gut, ein breites Spektrum von Freundschaften mit völlig Fremden aufzubauen. Versuchen Sie, ein übertriebenes Simsen Ihrer Kinder mit Freunden zu verhindern. Obwohl gelegentliches Simsen zwischen Freunden nützlich sein kann, ist die Gefahr, dass es übertrieben wird und damit süchtig machen kann, sehr hoch. Berichte zeigen, dass Jugendliche oft mehrere tausend SMS im Monat verschicken. Einmal wurde von einem Jugendlichen berichtet, der 14 000 SMS in einem Monat versandt hatte. Simsen kann auch riskant sein, da Kinder manchmal Simsen benutzen, um zu flirten, sexuelle Spielchen zu spielen, andere zu mobben oder über Drogen und Alkohol zu sprechen. Oft zeigt ein Jugendlicher sich beim Simsen von seiner schlimmsten Seite. Versuchen Sie, das Simsen Ihres Kindes zu überwachen, ohne zu sehr in die Privatsphäre von älteren Jugendlichen einzugreifen. Regelmäßig mit Ihren Kindern zu sprechen und eine starke, offene Beziehung aufzubauen, ist immer der beste Schutz.

Die *vierte Strategie* lautet, kein Sexting zu tolerieren. Sexting verzerrt eindeutig die Sexualität, fördert impulsives Verhalten und kann schwerwiegendes sexuelles Fehlverhalten nach sich ziehen. Dahinter steht, wie wichtig eine gesunde Sexualerziehung und der Dialog zwischen Eltern und Kindern sind.

Schritt 5: Setzen Sie einen Digitalvertrag auf

Ein Digitalvertrag oder eine Selbstverpflichtung kann Eltern helfen, ihre Kinder davor zu schützen, ihre Internetprivilegien zu missbrauchen. Eine solche Selbstverpflichtung kann auch Ihnen selbst guttun.

Ein Digitalvertrag besteht aus drei Teilen. Erstens, und das ist der leichteste Teil, er muss die Zeitgrenzen für die digitale Nutzung festlegen. Zweitens, eine Form von Belohnung bei Einhaltung des Vertrags muss festgelegt werden, damit es für das Kind ein lohnenswertes Ziel hat. Im Bereich der mentalen Gesundheit spricht man von einem »Kontingenzmanagement«, das bei der Formung des Verhaltens von Kindern und Erwachsenen häufig eingesetzt wird. Drittens, Eltern müssen bereit sein, die festgelegten klaren und logischen Konsequenzen bei einer Verletzung des Vertrags durchzusetzen. Der Umgang mit Vertragsverletzungen ist für die Eltern die größte Herausforderung. Es passiert leicht, dass man ein Auge zudrückt oder eine Nichteinhaltung ignoriert oder dass man übertrieben reagiert, wütend wird und das Kind bestraft. Beide Reaktionen sind nicht hilfreich.

Vorbereitung eines Digitalvertrags

In den Anhängen B und C finden Sie Musterverträge, anhand derer Sie Ihre eigenen Familienverträge gestalten können. Wichtig ist, dass Sie klar definierte Grenzen festlegen, die dem Alter Ihrer Kinder angemessen sind. Konsequenzen bei einer Nichteinhaltung des Vertrags sollten vorher zwischen Eltern und Kindern festgelegt werden. Sprechen Sie mit ihren Kindern – dem Alter der Kinder entsprechend –, bevor Sie ihnen einen endgültigen Vertrag vorlegen. Wenn das in Liebe geschieht, kann es einer Familie helfen, gemeinsam einen gesunden Umgang mit der digitalen Welt zu erreichen. Einige Familien drucken ihren Vertrag aus und hängen ihn an oder neben den Computer.

Belohnung für Einhaltung des Digitalvertrags

Die beste Belohnung, um ein gewünschtes Verhalten bei Kindern zu verstärken, ist es, sie zu loben, wenn sie sich an die Absprachen halten. Lob ist die stärkste Belohnung für ein Verhalten. Im Folgenden finden Sie einige grundlegende, leicht umzusetzende

Prinzipien, die Eltern einsetzen können, um ihren Digitalvertrag umzusetzen.

- *Fleißsternchen-System:* Das ist ein Belohnungssystem, bei dem ein Kind für eine einzige Einhaltung der Abmachung oder die Erledigung einer Aufgabe ein Fleißsternchen bekommt. Die Sternchen werden gesammelt und dann gegen ein Geschenk oder ein Privileg »eingetauscht«. Wenn im Vertrag steht, dass alle Computer um 21 Uhr oder vor dem Schlafengehen ausgeschaltet sein müssen, können die Eltern dem Kind jedes Mal, wenn es sich daran hält, mit viel Lob und Anerkennung ein Fleißsternchen geben. Manchmal dienen Knöpfe oder andere kleine Gegenstände als Fleißsternchen. Geld kann auch dafür verwendet werden. Aber es ist besser, Geld nicht als unmittelbare Belohnung zu nehmen, da Sie vielleicht nicht immer die richtige Summe für das beabsichtigte Geschenk zur Hand haben. Es ist besser, Geld erst als endgültige Belohnung zu geben, wenn das Kind eine bestimmte Anzahl von Fleißsternchen gesammelt hat. Besuche an bestimmten Orten können auch als Belohnung dienen. Wenn Sie zum Beispiel wissen, dass Ihr Kind gern in einen Freizeitpark fahren oder einen bestimmten Film sehen möchte, können Sie mit Leichtigkeit den Wert des Fleißsternchens hochsetzen, indem Sie konkret sagen, wie oft das Kind die Abmachung einhalten muss, um sich den Besuch zu verdienen.
- *Couponsystem:* Die Verwendung von Coupons statt Fleißsternchen kann bei älteren Jugendlichen sinnvoller sein, die Knöpfe oder Sternchen zu sammeln als kindisch betrachten. Das gleiche Grundprinzip wie beim Sammeln von Fleißsternchen wird angewandt, aber mit dem Unterschied, dass der Jugendliche sich Coupons verdient, die er sammelt, bis er die Summe erreicht, auf die Sie sich vorher geeinigt haben. Während die Coupons gesammelt werden, müssen Sie noch keine konkrete Aktivität und keinen konkreten Gegenstand festgelegt haben. Oft kann man sie gegen ein besonderes Privileg »eintauschen«. Wenn eine Tochter beispielsweise gern eine Freundin besuchen würde, die

in eine andere Stadt gezogen ist, könnte man ein Couponsystem einrichten, mit dem sie sich diese Reise verdienen kann.

Versuchen Sie, nicht übertrieben zu reagieren, wenn ein Kind sich ein Fleißsternchen oder einen Coupon nicht verdient. Wütend zu werden, Frustration zu zeigen oder ein Kind zu bestrafen, ist bei diesen Belohnungssystemen kontraproduktiv. Gehen Sie sachlich damit um, und wenn sich Ihr Kind ein Fleißsternchen verdient, dann geben Sie es ihm mit dem nötigen Lob. Ein Vertrag ist ein Vertrag, also halten Sie sich daran.

Wenn der Digitalvertrag nicht eingehalten wird
Es kommt auch in den besten Familien vor, dass ein Kind sich nicht an die Abmachung hält und der Vertrag gebrochen wird. Wie Sie auf diese Vertragsbrüche reagieren, ist sehr wichtig. Sie können sie nicht einfach ignorieren, sondern müssen handeln.

Der Hauptgrund, warum Familienregeln nicht eingehalten werden, ist, dass bei Verstößen keine klaren Konsequenzen gezogen werden. Selbst wenn Konsequenzen angedroht werden, sind Eltern vielleicht inkonsequent, wenn es darum geht, sie durchzusetzen.

Die besten Konsequenzen (wir möchten sie nicht als Bestrafung sehen) sind Konsequenzen, die sofort umgesetzt werden können und in ihrer Härte dem Fehlverhalten angemessen sind. Einen wichtigen Punkt wollen wir unbedingt herausstellen: In der Verhaltenstherapie besteht ein großer Unterschied zwischen »Disziplin« (mit dem Ziel, das Verhalten zu verändern oder zu verbessern) und »Bestrafung« (mit dem Ziel zu bestrafen, ohne darauf zu achten, ob sich das Verhalten verändert oder nicht). In meinem (A. Harts) Buch *Stress and Your Child* finden Sie weitere Informationen, wie Sie im Verhalten Ihrer Kinder eine größtmögliche und effektive Veränderung erreichen können, besonders wenn es um schwerwiegendere Verhaltensformen geht.[140]

In weniger ernsten Fällen können Sie Folgendes tun: Angenommen, Sie haben die Regel, dass Ihr zwölfjähriger Sohn Robin nach 22 Uhr oder wenn er im Bett ist, nicht mehr simsen darf. Eine mögliche Konsequenz bei einem Verstoß gegen diese Regel kann nicht lauten: »Robin, du bekommst nächstes Jahr kein neues Handy.« Warum ist das nicht angemessen? Erstens, die Konsequenz ist zeitlich zu weit vom aktuellen Verstoß entfernt und ist wahrscheinlich nicht durchzuhalten. Zweitens, die Konsequenz ist zu streng. Robin wird einfach aufhören, sich überhaupt an die Abmachung zu halten.

Es ist besser, eine Konsequenz zu haben, die eine sofortige Wirkung zeigt und die als fair empfunden wird. Auf diese Weise wird verhindert, dass Robin die Hoffnung aufgibt und eine Möglichkeit sucht, heimlich zu simsen. Wenn die Konsequenz zum Beispiel ist, dass Robin sein Handy für die restliche Nacht abgeben muss, und falls er das nächste Mal nicht gehorcht, wird es ihm zwei Nächte lang abgenommen, wird er schnell begreifen, dass es in seinem eigenen Interesse ist, sich an die vereinbarten Regeln zu halten. Wenn Eltern die Konsequenz mit Fairness und Klarheit durchsetzen und nicht nur gelegentlich, ist die Disziplin effektiver.

Die besten Konsequenzen bei Nichteinhaltung des Vertrags

Die besten Konsequenzen bei Nichteinhaltung von vereinbarten Verhaltensregeln sind Maßnahmen, die

- jedes Mal, wenn ein Verstoß geschieht, sofort und konsequent durchgesetzt werden können.
- Ihr Kind ein wenig enttäuschen, weil es ein bestimmtes Privileg wirklich nicht verlieren will.
- nicht so sehr strafen, dass Ihr Kind sie als unfair oder so streng und schmerzlich empfindet, dass es jedes Interesse an einer Mitarbeit verliert.

Schritt 6: Sorgen Sie für ein sicheres Internet

Eine Möglichkeit, Kinder im Internet zu schützen, die am häufigsten übersehen wird, ist es, die Kontrolle darüber zu behalten, welchen Zugang zum Internet Sie zulassen. Die meisten Privathäuser haben einen Telefon- oder Kabelanschluss, der die einzelnen Familienmitglieder über einen Router entweder durch ein Kabel oder eine kabellose WLAN-Verbindung mit dem Internet verbindet.

Den Eltern muss bewusst sein, dass ihre Kinder meistens technisch versierter sind als sie. Wenn Sie also versuchen, einen bestimmten Bereich ihres Zugangs zum Internet zu verhindern oder einzuschränken, werden Ihre Kinder das merken oder schnell herausfinden, wie sie auch die beste Schutzsoftware umgehen können. Kinder tauschen solche Informationen untereinander aus. Sie wissen, wie man einen Router neu startet und damit alle Firewalls sowohl im Router als auch im Computer umgeht. Vergessen Sie auch nicht, dass Ihr Internetanbieter keine Internetsicherheit garantiert. Es liegt allein bei Ihnen, den Zugang Ihrer Familie zum Internet zu sichern. Das bedeutet, dass *Sie* entscheiden müssen, welches Maß und welchen Umfang an Freiheit Ihr Kind hat, wenn es ins Internet geht und digitale Geräte benutzt.

Sie sollten dabei folgende Tipps beachten:

Sicherheitstipps für den Internetzugang

- Sorgen Sie dafür, dass Ihr Kind keinen direkten Zugang zu Ihrem Router hat. Ein einfaches Drücken der Reset-Taste kann alle Schutzmaßnahmen, die Sie eingestellt haben, löschen. Bei einem Neustart übernehmen die meisten Router die Standardeinstellung und bieten freien Internetzugang ohne Verschlüsselung oder Schutz Ihrer persönlichen Informationen. Sie können ein sogenanntes OpenDNS Family Shield benutzen, mit dem jedes Gerät in

Ihrem Haus, das mit Ihrem Internetanschluss verbunden ist, geschützt ist.

- Legen Sie Zeitgrenzen für den Internetzugang fest, indem Sie die Einstellung am Router so verändern, dass er sich um eine bestimmte Tageszeit ausschaltet. Dadurch werden sowohl die kabellose Verbindung als auch die Verbindungen über Kabel unterbrochen. Die Uhrzeit, die Sie einstellen, um Ihren Router auszuschalten, hängt vom Alter Ihrer Kinder ab. Ältere Jugendliche müssen vielleicht zu ähnlichen Zeiten wie Sie ins Internet, jüngere Kinder müssen ihren Computer vielleicht früher ausschalten. Nicht alle Router bieten diese Möglichkeit, aber Sie können Ihren Router entsprechend aussuchen.

- Suchen Sie drahtlose Access Points in der Nähe Ihres Hauses. Ein Nachbar kann zum Beispiel einen offenen drahtlosen Internet Access Point haben; das heißt, wenn Sie das Internet ausschalten, kann ein kluges Kind, ohne dass Sie es merken, über die drahtlose Internetverbindung des Nachbarn ins Internet gehen. Ich (A. Hart) habe mehrere Nachbarn, die offene WLAN-Verbindungen haben. Einmal habe ich mir sogar die Internetverbindung eines Nachbarn »geborgt«, als mein Server nicht funktionierte. Wenn ich das kann, kann es Ihr Kind auch!

- Auf Spielsystemen und mobilen Geräten sollten Programme installiert sein, die die elterliche Kontrolle ermöglichen, und sie sollten regelmäßig auf ihre Funktionsfähigkeit überprüft werden. Finden Sie heraus, welche Kontrolleinstellungen auf den Geräten Ihres Kindes installiert sind, und sorgen Sie dafür, dass sie funktionieren.

Software für elterliche Kontrolle:
- *BScure Online* – der am meisten empfohlene Provider für Kontrollsoftware für die Familie.

- *iWonderPro* – der ultimative Webbrowser, der elterliche Kontrolle ermöglicht und alles andere übertrifft, was derzeit auf dem Markt ist! Ausgestattet mit einer modernen GPS-Technik, können Sie genau sehen, wo Ihre Kinder sind, wenn sie im Internet surfen. Erwachsenenseiten werden automatisch gesperrt.
- *Safe Eyes* – Mac-, PC- und iOS-kompatible Software, die Ihre Familie vor schädlichen Inhalten und anderen Gefahren aus dem Internet schützt.
- *Net Nanny* – eine wirkungsvolle, aber einfach zu bedienende Lösung für elterliche Kontrolle und Internetsicherheit, die Eltern hilft, ihre Kinder zu schützen und ihre Internetnutzung zu überwachen. Sie filtert den Inhalt von Internetseiten, überwacht Facebook, setzt Zeitgrenzen, sperrt ungeeignete Spiele und vieles mehr.
- *Webwatcher* – vollkommen unsichtbar, zeichnet alle üblichen Computer-/Internetaktivitäten auf wie alle Chats, E-Mails, IMs, Facebook-/MySpace-Aktivitäten und vieles mehr. Außerdem können Sie alle aufgezeichneten Vorgänge von jedem Computer aus abrufen.

- Sorgen Sie dafür, dass alle Computer in einem offenen Bereich stehen, wo alle Aktivitäten im Internet überwacht werden können.
- Da die meisten Kinder wissen, wie sie ihre Internetspuren löschen können, könnten Sie sich überlegen, in Ihrem Router ein Aufzeichnungsgerät oder eine andere Überwachungssoftware zu installieren, die alle Internetaktivitäten überwacht. Diese Hilfen sollten dazu beitragen, Ihre Kinder zu schützen und sie von unerwünschten Websites fernzuhalten.

Schritt 7: Interessieren Sie sich für das digitale Leben Ihrer Kinder

Den wirkungsvollsten Schutz können Eltern ihren Kindern bieten, indem sie sich stark für ihr Leben sowohl zu Hause als auch außerhalb interessieren. Der Umgang mit dem Internet ist mit so vielen Risiken verbunden, dass Eltern ihren Kindern nicht erlauben sollten, diese Welt unbewacht zu betreten. Sie würden Ihre Kinder ja auch nicht allein in einem gefährlichen Stadtviertel herumlaufen lassen. Warum sollten Sie sie dann unbewacht im digitalen Universum herumlaufen lassen?

Eine der gravierendsten Folgen unserer Digitaltechnik ist es, dass sie die Kommunikationskluft zwischen Eltern und Kindern vergrößert und die Unabhängigkeit des Kindes von den Eltern verstärkt hat. Mehrere Studien zeigen, dass Eltern aufgrund der Kommunikationskluft und der mangelnden Beziehung zu ihren Kindern nicht wissen, was im Leben ihrer Kinder vor sich geht.

Planen Sie jede Woche eine bestimmte Zeit ein, um sich von Ihrem Kind erzählen zu lassen, was in seiner Welt passiert, und fragen Sie es auch, wie es die Rolle empfindet, die seine Internetaktivitäten in seinem Leben spielen. Eine regelmäßige Zeit für Gespräche einzuplanen, kann dazu beitragen, die Transparenz zu fördern.

Viele Eltern berichten, dass alle Versuche, mit ihren Kindern über ihre Internetnutzung zu sprechen, schwer sind, da sie es versäumt haben, in früheren Jahren regelmäßige Gesprächszeiten einzuplanen. Je früher Sie also mit solchen Gesprächen anfangen und sie auch in den Teenagerjahren konsequent weiterführen, umso besser. Hören Sie aufmerksam zu, wenn Sie mit ihnen sprechen, und schenken Sie ihnen Ihre volle Aufmerksamkeit. Ja, das bedeutet, dass *Sie* Ihren Computer auch ausschalten! Machen Sie keine Vorhaltungen und bringen Sie keine Enttäuschung zum Ausdruck, sondern hören Sie einfach zu, zeigen Sie Mitgefühl und geben Sie Ratschläge, wenn Sie darum gebeten werden.

Die heimliche Plage

Trace Embry, Gründer und Leiter der Shepherd's Hill Academy
(SHA), ein christliches, biblisch orientiertes Wohn- und Schulpro-
jekt, das Familien von internetsüchtigen Jugendlichen zwischen
zwölf und siebzehn Jahren hilft, berichtet, was er in seinem Zentrum beobachtet:[141]

Ich (Trace) stelle einen unglaublichen Unterschied im Verhalten, in der Einstellung und der allgemeinen mentalen, emotionalen und geistlichen Gesundheit von neuen Schülern im Laufe des
letzten Jahrzehnts, besonders in den letzten paar Jahren fest. Diese
neue Generation von jungen Menschen wurde in die digitale Welt
hineingeboren und scheint wie Roboter mit einem unersättlichen
Appetit nach Dingen, die sie von innen nach außen abtöten können,
angelegt zu sein.

Wenn Kinder für ein Jahr in unser Programm kommen, haben sie
praktisch keinen Zugang zu Fernsehen, iPods, Handys, Videospielen,
Filmen, lauter Musik, unangemessener Unterhaltung, Computern
oder irgendwelchen anderen technischen Geräten, die Bildschirme,
Tastaturen oder Strom brauchen. Sie sind auf das Grundlegende im
Leben beschränkt. Im Laufe der Jahre stellen wir fest, dass Kinder,
die neu zu uns kommen, einfach nicht in der Lage sind, logisch zu
denken, zu kontemplieren und Probleme zu lösen, wenigstens nicht
in dem Maß, wie es für ihre Altersgruppe angemessen sein sollte.
Viele besitzen kaum die Fähigkeit, abstrakt oder objektiv zu denken.
Die meisten sind sehr narzisstisch und haben kein Mitgefühl, während einige überhaupt kein Gewissen zu haben scheinen. Aber im
Laufe der Zeit kehren ihre Fähigkeiten zu kritischem, kreativem und
konstruktivem Denken zurück, während sie sich bei Aktivitäten, bei
denen es nötig ist, dass diese Teile des Gehirns wieder in Gang gesetzt
werden, wie bei Bauprojekten, der Zubereitung von Mahlzeiten und
anderen Aufgaben, bei denen sie Probleme lösen müssen, einbringen.

Aber es wäre nicht gut, den Jugendlichen praktisch alle technischen Stimulationen wegzunehmen, ohne die Lücke mit gesunden,
liebevollen Beziehungen und anderen gesunden Aktivitäten zu fül-

len. Wenn sie nicht erklärt bekommen, welche Hirnschäden übertriebene digitale Aktivitäten hervorrufen, wenn sie nicht in Gottes Wort unterrichtet werden, wenn sie keine christliche Unterweisung bekommen, keine Disziplin und verantwortliches Verhalten einüben, Zeit für kontemplative Gedanken und Gebet bekommen und durch schwierige und herausfordernde Aufgaben gefördert und ermutigt werden, etwas für andere zu tun, können Langeweile und Desillusionierung schnell zurückkehren und sie beherrschen.

Dann kehrt der Wunsch nach den gleichen abstumpfenden Reizen zurück, die man üblicherweise bei Gleichaltrigen massenweise beobachten kann. Einige Kinder, die wir sehen, konnten keine Hausaufgaben machen oder von Punkt A nach Punkt B gehen, ohne über Kopfhörer abgelenkt zu werden. Einige konnten sich nicht lang genug konzentrieren, um überhaupt Hausaufgaben zu machen, weil das einfach nicht reizvoll genug war. Bibellesen oder Bibelstudium wird dann als geistige Grausamkeit empfunden! Wenn ihre Fähigkeit, über etwas nachzusinnen, zurückkehrt, setzt ihr Gebetsleben und auch ihre Heilung ein.

Wir sehen viele Eltern, die digitale Anreize nicht nur bei ihren kleinen Kindern als Babysitter und Schnuller einsetzen, sondern auch bei ihren Jugendlichen. Aber diese »Babysitter« und »Schnuller« misshandeln und vergiften zu oft unsere Kinder. Eltern gehen oft fälschlich davon aus, weil ihre Jugendlichen nicht auf der Straße herumhängen und sich in verruchten Stadtvierteln aufhalten, wäre alles in Ordnung. Aber während ihre Jugendlichen sich Stunde für Stunde in der angeblichen Sicherheit ihrer eigenen privaten digitalen Arkaden aufhalten (auch als Kinderzimmer bekannt), erforschen sie unbemerkt virtuell die verruchten Stadtviertel und halten sich darin auf!

Wenn Eltern diese Technomarathons Nacht für Nacht erlauben, vermitteln sie ihren Kindern damit eine Botschaft. Im Grunde fördern sie damit Angst, Unsicherheit und mangelnden Respekt vor den Eltern. Das wird verstärkt, wenn die Eltern in ihre eigene Technowelt eintauchen und darin aufgehen, egal, ob es das Fernsehen oder etwas anderes ist. Meine Erfahrungen überzeugen mich, dass Kinder tief in ihrem Inneren wirklich wollen, dass ihre Eltern ihnen Grenzen setzen, nicht nur in Bezug auf die Nutzung der Technik, sondern auch in vielen anderen Bereichen ihres Lebens. Ob Sie es glauben oder nicht, klare Grenzen, hohe Maßstäbe und gute Vorbilder geben Kindern die Sicherheit und den Wert, die sie heute so dringend brauchen. Das trägt entscheidend zu einem gesunden Leben bei. Ohne diese Dinge suchen Kinder wahrscheinlich Sicherheit und Wert bei falschen Menschen, an falschen Orten und bei falschen Dingen.

Die Digitaltechnik kann Kindern nicht das bieten, was sie tief in ihrer Seele suchen. Sie wollen echte Erwachsene mit echten Antworten und echten Gefühlen und Emotionen. Sie wollen jemanden, den sie lieben und respektieren können. Eine Maschine oder ein Computer kann niemanden lieben oder schätzen; und er kann auch keine Liebe, Achtung oder Anerkennung empfangen.

Was wir tun können

Trace Embry gibt uns einen Einblick aus seiner Arbeit mit gefährdeten Digital Natives. Sein Programm sollte dringend von anderen nachgeahmt werden, die die Probleme von Jugendlichen behandeln wollen. Wir möchten Sie ermutigen, Eltern zu sein, die im Internet auf dem Laufenden sind – Eltern, die wissen, was in der digitalen Welt passiert. Lassen Sie Ihre Kinder wissen, dass Sie sich dafür interessieren, was sie in der digitalen Welt tun, weil es in ihrem Interesse ist und weil Sie sie lieben. Die stärkste Möglichkeit, Ihr Kind zu beeinflussen, haben Sie durch eine starke Beziehung zu ihm. Dafür gibt es kein Computerprogramm und keine Kurzformel. Das erreichen Sie nur durch eine klare, liebevolle Kommunikation mit Ihren Kindern. Was Ihr Kind wirklich will, ist Ihre Liebe, Ihre Zeit und Ihre Nähe. Ihr Kind will Sie.

Eltern von jungen Kindern und Jugendlichen, die schon einen ungesunden Appetit auf digitale Anreize entwickelt haben, finden im Folgenden einige Tipps, wie sie die Gefahr, dass ihr Kind eine schädliche digitale Abhängigkeit entwickelt, beschränken können.

Zehn erprobte Techniktipps

1. *Seien Sie wachsam.* Beobachten Sie Ihre Kinder, hören Sie ihnen zu, erfahren Sie mehr über sie und unternehmen Sie etwas mit Ihren Kindern. Wenn Ihre Kinder Videospiele spielen, fernsehen oder sich mit irgendeiner anderen digitalen Aktivität beschäftigen, können Sie diese Momente nutzen, um etwas zu lernen. Machen Sie sich bewusst, dass weder Sie noch Ihre Kinder gegenüber den Verlockungen der Technik immun sind und dass Sie nicht davor gefeit sind, die Technik zu missbrauchen. Gehen Sie nicht davon aus, dass Ihre Kinder im Umgang mit der Technik immer die richtigen Entscheidungen treffen.

2. *Schaffen Sie zu Hause eine gesunde Umgebung,* die es Ihren Kindern leicht macht, offen über ihre Wünsche, Bedenken, Sorgen, Ängste, Versuchungen und Erfahrungen in allen Bereichen ihres Umgangs mit der Technik zu sprechen, auch über ihre Fehler. Ihre Kinder müssen wissen, dass sie mit Ihnen über diese Dinge sprechen können, und das auch regelmäßig tun.

3. *Führen Sie gute Mediengewohnheiten ein.* Gehen Sie mit gutem Beispiel voran. Ändern Sie nach Jesu Vorbild Ihre Einstellung gegenüber den Medien in Ihrem Haus und seien Sie dann ein Vorbild für Ihre Kinder. Kinder entwickeln auf Dinge, denen sie oft ausgesetzt werden, viel eher einen Appetit. Die Medien sollten etwas Besonderes sein und nicht eine ständige Aktivität, die einfach als selbstverständlich hingenommen wird. Erziehen Sie Ihre Kinder so, dass Sie sich angewöhnen, um Erlaubnis zu fragen, bevor sie in Ihrem Haus ein Gerät mit einem Bildschirm oder einer Tastatur benutzen. Denken Sie über ein Kopfhörerverbot in Ihrem Haus nach.

4. *Schließen Sie alle Medien an ein Kontrollsystem an.* Der richtige Standort ist sehr wichtig. Stellen Sie den Computer an einen für alle zugänglichen Platz. Erlauben Sie keinen Computer und keinen Fernseher in einem Kinderzimmer. Richten Sie für alles Filter ein. Sorgen Sie dafür, dass Sie alle Passwörter und Benutzernamen kennen. Kontrollieren Sie oft, welche Seiten Ihre Kinder aufgerufen haben. Bemühen Sie sich nach Kräften, die Mediennutzung zu einer Familienangelegenheit zu machen. Machen Sie sich als Familie Gedanken über die Medien und Digitalfasten. Sprechen Sie darüber, um welche Uhrzeit alle digitalen Geräte abgegeben und für die Nacht ausgeschaltet werden sollten. Sorgen Sie dafür, dass die Geschwister sich gegenseitig kontrollieren und damit zur Rechenschaft ziehen. Bitten Sie eine objektive Person von außen, die Mediengewohnheiten Ihrer Familie zu beobachten und zu beurteilen. Das könnte ein Pastor, ein Verwandter oder ein Freund sein.

5. *Legen Sie einen Medienplan fest und halten Sie sich daran.* Nur Sie wissen, wie ein ausgeglichener Medienkonsum für Ihre Familie aussieht. Erlauben Sie Ihren Kindern, Ihnen bei der Erstellung eines solchen Plans zu helfen. Kinder sind oft selbst strenger zu sich, als Sie das wären. Erlauben Sie Ihren Kindern ein Handy, das wirklich nur ein Telefon ist. Lassen Sie Ihre Kinder nicht zu lang allein. Wenn es nicht anders geht, dann richten Sie ein System ein, das bis auf das Telefon alles blockiert.

6. *Achten Sie auf die Warnsignale.* Ist Ihr Kind morgens müde, weil es die ganze Nacht auf war? Hat es den Appetit auf Dinge verloren, die es normalerweise liebt? Zieht es sich aus der Familie zurück? Reagiert es reizbar, defensiv und empfindlich, wenn es nach seinen Computergewohnheiten gefragt wird? Schaltet der Computer-

bildschirm plötzlich um, wenn Sie auftauchen? Denken Sie daran: Sie können im selben Raum sein und erfahren vielleicht nie, was Ihr Kind ansieht.

7. *Fördern Sie Informationen und verantwortlichen Umgang mit Medien in Ihrer Gemeinde, in Ihrem Verein und bei Ihren Freunden.* Das fördert die verlässliche Gemeinschaft, die verantwortliches Verhalten und Maßstäbe unterstützt, die auch bei Ihnen zu Hause sichtbar werden, und macht Ihre Gemeinschaft zu einer vertrauenswürdigeren Umgebung.

8. *Tragen Sie aktiv dazu bei, gute, gesunde Mediengewohnheiten zu entwickeln.* Es gibt viele Websites wie www.pluggedin.com und andere, die Familien helfen, sich im Meer der Unterhaltungsangebote zurechtzufinden. Stellen Sie Ihren Kindern eine Reihe gesunder Möglichkeiten vor, die für sie gut sind, statt ihnen aufzuzählen, was sie nicht sehen dürfen. Das fördert ihren Appetit auf eine gesündere Unterhaltung.

9. *Bieten Sie ihnen alternative Unterhaltungsmöglichkeiten.* Digitale Unterhaltung ist nicht die einzige Möglichkeit. Sport, Hobbys, Brettspiele und Bücher sind nur einige Beispiele aus der Unmenge an nichtdigitalen Aktivitäten, mit denen Kinder ihren Verstand und ihren Körper erfrischen können. Weisen Sie ihnen den Weg zu einer Ausgewogenheit in ihrem Leben.

10. SCHALTEN SIE ÖFTER EINFACH AUS!

Gesprächsimpulse

- Erzählen Sie von Ihren Erfahrungen mit »Baby Einstein« oder anderen digitalen Spielen für Kinder.
- Wie möchten Sie sich weiterhin über die Folgen der digitalen Welt für Familien informieren?
- An welchen wichtigen Voraussetzungen für das Vertrauen zwischen Ihnen und Ihrem Kind, die in diesem Kapitel besprochen wurden, müssen Sie arbeiten?
- Was halten Sie von Erma Bombecks Aussage: »Ich liebe dich so sehr, dass ich ›Nein‹ sage«? Inwiefern fordert diese Aussage Sie als Vater oder Mutter heraus?
- Wirkt sich die digitale Welt auf die sozialen Fähigkeiten Ihres Kindes aus? Erklären Sie Ihre Antwort.
- Haben Sie die Absicht, die Digitalverträge, die wir vorgestellt haben, zu benutzen? Wie wollen Sie sie in Ihrer Familie umsetzen?

10
Schützen Sie Ihren Raum mit Gott

Ihr plagt euch mit den Geboten, die die Gesetzeslehrer euch auf-
erlegt haben. Kommt alle zu mir; ich will euch die Last abneh-
men! Ich quäle euch nicht und sehe auf niemand herab. Stellt
euch unter meine Leitung und lernt bei mir; dann findet euer
Leben Erfüllung. Was ich anordne, ist gut für euch, und was ich
euch zu tragen gebe, ist keine Last.

Matthäus 11,28-30 (GNB)

Unser letztes Kapitel ist eine Einladung an Sie, sich zu befreien, Ab-
stand zu bekommen und Ihr echtes Leben in Jesus Christus zurückzuerobern. Sind Sie müde? Ausgelaugt? Ausgebrannt vom Leben in der
digitalen Welt? Klingt ein freies Leben ohne Lasten zu gut, um wahr
zu sein? Sind Sie an Ihre Technik, die immer eingeschaltet ist, gefesselt
und an die Menschen, die Sie immer erreichen können?

Die vielleicht wichtigste Lektion, die wir bei den Recherchen für
dieses Buch gelernt haben, ist die Erkenntnis, dass viele Menschen
müde, erschöpft und ausgebrannt sind. Wir haben mit eigenen
Augen gesehen, wie leicht es passiert, dass man viel Zeit mit banalen
Dingen im Internet vergeudet, während man die Dinge vernachlässigt, die in unserem Leben wirklich zählen. Jesu Einladung in der
oben zitierten Bibelstelle, zu ihm zu kommen und sich unter seine
Leitung zu stellen, ist im Lärm unserer gegenwärtigen Welt kaum
zu hören. Wir müssen uns bewusst machen, wie leicht es passiert,
dass wir es bei den ganzen Anforderungen, die an uns gestellt werden, versäumen, Zeit und Raum mit Gott zu schaffen. Wenn wir
das nicht tun, könnte es sein, dass wir eines Tages aufwachen und
feststellen, dass in unserem Leben kein Raum mit Gott übrig ist.
Wir verstehen unter »Raum mit Gott« einen geheiligten Raum, in

dem wir unsere Technik ausschalten und Gott ohne Ablenkungen begegnen. Die digitale Invasion bringt uns dazu, dass wir uns selbst jeder Gelegenheit abzuschalten berauben. Unsere ständigen Kontakte und die ununterbrochenen Anreize sind kein neues Problem – der Mensch hat sich schon immer ständige Kontakte gewünscht; bis jetzt war das nur nie möglich. Am Ende unseres Buches wollen wir Ihnen eine »biblische Techniktheologie« vorstellen, die Ihnen helfen will, Ihren Raum mit Gott zu schützen.

Die Sorge wächst, dass viele Menschen durch das Internet ihren Glauben verlieren. Josh McDowell sieht es so: »Atheisten und Skeptiker haben jetzt den gleichen Zugang zu unseren Kindern wie Ihr Jugendpastor und Sie. Deshalb nimmt die Zahl der jungen Christen, die an die Grundlagen des christlichen Glaubens glauben, ab.«[142] Bei der Schwemme an Informationen, die auf unsere Kinder einströmen, können sie in ihrer Beziehung zu Gott leicht abgelenkt, desillusioniert und skeptisch werden. Als Eltern müssen wir alles dafür tun, um bei unseren Kindern und auch bei uns selbst den Raum mit Gott zu schützen.

In diesem ganzen Buch haben wir uns darauf konzentriert, zu zeigen, dass wir von unserer Digitaltechnik immer abhängiger werden und uns weniger auf Gott verlassen. Das ist nicht nur unsere Erfahrung. Viele Christen, mit denen wir gesprochen haben, berichten von einem ähnlichen Kampf. »Uns geht in unserem täglichen Leben die Zeit aus und wir haben nicht viel Zeit übrig, die wir Gott geben könnten«, sagen viele heute.

Es ist fast so, als ob die Ablenkungen, die wir uns durch die digitale Welt aufdrängen lassen, eine Art Götze wären, den wir anstelle von Gott anbeten. Timothy Keller drückt es in seinem Buch »Es ist nicht alles Gott, was glänzt« so aus: »Götzen sind alles, das uns wichtiger wird als Gott; alles, das unser Herz und unsere Fantasie mehr einnehmen kann als Gott und uns etwas geben will, das nur Gott allein geben kann.«[143] Das ist eine passende Definition dafür, wie unsere moderne Digitaltechnik leicht zum Götzen werden kann.

Wenn ein Götze, wie Keller es formuliert, etwas ist, das Ihnen so wichtig ist, dass Sie das Gefühl hätten, das Leben wäre nicht lebenswert, wenn Sie es verlören, machen wir uns dann vielleicht schuldig, falsche Götter zu schaffen? Der Psalmist schreibt etwas Ähnliches: »Ihre Götzen sind aus Silber oder Gold, von Menschenhand gemacht. Obwohl sie einen Mund haben, können sie nicht reden, obwohl sie Augen haben, sehen sie doch nicht! Mit ihren Ohren können sie nicht hören, mit ihren Nasen nicht riechen, mit ihren Händen nicht fühlen, mit ihren Füßen nicht gehen und aus ihren Kehlen kommt kein Laut hervor! Und die, die sie gemacht haben, sollen ihnen gleichen, alle, die auf sie vertrauen« (Psalm 115,4-8). Ja, der Psalmist spricht hier von Götzen aus Silber und Gold. Wie können wir sie also mit der digitalen Welt vergleichen? Wir wollen betonen, dass alles, das unseren Raum mit Gott verdrängt, das Potenzial hat, im biblischen Sinn des Wortes ein Götze zu werden.

Einen Raum für Gott frei machen

Menschen, die es eilig haben, rauben sich selbst die Zeit zur Erholung. Stress, eine Sucht oder einfach Müdigkeit können solche Diebe sein. Bei vielen Menschen ist heute zu beobachten, dass sie ausgebrannt sind. Das Tempo des Lebens ist zu schnell und der Körper hat nicht genug Ruhe, um sich zu erholen. Unser Gehirn hat nicht genug Zeit, um zu meditieren und zu beten. Deshalb werden Probleme nie gelöst oder in die richtige Perspektive gerückt. Wir sehen, dass Christen heute von den geistlichen Erfahrungen anderer Menschen leben. Viele lesen in Blogs, welche Erfahrungen andere machen, ohne dass sie selbst etwas vorweisen könnten. Viele sind abgelenkt, zerstreut und unkonzentriert und geben sich mit einer seichten Spiritualität zufrieden, statt ein erfüllendes Leben zu suchen. Zwar können wir nicht alle geistlichen Kämpfe auf unsere übermäßige Nutzung der Digitaltechnik schieben, aber sie spielt eine wichtige Rolle und versucht, uns unseren Raum mit Gott zu rauben.

Die digitale Welt kostet, so wunderbar sie auch erscheinen mag, uns alle Zeit. Sie ist ein Zeitfresser, weil sie es perfekt versteht, Langeweile zu vertreiben. Sie beschleunigt das Tempo, mit dem wir

Dinge tun, und erhöht das Adrenalin, aber sie kann leicht die freie Zeit verschlingen, die wir für den Raum mit Gott benötigen.

Facebook, Twitter, MySpace, YouTube, LinkedIn, Flickr, Pinterest, Simsen oder einfach auch nur E-Mails verschlingen viel Zeit. In Gesprächen mit Christen hören wir eine Aussage immer wieder: »Es fällt mir immer schwerer, Zeit mit Gott zu finden.« Pastoren und Gemeindemitglieder, Männer und Frauen, Jung und Alt, alle sind davon betroffen. Wenn man ein geistliches Leben haben will, muss man ihm Raum geben. Von selbst kommt es nicht.

Betrachten Sie Ihren Raum mit Gott als heilig

Der erste Schritt, um Ihren Raum mit Gott zu schützen, besteht darin, die Zeit, die Sie mit Gott verbringen, als heilig zu betrachten. Damit ein Raum geheiligt ist, muss er störungsfrei sein. Gott Raum zu geben, erfordert außerdem Disziplin. In der einen Woche machen Sie es vielleicht richtig, und in der nächsten Woche stellen Sie fest, dass die digitale Invasion unbemerkt einschleicht und Ihnen diesen Raum raubt. Aber wir müssen Raum und Zeit schaffen, die frei sind von allen äußeren Anforderungen und Ablenkungen, wenn wir Gott erleben wollen.

Die digitale Welt raubt uns auch noch auf eine andere wichtige Weise unseren Raum mit Gott. Sie macht uns reich an Informationen, aber geistlich arm. Unser Raum mit Gott wird nicht durch Informationen verbessert, sondern paradoxerweise durch das Fehlen von Informationen. Ist das nicht die eigentliche Bedeutung des Bibelverses »Hört auf und erkennt, dass ich Gott bin« (Ps 46,11)? Interessanterweise bedeutet das hebräische Wort *Raphah*, das hier mit »Hört auf« oder in anderen Bibelübersetzungen mit »Seid still« übersetzt wird, »schwach sein, loslassen, aufgeben und übergeben«. Wir müssen »still sein«, damit wir erkennen können, dass er Gott ist. Das ist eine Aufforderung, uns zu ergeben, nichts zu tun und geistliche Ruhe einzuüben. Das können wir nur erreichen, wenn wir uns von unserer digitalen Welt lösen.

Außerdem ist unser Mangel an Raum mit Gott nicht nur ein Problem des Einzelnen, es betrifft auch Gemeinden. Der Autor und Blogger Tim Challies erklärt es so: »Wenn wir abgelenkte Menschen sind und eine abgelenkte Gesellschaft, liegt die Vermutung nahe, dass wir auch eine abgelenkte Gemeinde sind, eine Gemeinde mit einer verringerten Fähigkeit, tief greifend zu denken, Konzentration einzuüben, eine langsame, bewusste Meditation zu betonen.«[144] Die meisten Christen haben gelernt, dass Gebet und stille Zeit mit Gott das Erste am Tag sein sollte. In Wirklichkeit ist aber das Erste am Morgen bei den meisten, die E-Mails abzurufen. Bei anderen sind es Nachrichten auf dem Anrufbeantworter, SMS-Nachrichten, Twitter und die neuesten Facebook-Meldungen.

Den Raum pflegen

Die Technik hilft uns nicht, uns zeitlich einen Freiraum zu schaffen. Dieser Freiraum wird immer mehr ein seltenes Gut. Feuer brennt wegen des Raumes, den wir zwischen den einzelnen Holzstücken lassen – es braucht Raum zum Atmen, wenn Sie so wollen. Unser Leben muss ebenfalls Raum haben, um »atmen« zu können. Denken Sie an das letzte Mal, als Sie den Computer ausschalteten und einen Freiraum in Ihrer Zeit schufen und einfach eine Weile still dasaßen. Es könnte hilfreich sein, über solche Zeiten ein Tagebuch zu führen, wenn auch vielleicht nur, um zu sehen, wie selten Sie sich solche Zeiten gönnen.

Ich (A. Hart) erkannte vor ein paar Monaten, wie selten ich wirklich meine Geräte ausschalte. Ein Erlebnis hat mir die Augen geöffnet. Der schlimmste Windsturm, der das Gebiet von Los Angeles je getroffen hat, war nötig, um mich wachzurütteln und mir zu helfen, Stille und Ruhe zu schätzen. Der Windsturm setzte kurz nach Einbruch der Dunkelheit ein. Der Wind heulte die ganze Nacht. Ich konnte hören, wie draußen Bäume entwurzelt wurden. Meine Frau und ich und auch unser kleiner Hund, Andy, konnten uns nur ins Bett legen und warten, bis der Sturm vorübergezogen war.

Doch diese Nacht war noch mein geringstes Problem. Umgestürzte Bäume und herumfliegende Teile verwüsteten die ganze Gegend, und wir hatten Stromausfall. Das bedeutete kein Fernsehen, keine Smartphones, keinen Internetzugang. Es dauerte nicht lang, bis ich begriffen hatte, wie abhängig ich von meinen Digitalgeräten geworden war. Der erste Tag war gar nicht so schlecht. Mein Smartphone und mein Laptop waren voll aufgeladen. Ich betete, dass der Strom vor Einbruch der Nacht wieder da wäre. Er war nicht da. Am zweiten Tag waren alle Akkus leer. Ich hatte also keine Kommunikationsmöglichkeit nach außen. Meine Töchter waren nicht zu Hause, ich konnte mir also auch von ihnen kein Digitalgerät borgen.

Ich war an jenem zweiten Abend ziemlich unruhig und stellte fest, dass ich einige Entzugserscheinungen aufwies. Nach einer Weile fand ich mich damit ab und war sogar erleichtert, dass ich keine E-Mails abrufen und mir keine Gedanken wegen irgendwelcher Nachrichten machen musste. Aber mich ließ das Gefühl nicht los, dass etwas fehlte. Dieses Etwas war natürlich das Internet. Es gab keine Möglichkeit der Unterhaltung. Ich versuchte, draußen ein wenig aufzuräumen. Bis zum nächsten Abend war ich wieder sehr beunruhigt. Ich hatte das Gefühl, dass mir etwas Wichtiges fehlte. Ich konnte nichts anderes tun, als herumzusitzen und mich mit meiner Frau zu unterhalten. Als Psychiater habe ich im Laufe der Jahre viele Alkoholiker auf Entzug erlebt, aber ich war mir nie wie ein Süchtiger in Bezug auf meinen Computer und das Internet vorgekommen. Vielleicht war es nicht so schlimm wie das, was echte Süchtige erleben, aber ich hatte eindeutig das Gefühl, dass etwas fehlte.

Je mehr Tage vergingen, umso mehr Zeit verbrachten meine Frau und ich im Gebet, führten tiefe Gespräche und erlebten eine starke Verbundenheit mit Gott, etwas, das ich lange nicht mehr gespürt hatte. Es war nie viel »Raum« dafür. Als eine Woche später schließlich der Strom wieder da war, war ich fast ein wenig enttäuscht. Ich fing gerade an, Gott wieder wirklich Raum in meinem Leben zu geben, und wollte das nicht aufgeben.

Die wichtige Lektion, die ich aus dieser Erfahrung lernte, war, wie sehr ich in meiner Nutzung der digitalen Welt abhängig geworden war und wie sehr ich mich davon ablenken ließ. Das heißt nicht, dass ich jetzt alle Internetaktivitäten einstellen sollte oder möchte, aber ich wurde daran erinnert, dass ich mir bewusst »eine Auszeit« von meinen vielen digitalen Aktivitäten nehmen muss, wenn ich in meinem Leben einen Raum mit Gott frei halten will.

Warum vernachlässigen wir diesen heiligen Raum so leicht? Zum Teil deshalb, weil es ungemütlich sein kann, Zeit in Stille zu verbringen, wenn wir es gewohnt sind, ständig etwas zu tun. Wir sind besser darin geübt, unsere Ängste und Wünsche zu verdrängen, indem wir ins Internet gehen, statt das Alleinsein auszuhalten und Zeit mit Gott zu verbringen.

Uns ist auch bewusst, dass viele von uns, besonders die Digital Natives, nicht wirklich wissen, wie Raum mit Gott aussehen sollte. Deshalb möchten wir die wichtigeren Merkmale aufzählen, die unseren Raum mit Gott ausmachen können. Natürlich hat jeder andere Vorzüge. Überlegen Sie deshalb, wenn Sie die unten stehende Liste durchgehen, was für Ihren Raum mit Gott wichtig sein könnte.

Ihr Raum mit Gott

- *Ein Ort, an dem Sie sich sicher fühlen.* Wir können zu Gott so kommen, wie wir sind, und werden von ihm gesehen, wertgeachtet und gehört, ohne etwas fürchten zu müssen. Seien Sie in Ihren Wünschen und Erwartungen einfach, denn Gott kommt auf einfachen Wegen zu uns.
- *Ein ungestörter Ort.* Hier treffen Sie und Gott sich. Nur Sie beide. Störung ist nicht erlaubt. Hängen Sie ein Schild an Ihre Tür, um anzuzeigen, dass Sie nicht gestört werden wollen.
- *Ein Ort der Erkenntnis.* Hier erfahren wir, wer Gott wirklich ist und wer wir wirklich sind, während er uns seine unbegrenzten Ressourcen anbietet.

- *Ein Ort des Gesprächs.* Hier findet der Dialog mit Gott statt. Wir sprechen nicht nur, sondern hören auch aufmerksam zu. Hier können wir unsere tiefsten Geheimnisse aussprechen und Gottes Weisheit hören.
- *Ein Ort des gemeinsamen Glaubens.* Wir sind an diesem Ort nicht allein, sondern wir sind mit den Menschen, die wir lieben, mit den Mitgliedern unserer Familie und der Gemeinde eins. Es ist nicht egoistisch, sich Zeit allein zu nehmen. An diesem Ort leben wir unseren Glauben mit anderen und beten gemeinsam Gott an.
- *Ein Ort der Stille.* Es muss ein stiller Ort sein, denn in der Stille konzentrieren wir unsere Gedanken und können Gottes leise Stimme hören. Haben Sie Geduld, während Sie versuchen, Ihren Verstand und Körper zur Ruhe zu bringen.
- *Ein Ort des Wachstums.* Hier wird der Same eines gottesfürchtigen Lebens gesät, gegossen und gepflegt. Widerstehen Sie der Versuchung, diese Zeit zu verlassen, um etwas »Produktiveres« zu tun. Gott ist am Werk, wenn wir nichts tun, und macht uns zu den Menschen, als die er uns haben will.
- *Ein Ort der Heilung.* Egal, ob uns Traurigkeit, Kopfschmerzen oder Hoffnungslosigkeit quälen, Gott ist da, um uns von allem zu heilen, was kaputt ist. Gottes heilende Gegenwart kann Ihnen helfen, die lang anhaltenden Schreie Ihres Herzens anzugehen.
- *Ein Ort des Herzens.* Hier begegnen sich unsere Herzen, wir freuen uns an Gott und er freut sich an uns. Wir können vor ihm unser Herz ausschütten und dürfen wissen, dass er sich danach sehnt, uns den Wunsch unseres Herzens zu erfüllen.
- *Ein Ort der Vergebung.* Hier wird alle Verurteilung abgelegt, weil wir Gottes Vergebung suchen. Seine Vergebung fließt in Strömen, wenn wir unsere Sünden bekennen.

Ihren Raum mit Gott schützen

Wir sollten den Tag erst begrüßen, wenn wir Gott begrüßt haben, wir sollten andere erst ansehen, wenn wir Gott angesehen haben.[145]

L. B. Cowman

Ermutigend an der modernen Neurowissenschaft ist, dass sie uns wirklich hilft, besser zu verstehen, wie unserem Gehirn der Raum für Gott gestohlen werden kann. Wissenschaftler sagen, dass sie bei Menschen, die sich zu sehr in der digitalen Welt aufhalten, bereits eine verringerte Fähigkeit zu reflektieren, zu meditieren oder zu kontemplieren beobachten. Bei diesen abnehmenden Fähigkeiten nimmt auch unsere intellektuelle Fähigkeit ab. Das bedeutet einerseits ernsthafte Konsequenzen in Bezug darauf, wie wir lernen oder unsere Kreativität entwickeln, aber die größte Gefahr besteht darin, dass wir auch unsere Fähigkeit, mit Gott zu sprechen, verlieren können. Wenn wir uns nicht von unserer Digitaltechnik lösen und einen lebendigen Raum mit Gott freihalten, können wir mit Gott vielleicht überhaupt nicht in Beziehung treten. Wir verfügen nicht über die Gehirnmechanismen, um diese Verbindung herzustellen. Nur für den Fall, dass Sie meinen, das wäre ein wenig zu weit hergeholt: Ein Neurochirurg bräuchte nur eine Minute, um einige Verbindungen zu kappen, und unsere Fähigkeit, Gott zu erfahren, wäre zunichte. Mit anderen Worten, wir brauchen ein gesundes Gehirn, um eine gesunde Verbindung zu Gott zu bewahren.

Dr. Gary Small, Neurowissenschaftler und Fachmann in Bezug auf Alzheimer und Alterungsprozesse, hat viel Zeit darauf verwendet, die Folgen der digitalen Welt auf unser Gehirn zu erforschen. Er erklärt:

Die Nebenwirkungen der Technik unterdrücken anscheinend die Ausführungsfähigkeiten des Präfrontallappens im Gehirn. Heute unterdrücken Videospielsucht, Internetsucht und andere Nebenwirkungen der Technik offenbar die Ausführungsfähigkeit des

Frontallappens und unsere Fähigkeit, mit einem direkten Gegen-
über zu kommunizieren.[146]

Unsere Gespräche mit anderen helfen uns, Gespräche mit uns selbst und wiederum Gespräche mit Gott zu führen. Wenn man nicht in gesunder Weise mit Menschen kommunizieren kann, hat man auch Mühe, eine Beziehung zu Gott und ein gutes Selbstbewusstsein zu haben.

Ein anderer führender Neurowissenschaftler, der Forschungen zu diesem Thema angestellt hat, ist Andrew Newberg. In seinem Buch *How God Changes Your Brain*[147] (deutscher Titel: Der Fingerabdruck Gottes) stellt er uns seine bahnbrechenden Ergebnisse vor. Er erklärt, wie der Frontallappen des Gehirns alle unsere Gedanken über Gott, sowohl positive als auch negative, schafft und integriert, einschließlich der Logik, mit der wir unseren religiösen und geistlichen Glauben beurteilen. Er sagt unsere künftige Beziehung zu Gott voraus und versucht, die ganzen Fragen nach dem Warum, Was und Wo, die sich bei geistlichen Themen ergeben, zu beantworten. Im Grunde erklärt er: Wenn der Präfrontallappen unseres Gehirns, also der Teil, der den Hauptteil des Denkens erledigt, überlastet wird, beginnt er, sich abzuschalten. Raten Sie einmal, was in unserer modernen Welt den Frontalbereich des Gehirns überlastet! Die heutige digitale Invasion greift hauptsächlich den vorderen Teil des Gehirns an, sie überlastet ihn nicht nur, sondern raubt ihm auch einfach seine Energie. Das behindert unsere Fähigkeit zu tiefen Gedanken und folglich zu einer sinnvollen Kommunikation mit Gott.

Das führt uns zu folgender Frage: Wie können wir unseren Raum mit Gott vor der digitalen Invasion schützen? Der christliche Psychiater Dr. Curt Thompson behandelt dieses Thema in seinem Buch *Anatomy of the Soul (Anatomie der Seele)*. Er sagt, dass der Schlüssel zu diesem Schutz im Bereich unserer geistlichen Übungen wie regelmäßiges Gebet, Bibellesen und persönliche Beziehungen zu anderen Menschen liegt, die uns helfen können, eine gesunde und lebendige Beziehung zu Gott zu entwickeln. Es gibt Hinweise, dass solche Übungen sogar die Art, wie unser Gehirn die digitale Welt nutzt, verändern können. Dr. Thompson erklärt das folgendermaßen:

> *Geistliche Disziplinen werden von Nachfolgern Gottes seit über dreitausend Jahren praktiziert. Sie erleichtern genau die Dinge, die die Neurowissenschaft und die Beziehungsforschung als Reflektionen einer gesunden geistigen Verfassung und einer sicheren Beziehung vermuten. Außerdem können diese Disziplinen das Präfrontalhirn stärken.[148]*

Vorurteile in Bezug auf geistliche Übungen überwinden

Viele Christen empfinden die Vorstellung von »geistlichen Übungen« als herausfordernd oder sogar bedrohlich. Einige sind misstrauisch und glauben, dass damit fernöstliche religiöse Methoden wie Transzendentale Meditation oder Yoga nachgeahmt würden. Dadurch versäumen es viele, bewusst einen Raum für eine Beziehung zu Gott zu schaffen. Nur weil andere Religionen beten, heißt das nicht, dass wir sie nachahmen würden, wenn wir beten. Wenn wir uns Zeit nehmen, um über Bibelstellen zu meditieren, heißt das nicht, dass wir die fernöstliche Meditation kopieren würden.

Für uns beschreibt die Bezeichnung *geistliche Übungen* einfach, wie wir täglich den Rahmen dafür schaffen, in Beziehung zu Gott zu treten. Das geht über bloßes Gebet hinaus. Warum können andere Religionen behaupten, dass sie Gott außerhalb ihrer Kirche erleben, während Christen nur die Teilnahme am Gottesdienst als geistliche Übung betrachten? Gott zu kennen und zu erleben, sollte eine ständige Erfahrung sein. Es ist doch tragisch, wenn die Bibel, die Gemeinde und das Gebet keinen Bezug zur wirklichen Welt haben. Eine geistliche Übung oder Disziplin ist nichts anderes, als Gott in der wirklichen Welt zu erleben. Es kann durch Bibellesen, Gebet,

Gottesdienstbesuch oder einfach durch ein Zurückziehen aus unserem ausgefüllten Leben sein, um sich allein in Gottes Gegenwart zu begeben und ruhig vor ihm zu sitzen.

Gott sei Dank, gibt es inzwischen ein wachsendes Bewusstsein dafür, wie nötig geistliche Übungen sind. Im Zusammenhang mit der digitalen Invasion ist diese Verlagerung sehr aktuell. Ein ermutigender Artikel in der Zeitschrift *Christianity Today* berichtet, dass evangelikale Christen »auf eine Weise auf Gott hören, die sich von unserem gewohnten Verständnis von Nachfolge unterscheidet«.[149] Einige Evangelikale erforschen mehr geistliche Übungen als je zuvor, einschließlich Übungen wie den Wert der Einfachheit, des Schweigens, der Stille, christliche Meditation und Führung durch den Heiligen Geist. Das ist aktuell, weil die digitale Welt die Qualität unseres geistlichen Lebens eindeutig nicht verbessert, sondern beeinträchtigt. Geistliche Übungen sind Möglichkeiten, die uns helfen können, aus unserer digitalen Abhängigkeit auszubrechen und den Raum mit Gott zu schaffen, den wir alle so dringend benötigen.

Geistliche Übungen ausprobieren

Adele Calhoun sagt in ihrem Buch *Spiritual Disciplines Handbook (Handbuch der geistlichen Übungen)*: »Wer abschaltet, erkennt damit an, dass ein persönlicher Gott persönliche Menschen zur persönlichen Interaktion geschaffen hat.«[150] Geistliche Übungen sind Mittel, die wesentlich dazu beitragen, dass wir abschalten können.

Welche geistlichen Übungen werden am häufigsten praktiziert? Richard Foster, ein starker Befürworter geistlicher Disziplinen, teilt sie in drei Gruppen auf:

1. *Innere* Übungen. Sie finden in der Privatsphäre unseres persönlichen Lebens mit Jesus statt.
2. *Äußere* Übungen. Sie wirken sich darauf aus, wie wir mit der Welt in Kontakt treten.

3. *Gemeinschaftliche* Übungen. Sie werden in der Gemeinschaft mit anderen praktiziert. Dazu gehören zum Beispiel Gebetstreffen oder Gottesdienste.

Wir möchten Sie ermutigen, folgende geistliche Übungen auszuprobieren:

- geistliches Tagebuch führen
- Schweigen
- sich vor jemandem verantworten
- Gottesdienst
- Gemeinschaft
- Zehntengeben
- Demut
- Dankbarkeit
- die Psalmen beten
- Einsamkeit
- auf die eigene Wortwahl achten
- Schlichtheit
- Meditationsgebet
- Meditation
- Ausschalten
- Bibellesen

Jesus war ein Vorbild für die Praxis der geistlichen Übungen. Er verbrachte viel Zeit im Schweigen, in der Einsamkeit und im Gebet. Er führte ein einfaches und opferbereites Leben; er las Gottes Wort und meditierte darüber.

Im Rest dieses Kapitels wollen wir uns auf zwei geistliche Disziplinen konzentrieren, die in unserer digitalen Welt anscheinend am meisten abhandengekommen sind: Schweigen und Einsamkeit.

Schweigen

Schweigen ist ein »Sabbat für den Mund«. Es geht dabei darum, unsere inneren Ablenkungen loszulassen. Schweigen ist wahrscheinlich die herausforderndste und am wenigsten praktizierte geistliche Übung unter den heutigen Christen. Die digitale Technik raubt uns nicht nur unsere Konzentration, sondern auch unsere Fähigkeit, einfach allein zu sein und still zu sein. Die meisten von uns fürchten das Alleinsein oder mögen es nicht. Wenn wir eine Gelegenheit bekommen, ruhig zu werden und den Lärm auszuschalten, stellen wir fest, dass der Lärm in unserem Inneren lauter wird. Je mehr unsere Sinne gegenüber der leisen Stimme, mit der Gott spricht, abgestumpft werden, umso größer ist offenbar unser Hunger nach einer Überfrachtung unserer Sinne. Unsere Seele sehnt sich nach Stille und Einsamkeit, aber stattdessen füllen wir unser Leben mit Lärm und Aktivität aus, um die Leere zu verdrängen.

Still zu sein und auf unsere Seele zu hören, kostet Zeit und Mühe. Ich (S. Frejd) versuche seit einigen Jahren, auf das zu hören, was meine Seele täglich sagt. Ich nehme mir ein paar Minuten und sitze ruhig da und höre auf das, was ich spüre und fühle, und höre, was Gott mir antwortet. Er erinnert mich vielleicht an eine Bibelstelle oder sagt Worte des Trostes oder der Ermutigung, und ich schreibe sie in mein geistliches Tagebuch. Mein Herz und meinen Verstand jeden Tag auf Gott auszurichten, wird immer wieder ein tiefes Erlebnis und gibt mir einen starken Frieden. Jesus selbst sagte: »Ich lasse euch ein Geschenk zurück – meinen Frieden. Und der Friede, den ich schenke, ist nicht wie der Friede, den die Welt gibt. Deshalb sorgt euch nicht und habt keine Angst« (Johannes 14,27).

Wir können die Einladung der Bibel, still zu sein, nicht ignorieren. Gott fordert uns auf, »in grünen Tälern auszuruhen«, damit er uns »zum frischen Wasser« führen kann (Psalm 23,2). Unsere digitale Welt tut genau das Gegenteil und hält uns den Großteil der Zeit »auf Trab«. Es fließt viel Adrenalin, und dann sind wir zu angespannt, um wirklich Kontakt zu Gott und seinem Frieden zu finden. Gott hat in uns das Bedürfnis gelegt, still zu sein. Jeder Teil unseres Körpers, besonders unser Gehirn, benötigt Ruhe. Unser Gehirn wünscht sich Entspannung und Ruhe von der Hektik des Lebens und ist darauf ausgelegt. Wenn wir innere Stille einüben, trägt das sogar dazu bei, wichtige Teile des Gehirns aufzurichten, besonders das Präfrontalhirn, den Teil des Gehirns, der denkt, und dadurch erhöht sich unsere Fähigkeit, kreativ und produktiv zu sein.

Im Jahr 385 n. Chr. verließ Poimen die Welt, zog sich in die Wüste Ägyptens zurück und wurde später als einer der Wüstenväter bekannt. Von ihm sind folgende Worte überliefert: »Jede Anfechtung, die dir begegnet, kann durch Schweigen überwunden werden: Geh und setz dich in deine Zelle, und deine Zelle wird dich alles lehren.«[151] Die »Zelle« war der Begriff für einen stillen, ungestörten Ort, an dem man mit Gott allein sein konnte.

Dieses Zitat bedeutet mir (S. Frejd) viel, da ich gerade eine Zeit mit starken Anfechtungen hinter mir habe, einschließlich der Sorge um die Gesundheit und den Arbeitsplatz meines Mannes. Die Zeit, die ich jeden Tag mit Gott im Schweigen, in meiner »Zelle« verbringe, lehrt mich viel über Gottes Liebe und seine Treue. Der Friede, den ich in meiner Zeit allein und im Schweigen mit Gott bekomme, ist unbeschreiblich.

Schweigen als Disziplin bietet auch noch viele andere Vorteile. Wir wollen ein paar davon betrachten:

Die Vorteile des Schweigens

- Schweigen schafft Raum, um auf Gott und andere zu hören.
- Schweigen schenkt uns die Freiheit, zu beobachten, was wirklich um uns herum geschieht.
- Schweigen gibt uns Zeit, um nachzudenken und über unsere Gedanken zu reflektieren.
- Schweigen schenkt Raum, um zu fühlen, was in unserem Leben geschieht.
- Schweigen erweitert unser Bewusstsein dafür, was wir in unserem Leben brauchen.
- Schweigen macht uns offen, damit Frieden einziehen kann.
- Schweigen lädt uns ein, unsere Grenzen und Gottes Grenzenlosigkeit zu erkennen.

Untersuchungen haben gezeigt, dass der durchschnittliche Mensch heute, der von der Cyberwelt umgeben ist, nur ungefähr fünfzehn Sekunden Stille ertragen kann. Probieren Sie es selbst aus. Setzen Sie sich irgendwohin, wo es ruhig ist, schauen Sie auf die Uhr, schließen Sie die Augen und bleiben Sie einfach still sitzen. Notieren Sie die Uhrzeit, sobald Sie den Drang verspüren, aufzustehen und etwas zu tun. Sie werden vielleicht überrascht sein. Still zu sein und zu schweigen, ist eine Gewohnheit, die Sie vielleicht erst wieder einüben müssen. Üben Sie auch in Ihren täglichen Interaktionen mit anderen Menschen Schweigen ein. Vielleicht stellen Sie fest, dass es Ihr Bewusstsein für Ihre Mitmenschen erhöht und Sie weniger auf sich selbst konzentriert sind, wenn Sie die Worte, die Sie sprechen, begrenzen.

Von Mutter Teresa stammen die Worte: »Wir brauchen Stille, um Seelen anzurühren.« Jeder von uns braucht die Gelegenheit, um allein zu sein und zu schweigen, um einen Raum in unserem Tag zu finden, an dem wir nachdenken und auf Gottes Stimme hören, die in uns spricht. Ja, dazu sind große Anstrengungen nötig, und unser Smartphone wird versuchen, unsere Stille zu stören; es muss also zum Schweigen gebracht werden. Es erscheint uns wie Schwerstarbeit, die Gedanken, die uns ständig durch den Kopf schießen, zum Schweigen zu bringen. Einigen hilft es, einen kurzen Satz zu wiederholen, wie »Du bist mein Gott« oder »Ich gehöre dir«, um sich leichter darauf konzentrieren zu können, still zu sein. Jedes Mal, wenn Sie das Gefühl haben, dass ein ablenkender Gedanke auftaucht, wiederholen Sie diesen Satz, um sich wieder zu konzentrieren. Ich (A. Hart) benutze ständig eine solche Strategie, auch in den Minuten, kurz bevor ich einschlafe, wenn mein Verstand am dringendsten zur Ruhe kommen muss.

Die Herausforderung, mehr stille Zeit in Ihr Leben einzubauen, erfordert vielleicht einige Opfer und Kreativität. Versuchen Sie, in Ihrer Mittagspause einen Spaziergang im Freien zu machen, oder lassen Sie das Radio aus, wenn Sie Auto fahren. Sie können sich auch in eine stille Kammer setzen, um nicht gestört zu werden. Wenn Sie mutig sind, dann versuchen Sie, an einem »Schweige-Wochenende« teilzunehmen, um auf Gottes Stimme zu hören.[152] Ihre Seele sehnt sich nach Stille, und Gott braucht Ihre Stille, um Kontakt zu Ihnen aufbauen zu können. In der Stille spricht Gottes Stimme am lautesten in Ihr Herz.

Einsamkeit

Ohne Einsamkeit ist ein geistliches Leben fast unmöglich.[153]

Henri Nouwen

Während Schweigen ein »Sabbat für den Mund« ist, ist Einsamkeit ein »Sabbat für das Tun«. Beim Schweigen geht es darum, die inneren Ablenkungen loszulassen, und bei der Einsamkeit geht es darum, die äußeren Ablenkungen loszulassen.

Die meisten von uns verbringen nicht viel Zeit allein, und selbst wenn wir räumlich allein sind, haben wir leichten Zugang zu Hunderten von Freunden und Aktivitäten auf unseren Smartphones und Tablets. Genauso wie die digitale Welt uns das kostbare Schweigen raubt, raubt es uns auch die kostbare Einsamkeit.

In der Einsamkeit tun wir etwas für unsere Beziehung zu Gott. Es ist so ähnlich, wie wenn man viele Freunde hat, aber einen von ihnen besser kennenlernen möchte als die anderen. Wenn die ganzen anderen Freunde ständig um uns herum sind, kommen Sie damit nicht sehr weit. Was tun Sie also? Sie nehmen Ihren Freund und gehen wohin, wo Sie allein sein können. Erst dann können Sie eine echte Freundschaft beginnen.

Ich erinnere mich, dass ich das getan habe, als ich (A. Hart) meine Frau, Kathleen, das erste Mal sah. Als ich achtzehn war, veranstaltete die Jugendgruppe der Gemeinde, in der ich sehr aktiv war, ein Treffen mit einer anderen Jugendgruppe aus einem anderen Stadtteil auf einem bekannten Campinggelände. Wir waren ziemlich viele Leute, aber eine Person in der anderen Gruppe erregte meine Aufmerksamkeit. Sie saß da und schaute mich an. Sie lächelte; ich lächelte zurück. Mein Verstand arbeitete auf Hochtouren. Wie konnte ich sie kennenlernen, wenn die ganzen anderen jungen Leute da waren und uns störten? Ich arbeitete mich näher zu ihr vor. Sie lächelte immer noch. Also wagte ich den Sprung ins Wasser, stellte mich vor und fragte sie, ob sie mit mir spazieren gehen wolle (ich musste allein mit ihr sprechen). Sie willigte ein, und wir gingen zum See hinunter, wo wir bis auf einige Enten allein waren. Ich verliebte mich auf der Stelle in sie und sie sich in mich. Aber wenn wir uns nicht eine Zeit zu zweit allein erkämpft hätten, hätten wir uns nie kennengelernt. Wenn wir die vielen Ablenkungen nicht ausgeblendet hätten, hätten wir uns nicht ineinander verliebt.

Dieses Beispiel lässt sich zwar nicht mit unserer Beziehung zu Gott vergleichen, aber es besteht eine gewisse Ähnlichkeit. Um Gott besser kennenzulernen, müssen wir uns von den anderen zurückziehen und mit ihm zu zweit allein sein. Erst dann kann Gott der Mittelpunkt in unserem Leben werden.

Sieben Schritte, um Schweigen und Stille einzuüben

1. Schalten Sie beim Autofahren das Radio aus.
2. Lassen Sie den Fernseher aus, wenn Sie nichts anschauen.
3. Üben Sie, anderen mehr zuzuhören und weniger selbst zu sprechen.
4. Widerstehen Sie dem Drang, jedes Erlebnis zu simsen und zu posten. Behalten Sie das Erlebnis eine Weile für sich.
5. Benutzen Sie Ihr Handy nicht als Wecker. Stellen Sie die Regel auf: Kein Telefon im Schlafzimmer.
6. Hören Sie, sooft Sie können, auf die Geräusche der Natur.
7. Versuchen Sie, während Ihres lauten Tages immer mit einem Ohr auf Gottes Stimme zu hören.

Wir glauben, dass Gott sich danach sehnt, Mittelpunkt in unserem Leben zu sein und dass wir in Einsamkeit zu ihm kommen. Es müssen keine Worte gesprochen werden. Wir können einfach seine Liebe in uns aufnehmen. Das Ziel ist es, unsere Aufmerksamkeit ohne Ablenkung und von ganzem Herzen auf Gott zu konzentrieren.

Nehmen Sie sich einen Moment Zeit, um das folgende Gedicht zu lesen, und lassen Sie die Worte tief in Ihre Seele eindringen. Lesen

Sie es mehrmals, bis Sie verinnerlicht haben, was es sagt. Halten Sie dann in Ihrem Tagebuch fest, was Gott Ihrem Herzen offenbart. Vielleicht schreiben Sie das Gedicht auf eine Karte, damit Sie es mit zur Arbeit oder auch sonst mitnehmen und lesen können, um Ihr Herz auf Gott zu konzentrieren.

Lass dich von Gott lieben

Schweige.
Sei still.
Allein.
Leer vor deinem Gott.
Sage nichts.
Frage nichts.
Schweige.
Sei still.
Lass dich von Gott anschauen.
Das ist alles. Gott weiß. Gott versteht.
Gott liebt dich mit einer grenzenlosen Liebe
und will dich nur mit dieser Liebe ansehen.
Schweige.
Still.
Sei.
Lass dich von Gott lieben.[154]
Edwina Gately

Wie Jesus denken – christliche Besonnenheit

Die Notwendigkeit, langsamer zu werden, die Zeit und den Raum zu finden, um nachzudenken, ist nichts Neues. Weise Seelen haben uns schon immer darauf aufmerksam gemacht, dass wir, je mehr Aufmerksamkeit wir dem Moment schenken, umso weniger Zeit und Energie brauchen, um ihn mit größeren Themen zu füllen. Im siebzehnten Jahrhundert schrieb der französische Philosoph Blaise

Pascal: »Ablenkung ist das Einzige, das uns in unserem Elend tröstet, und gleichzeitig ist sie unser größtes Elend.« Das Gleiche könnte
er über unsere moderne Zeit sagen. Das Credo der Technik lautet:
»Überlass mir das Denken.« Wir alle lieben die Informationen, die
wir über digitale Mittel bekommen können. Aber die Technik kann
uns nicht die Zeit geben, die wir brauchen, um abzuschalten, zu
reflektieren und nachzudenken. Wenn überhaupt, dann raubt sie
uns diese Zeit. Außerdem kann sie uns davon ablenken, »wie Christus gesinnt zu sein«.

Die digitale Welt macht es uns sehr leicht, abgelenkt zu werden.
Das Problem ist, dass wir durch viele dieser Ablenkungen gestresst
werden, Angst bekommen und uns letztendlich elend fühlen. Pas-
cals Worte legen die Vermutung nahe, dass viele unserer Probleme daher kommen, dass wir nicht fähig sind, allein und still in
einem Zimmer zu sitzen.[155] Die Digitaltechnik formt uns durch
Ablenkung, aber Gott formt uns dadurch, dass wir uns auf ihn
konzentrieren.

Als Jugendlicher war ich (A. Hart) von dem Buch *In seinen
Fußspuren* von Charles Sheldon fasziniert, aus dem der bekannte
Spruch »What Would Jesus Do« (Was würde Jesus tun) stammt.[156]
Kurz nachdem ich dieses Buch gelesen hatte, übergab ich mein
Leben Jesus. Die Worte »Was würde Jesus tun?« hatten sich tief
in mein Herz eingebrannt. Viele Monate lang gingen sie mir nicht
aus dem Kopf. Sie begleiten mich immer noch. Ich frage mich: Was
würde Jesus tun, wenn er in unserer digitalen Welt leben würde?
Es fällt mir schwer, mir Jesus mit einem Smartphone, auf dem er
seinen Jüngern SMS-Nachrichten schickt, vorzustellen. Wichtiger
ist für uns jedoch, dass wir so gesinnt sind wie Jesus und uns von
Gott in unserer digitalen Welt führen lassen. Es ist nicht leicht zu
wissen, was Jesus tun würde, und es ist auch nicht immer leicht
zu *tun*, was Jesus tun würde. Wichtig ist vielleicht nicht nur, was
Jesus tun würde, sondern was ICH nach seinem Willen mit der
heute zur Verfügung stehenden Technik tun soll. Daher müssen
wir versuchen, wie Jesus zu denken. Es gibt vielleicht Menschen,
die die Vorstellung, dass wir »Gott nachahmen« sollen, infrage stel-

len, aber die einzige Möglichkeit, eine gesunde Ausgeglichenheit in unserer digital unterwanderten Welt zu erreichen, besteht darin, dass wir Gott erlauben, unser Denken zu formen. Damit wir nicht nur mit den enormen Herausforderungen richtig umgehen können, vor denen wir jetzt stehen, sondern auch mit denen, die noch auf uns zukommen werden. Deshalb müssen wir Paulus' Aufforderung nachkommen: »Habt diese Gesinnung in euch, die auch in Christus Jesus war« (Philipper 2,5; Luther).

Die Psychologie entwickelt eine Reihe therapeutischer Maßnahmen nach dem Konzept der Achtsamkeit. (Nicht zu verwechseln mit dem, was Buddhisten tun.) Unter *Achtsamkeit* versteht die moderne Psychologie »die vollständige Aufmerksamkeit in jedem Moment auf die gegenwärtige Erfahrung zu richten«. Kurz gesagt: »Aufmerksam sein und bewusst in der Gegenwart leben.« Aktuelle Forschungen lassen vermuten, dass die Therapie, einfach in der Gegenwart zu bleiben, bei der Behandlung von Schmerzen, Stress, Angst, Depressionen, Abhängigkeiten und vielen anderen Störungen helfen kann. Wir könnten hinzufügen: Bewusst in der realen Gegenwart zu leben und nicht in der virtuellen Gegenwart des Internets und seiner Ablenkungen könnte unser geistliches Leben ebenfalls verbessern. Um ein Maß an Erfolg angesichts der digitalen Herausforderungen, mit denen wir in der Zukunft konfrontiert werden, verbuchen zu können, müssen wir unseren Raum mit Gott diszipliniert schützen. Das bedeutet, dass wir bewusst in der Gegenwart, »im Augenblick« mit Gott leben.

Achtsamkeit zu praktizieren, bedeutet zu lernen, langsamer zu werden, immer nur eine Sache auf einmal zu tun und unsere ganze Aufmerksamkeit sowohl der momentanen Aktivität als auch unserer inneren Erfahrung zu schenken, um mehr zu hören und mehr zu fühlen. Dieses Konzentrieren auf eine Sache hilft uns zu Ausgewogenheit, wenn wir in unser echtes Leben zurückkehren. Von Achtsamkeit spricht Jesus auch, wenn er sagt: »Deshalb sorgt euch nicht um morgen, denn jeder Tag bringt seine eigenen Belastungen. Die Sorgen von heute sind für heute genug« (Matthäus 6,34). Jesus lehrt uns, in der Gegenwart unseres echten Lebens in Jesus Christus vollkommen anwesend zu sein. Wir brauchen weniger Informationen und mehr praktische Anwendung. Das kann uns keine App auf einem Smartphone abnehmen.

Geistliches Tagebuch

Ein weiteres hilfreiches Mittel, um die digitalen Einflüsse zu meistern, ist das Führen eines geistlichen Tagebuchs. Es ist eine große Hilfe, um unsere Gedanken zu kontrollieren. Tagebuchschreiben ist sehr hilfreich, denn wenn wir etwas zu Papier bringen, festigt der Prozess des Schreibens die Erinnerungen und gibt unseren Gedanken Klarheit. Wenn Sie Ihre täglichen Erfahrungen, Gedanken und Gefühle nie aufgeschrieben haben, dann versuchen Sie es eine Weile und beobachten Sie, ob Sie konzentrierter werden. Da unsere Augen jeweils mit beiden Hirnhälften verbunden sind, geht etwas, das wir aufschreiben, sofort in das ganze Gehirn über. Dr. Caroline Leaf erklärt die Wirkung folgendermaßen:

> *Es mag anfangs ein wenig seltsam erscheinen, aber diese Methode, dass wir unsere Gedanken zu Papier bringen, fordert beide Seiten des Gehirns auf, zusammenzuarbeiten, indem es die zwei Gedankenperspektiven integriert – die linke Seite des Gehirns betrachtet Informationen ausgehend von den Details hin zum großen Bild und die rechte Hirnhälfte ausgehend vom großen Bild hin zu den Details.*[157]

Tagebuchschreiben hilft, unser Denken zu ordnen, und ist eine Möglichkeit, auf unser Leben zu achten. Wenn Sie Ihre Gebete aufschreiben, hilft Ihnen das, jeden Tag über Gottes Gegenwart nachzusinnen und einen Blick für die gewöhnlichen und außergewöhnlichen Dinge, die in Ihrem Alltagsleben geschehen, zu bekommen. Es hilft Ihnen auch, Gott mehr Aufmerksamkeit zu schenken. Indem Sie Gottes Führung in Ihrem Leben schriftlich festhalten, können Sie auch sehen, wie Gott über eine längere Zeitspanne in Ihrem Leben wirkt. Es kann Ihnen helfen, zu erkennen, wie weit Sie gekommen sind und wohin Sie gehen. Lesen Sie regelmäßig Ihre Tagebucheinträge, um einen klareren Blick dafür zu bekommen, was passiert, und um wiederholende Wünsche, Muster und Lebensthemen zu erkennen.

Fragen für ein geistliches Tagebuch
Wer zum ersten Mal ein geistliches Tagebuch schreibt, hat vielleicht Mühe, Themen zu finden, über die er schreiben will. Hier sind für den Anfang einige Fragen, die Sie sich stellen können:

Was raubt mir meine Energie?	Was gibt mir neue Energie?
Was löst bei mir Stress aus?	Was macht mir Mühe und was bereitet mir Sorgen?
Wofür kann ich dankbar sein?	Was würde ich gern ändern?
Was ist die tiefste Sehnsucht meines Herzens?	Wo stehe ich im Augenblick mit Gott?
Was tut Gott zurzeit in mir?	Wonach sehne ich mich, dass Jesus es in mir tut?
Wie kann ich freier werden, um der Mensch zu sein, als den Gott mich haben will?	

Versuchen Sie, sich jeden Tag eine gewisse Zeit für sich allein zu nehmen und Tagebuch zu schreiben, bevor Sie sich Facebook, Twitter, SMS, Blogs, Pinterest oder E-Mails widmen. Seien Sie still, hören Sie, was Gott in Ihr Herz sagt, und schreiben Sie es auf. Auf lange Sicht ist das viel nützlicher und befriedigender als die meisten Internetaktivitäten.

Einen heiligen Raum mit Gott schaffen

Wenn Sie es ernst damit meinen, dass Sie Gott besser kennenlernen wollen, müssen Sie einen heiligen Raum dafür schaffen, einen Ort, an dem Sie sich gern aufhalten. Richten Sie diesen Ort an einem einladenden Platz in Ihrem Haus ein. Ich (S. Frejd) habe mein Wohnzimmer zu meinem heiligen Raum gemacht. Hier treffe ich mich jeden Morgen mit Gott. Ich habe einen gemütlichen Sessel in der Ecke mit Kissen und einem Tisch, auf dem ich eine aufgeschlagene Bibel liegen habe, die mich zum Lesen einlädt. In einem Korb habe ich meine Lieblingsandachtsbücher, mein Tagebuch, einen Stift und Papier und Karteikarten. Ich habe die Ecke so gestaltet, dass es ein einladender Platz ist, auf den ich mich jeden Morgen freue. (Manchmal bin ich hier auch öfter als einmal am Tag.) Das ist mein heiliger Ort, an dem mich keine Technik ablenkt.

Sie können sich angewöhnen, sich täglich mit Gott zu treffen und Schweigen und Einsamkeit zu praktizieren. Es dauert eine Weile, bis es eine Gewohnheit wird, geben Sie also nicht vorschnell auf. Ein Freund und früherer Student von mir (A. Hart), Pastor Rick Warren, behauptet zu Recht, dass man etwas vierzig Tage lang wiederholen muss, bis es eine Gewohnheit wird. Bewusst in die Gegenwart Gottes zu kommen, ist eine Fertigkeit und eine Gewohnheit, die Sie sich aneignen müssen. Sie können Ihr Gehirn darin üben, an Gott zu denken, und dann überall, wohin Sie gehen, besonders an die hektischen Orte in Ihrem Leben, daran denken, dass Gott bei Ihnen ist. Achten Sie auf die kurzen Zeiten jeden Tag, in denen Sie Stille und Einsamkeit finden können. Nutzen Sie die stillen Minuten am Morgen, wenn Ihre Seele aufwacht und für Gott am empfänglichsten ist. Wenn Sie können, nehmen Sie sich Zeit für sich allein, wenn die Kinder zur Schule gegangen sind. Selbst Verkehrsstaus auf dem Weg zur Arbeit können einige Momente innerer Stille schenken. Achten Sie während Ihres Tages auf Dinge wie einen schönen blauen Himmel oder grüne Wiesen oder eindrucksvolle Berge, die Sie mit Gott in Verbindung bringen können.

Unsere Technik Gott weihen

Am Ende dieses Kapitels und dieses Buches möchten wir Sie ermutigen, sich die Gegenwart Gottes in Ihrem Leben stärker bewusst zu machen, besonders in den Zeiten, in denen Sie mit Ihren digitalen

Geräten beschäftigt sind. Es passiert leicht, dass man unbewusst diesen Teil des Gehirns, der uns mit Gott verbindet, abschaltet, während man in den digitalen Aufgaben aufgeht. Die Grenzen zwischen unserem Leben online und offline sind oft fließend. Das macht es noch schwerer oder vielleicht sogar unmöglich, Gottes Gegenwart zu erleben, wenn wir online sind.

Falls Sie auf Ihrem Smartphone eine Bibel-App haben, bemühen Sie sich, den ganzen Tag immer wieder in der Bibel zu lesen. Warten Sie nicht, bis irgendeine Krise Sie zwingt, sich an Gott zu wenden.

Nutzen Sie andere Apps und Andachten, die Sie als hilfreich empfinden. Sie können auf Bibleserver.com die Bibel in vielen Übersetzungen lesen und auf Utmost.org Andachten von Oswald Chambers, *My Utmost for His Highest (Mein Äußerstes für sein Höchstes)*.

Es ist zwar sehr bequem, über das Internet Zugang zu Andachten und Bibeltexten zu haben, aber seien Sie sich bewusst, dass sich hier sehr leicht andere Ablenkungen einschleichen können wie eingehende E-Mails, Nachrichten, Meldungen und Anrufe. Diese Dinge sind große Hilfen, aber Sie müssen sich zusätzlich anstrengen, um sich davon nicht ablenken zu lassen. Vergessen Sie nicht: Facebook und unsere Onlinekontakte können nie den Platz eines Lebens einnehmen, das in einer persönlichen Beziehung zu Gott gelebt wird.

Zum Abschluss möchten wir folgende Worte von A. W. Tozer weitergeben. Er hat unsere digitale Invasion nicht erlebt, aber seine Worte fassen knapp und bündig zusammen, was wir beschrieben haben.

Ziehen Sie sich jeden Tag an einen ungestörten Ort zurück, selbst wenn es nur das Schlafzimmer ist.

Bleiben Sie an diesem Ort, bis die Geräusche der Umgebung in Ihrem Herzen verstummen und ein Gefühl von Gottes Gegenwart Sie umhüllt.

Schalten Sie bewusst die unerwünschten Geräusche aus und kommen Sie aus Ihrem Kämmerchen mit dem Entschluss, sie nicht zu hören. Hören Sie auf die innere Stimme, bis Sie lernen, sie zu erkennen.

Hören Sie auf, mit anderen konkurrieren zu wollen. Übergeben Sie sich Gott und seien Sie dann, was und wer Sie sind, ohne darauf Rücksicht zu nehmen, was andere denken. Beschränken Sie Ihre Interessen auf einige wenige.

Versuchen Sie nicht zu wissen, was Ihnen nichts nützen wird.

Meiden Sie mundgerechte Häppchen – kurze, zusammenhanglose Fakten, nette Geschichten und kluge Sprüche.

Lernen Sie, jeden Moment innerlich zu beten. Nach einer Weile können Sie das sogar während der Arbeit tun.

Praktizieren Sie Aufrichtigkeit, kindliche Ehrlichkeit und Demut.

Beten Sie für einen konzentrierten Blick.

Lesen Sie weniger, aber lesen Sie mehr, was für Ihr inneres Leben wichtig ist.

Lassen Sie nicht zu, dass Sie sehr lange zerstreut sind.

Rufen Sie Ihre abschweifenden Gedanken zurück.

Schauen Sie mit den Augen Ihrer Seele auf Jesus.

Praktizieren Sie geistliche Konzentration.[158]

A. W. Tozer

Ein Technik-Übergabegebet

Das ist mein _____
[Smartphone, Laptop, iPod, iPad, Facebook, Twitter, Pinterest
oder LinkedIn-Account etc.]. Ich übergebe es Gott, dass es zu
seiner Ehre und zu seinem guten Zweck dient. Es soll kein
Götze werden, dem ich diene, sondern ein Mittel, das ich
benutze und gut verwalte.

In Jesu Namen. Amen.

Gesprächsimpulse

1. Wie beeinflusst die Technik Ihr geistliches Leben und Ihren Raum mit Gott?
2. Wie wollen Sie einen heiligen Raum ohne Ablenkungen durch die Technik schaffen, an dem Sie Gott jeden Tag begegnen können?
3. A. Hart erzählt, wie er aufgrund einer Naturkatastrophe gezwungen wurde, eine Zeit lang ohne seine Digitaltechnik zu leben. Wurden Sie auch schon gezwungen, alles auszuschalten, und was haben Sie aus diesem Erlebnis gelernt?
4. Lesen Sie das Gedicht »Lass dich von Gott lieben« und halten Sie in Ihrem Tagebuch fest, was Sie fühlen, wenn Sie diese Worte lesen.
5. Was halten Sie davon, Ihre Gedanken in einem geistlichen Tagebuch vor Gott zu bringen, bevor Sie sie posten oder twittern?
6. Inwiefern könnte Gott Ihre Technik für seine Zwecke weihen?

Nachwort:
Ein Blick in die Zukunft –
Menschen contra Computer

Am Anfang dieses Buches haben wir Aldous Huxleys Buch aus dem Jahr 1932, *Schöne neue Welt*, zitiert, in dem er die Zukunft als utopische, von der Technik gesteuerte Welt beschreibt. Siebenundzwanzig Jahre später erklärte er: »Es ging schneller, als ich vorhergesehen hatte.« Wir beenden dieses Buch mit ein paar Bemerkungen darüber, wohin unserer Meinung nach die Zukunft unserer »nicht so schönen« Welt steuert, und darüber, welche Folgen sie für unsere Kinder und Enkel hat.

Unter dem Namen *Technik-Utopismus* hat sich eine starke Bewegung von Futuristen entwickelt. Im Wesentlichen sehen sie der Zukunft optimistisch entgegen und glauben, dass die Technik das wichtigste Mittel wäre, um eine ideale Gesellschaft zu schaffen. Aber ist wirklich alles so rosig? Angesichts der immer größer werdenden Kluft zwischen Reichen und Armen dient die Digitaltechnik offenbar hauptsächlich der Technikindustrie.

Ray Kurzweil, der Pionier der Computer-Spracherkennung, hat ebenfalls versucht, die Rolle, die die Technik in unserer Zukunft spielen wird, zu analysieren. In seinem ersten Buch, *The Age of Spiritual Machines (Das Zeitalter der spirituellen Maschinen),* stellt er die gewagte These auf, dass bei dem ständig schnelleren Tempo der technischen Veränderungen Computer es in Zukunft in puncto Intelligenz mit Menschen aufnehmen könnten.[159] In einem späteren Buch, *The Singularity Is Near (Die Singularität ist nahe),* behauptet er, dass irgendwann in der Zukunft Menschen und Computer kombiniert werden und als Einheit funktionieren.[160] Das Wissen und die Fertigkeiten, die in unserem Gehirn verankert sind, werden mit der weitaus größeren Kapazität, Geschwindigkeit und Fähigkeit, Wissen zu verarbeiten, von Computern kombiniert.

Vor einem Publikum aus 3 000 technisch versierten Zuhörern sagte
er:

Wir sind eine Mensch-Maschine-Zivilisation. Jeder wird durch
die Computertechnik verbessert. Sie sind Teil von uns selbst.
Wenn wir die Menschen überzeugen können, dass Computer
komplex und nuanciert denken können ... werden wir sie als
menschlich akzeptieren.[161]

Eine solche Vorstellung wäre nicht so beunruhigend, wenn es sich
nur um einen Vorschlag für einen Science-Fiction-Film handeln
würde. Aber so ist es nicht. Er meint es mit seiner Vorausschau ernst.
Ist es möglich, dass eine solche Vereinigung zwischen Menschen
und Computern irgendwann in der Zukunft stattfinden könnte?
Wenn wir bei der Bildung künftiger Generationen uns weiterhin so
stark von der Technik abhängig machen, ist die Vermischung von
Gehirn und Maschine wahrscheinlich unausweichlich und unsere
Intelligenz wird immer »unbiologischer«. New York und New Jersey
haben jetzt angekündigt, dass Projektionen von digitalen Avatars
als »virtuelles Kundenservicepersonal« in drei Flughäfen im Gebiet
von New York eingesetzt werden, Hologramme, die Flugreisende zu
ihren Gates führen und andere logistische Informationen weitergeben.
Wenn unser Buch gedruckt ist, werden wir an vielen Flughäfen
wahrscheinlich von Hologrammen bedient, die Menschen simulieren
und unsere Fragen beantworten und nie die Geduld verlieren.
Wird sich das auch auf andere Bereiche ausdehnen, zum Beispiel auf
Banken und Geschäfte, da die Kunden sich wohler fühlen, einem
Avatar zu antworten statt einem lebendigen Menschen?
 Laut Kurzweil wird es keine klare Unterscheidung zwischen dem
menschlichen Gehirn und der Hirn-Maschine geben. Es wird auch
keine Unterscheidung zwischen der wirklichen Realität und der virtuellen
Realität geben. Wir werden verschiedene Körper annehmen
und in beliebige Persönlichkeiten schlüpfen können. Er geht noch
einen Schritt weiter und behauptet, dass die Alterung und Krankheiten
von Menschen zurückgehen werden; die Umweltverschmut-

zung hört auf; Hunger und Armut auf der Welt werden gelöst. Das klingt wie eine Star-Trek-Utopie!

Aber egal, wie brillant viele technische Vorhersagen sind, fällt auf, dass sie kein Wort über die sozialen, psychischen und geistlichen Folgen verlieren, die es mit sich bringen würde, wenn unser Gehirn und die Technik miteinander vermischt werden. Sie verschweigen die vielen Möglichkeiten, wie die neue Technik gegen uns eingesetzt werden kann, und die tief gehenden negativen Folgen für unseren Verstand und unser geistliches Leben. Die größte Gefahr ist, dass allein schon die ständige Beschäftigung mit der Technik uns unsere Beziehung zu Gott und zur Natur und echte soziale Bindungen zu unserer Familie und unseren Freunden rauben kann. Im Großen und Ganzen ignorieren die Futuristen die größeren Probleme wie »Cyberkriege«, die zwar blutlos wären, aber trotzdem die Wirtschaft eines Volkes lahmlegen und zerstören könnten.

Kann die nächste Generation, die mit ihren Handys schläft und Phantomvibrationen spürt, wenn sie ihr Handy nicht bei sich hat, durch menschliche Gesellschaft verwirrt werden? Die Generation Internet hat digitalisierte Freundschaften und simst Kürzel und Gefühle. Könnte sie dadurch auf Beziehungen mit leblosen Computern vorbereitet werden? Könnte es sein, dass sie geringere Erwartungen an Beziehungen stellen und dadurch auf die Idee kommen, dass Robotergefährten und Roboterfreundschaften genügen? Es ist höchste Zeit, dass wir als Christen solche Fragen stellen. Unser Ziel ist es, miteinander darüber im Gespräch zu bleiben. Es ist zu spät, um den Futuristen die Zukunft zu überlassen. *Die schöne neue Welt ist schon da.*

Wir beten, dass Gott uns die Weisheit gibt, zu unterscheiden, was gut und was schlecht ist, und das Schlechte in der Technik abzulehnen. Ist es zu spät, um die Strömung aufzuhalten und die Richtung, die die Technik einschlägt, zu steuern? Das weiß niemand mit Bestimmtheit. Wir können nur sagen, wenn wir das Problem weiterhin ignorieren und zulassen, dass die Technik unsere von Gott gegebene Weisheit überrollt, erwartet unsere Kinder eine problematische Zukunft. Wir wurden aus der Gemeinschaft mit Gott, dem Vater, dem Sohn und dem Heiligen Geist geschaffen und darauf angelegt, mit echten, lebenden Menschen auf tief gehende und sinnvolle Weise zu interagieren und Beziehungen zu haben. Gott benutzt unsere Gespräche mit ihm, mit anderen und mit uns selbst, um uns zu verändern. Die digitale Invasion kann uns isolieren, und je isolierter wir werden, umso weniger sind wir Gott ähnlich. Wir müssen die Weisheit Gottes befolgen, mit der der Apostel Paulus sagt:

Deshalb orientiert euch nicht am Verhalten und an den Gewohnheiten dieser Welt, sondern lasst euch von Gott durch Veränderung eurer Denkweise in neue Menschen verwandeln.

Römer 12,2

Anhang A:
Glossar sozialer Medien

Eltern sollten die bekannten Internetseiten der sozialen Medien und die Begriffe, die dort verwendet werden, kennen. Hier finden Sie eine Zusammenfassung der häufiger benutzten sozialen Medien und ihrer Ausdrücke. Die Begriffe sind in alphabetischer Reihenfolge aufgeführt.

Avatar: Eine dreidimensionale grafische Darstellung eines Nutzers oder der Figur oder Person des Nutzers in einem Spiel oder in einer virtuellen Welt.

Blog: (kurz für »web log«). Eine Internetseite oder Teil einer Internetseite, auf der man regelmäßige Einträge oder Meinungen, Nachrichten, Fallstudien, ein E-Mail-Newsletter-Archiv oder alles andere, was man anderen mitteilen will, posten kann.

Digg: Eine soziale Nachrichtenwebseite, die ihren Mitgliedern erlaubt, Artikel zu abonnieren und über Artikel abzustimmen. Artikel mit den meisten Stimmen erscheinen auf der Website und werden folglich von den meisten Mitgliedern der Seite sowie von anderen Besuchern gesehen.

Facebook: Das größte soziale Netzwerk. Facebook hat sich aufgrund seiner leicht zu bedienenden Oberfläche und der interaktiven Möglichkeiten zu einer beliebten Seite für Menschen, Firmen und Organisationen entwickelt, um Kontakte aufzunehmen und Informationen weiterzugeben. Es ist das multimedienfreundlichste Netzwerk der drei großen Netzwerke, da die Nutzer Texte, Bilder, Audios und Videos posten können. Außerdem bietet es viele Anwendungen an, die eine Facebook-Seite interessant und unterhaltsam machen können.

Flickr: Eine Onlineplattform von Yahoo, über die man Fotos teilen kann. Auf Flickr können die einzelnen Nutzer Fotos und kurze Videos auf ihren Account hochladen und sie in Fotogruppen auf Grundlage eines bestimmten Themas mit anderen teilen.

Google Alerts: Ein von Google angebotener Dienst, der Nutzern erlaubt, bestimmte Suchanfragen zu speichern und eine Nachricht zu bekommen, wenn ein neuer Treffer zu dieser Anfrage im Internet auftaucht.

Hashtag: Ein Schlüsselwort, das im sozialen Netzwerk Twitter verwendet wird, um etwas zu einer Nachricht anzumerken. Ein Hashtag ist ein Wort oder Begriff, dem ein »#« vorangestellt ist. Beispiel: #deinhashtag. Hashtags werden allgemein verwendet, um zu zeigen, dass eine Twitternachricht sich auf ein bestimmtes Ereignis oder eine Veranstaltung, ob online oder offline, bezieht.

Instagram: Ein soziales Netzwerk, über das man Fotos teilen kann. Ein Nutzer kann ein Bild fotografieren, einen digitalen Filter darüberlaufen lassen und es in mehreren sozialen Netzwerken teilen.

LinkedIn: Das professionellste der drei großen sozialen Netzwerke. Über LinkedIn können Sie Kontakt zu Freunden, Kollegen und anderen Menschen, mit denen Sie zusammengearbeitet oder Geschäfte gemacht haben, aufnehmen. Ihr Profil im Netzwerk ähnelt einem Online-Lebenslauf.

Live-blogging (oder live-twittern): Mit diesem Begriff wird beschrieben, wenn jemand »live« von einem Ereignis berichtet, indem er während des Ereignisses kurze Einträge in einen Blog schreibt.

Lurker (deutsch: Schleicher, passiver Beobachter): Jemand in sozialen Netzwerken, der nur zuhört und beobachtet, statt selbst an Gesprächen oder Aktivitäten auf der Internetseite teilzunehmen.

Mashup (deutsch: Vermischung): Eine Internetanwendung oder digitale Datei, die viele Medientypen enthält, die aus bereits bestehenden Quellen zusammengestellt sind, um eine neue Seite zu schaffen. Digitale Mashups ermöglichen Einzelpersonen oder Firmen, neue Inhalte zu schaffen, indem sie verschiedene Quellen aus dem Internet zusammenfügen.

MySpace: Eines der frühen sozialen Netzwerke. Es wird inzwischen hauptsächlich von Musikern oder anderen Entertainern verwendet.

Newsfeed: Wörtlich: eine Nachrichteneinspeisung. Auf Facebook ist Newsfeed die Homepage mit den Accounts der Nutzer, auf der sie die neuesten Einträge von ihren Freunden sehen können. Der Newsfeed auf Twitter heißt Timeline (nicht mit Facebooks neuem Profil, das auch Timeline heißt, zu verwechseln).

NutshellMail: Ein kostenloser Service, der ständigen Kontakt bietet und wie ein digitaler Videorekorder (DVR) Ihrer sozialen Netzwerke funktioniert. Er führt Buch über alles, was auf Ihrem Facebook-, Twitter-, LinkedIn- und MySpace-Account geschieht.

Pinterest: Hier können Sie Dinge, die Sie im Internet finden, organisieren und mitteilen. Pinnwände werden verwendet, um Hochzeiten zu planen, die Wohnung zu dekorieren und die Lieblingsrezepte zu sortieren.

Podcast: Audiosendungen oder Aufnahmen, die online zusammengestellt sind. Sie können angehört oder heruntergeladen werden. Viele sind auf iTunes gepostet und können von hier heruntergeladen werden.

Reddit: Ähnlich wie Digg. Eine soziale Nachrichtenseite, die auf einer Nutzercommunity aufbaut, die Geschichten teilen und kommentieren.

Second Life: Eine virtuelle Onlinewelt, in der die Nutzer »Bewohner« heißen und durch Avatars miteinander interagieren können. Bewohner können forschen, andere Bewohner kennenlernen, sich unterhalten, an Einzel- und Gruppenaktivitäten teilnehmen, virtuelles Eigentum und Dienste schaffen, miteinander handeln und durch die ganze virtuelle Welt reisen.

SlideShare: Eine Online-Community, die Präsentationen teilt. Man kann PowerPoint-, Word- und PDF-Dokumente und Videos auf die Seite hochladen, um sie öffentlich oder privat zu teilen.

Social Bookmarks: Wörtlich: soziale Lesezeichen. Internetseiten, auf denen Nutzer Inhalte aus dem Internet speichern, suchen, organisieren und teilen können.

Soziale Medien: Programme, die das Teilen von Informationen und die Schaffung von Communitys durch Online-Netzwerke ermöglichen.

Soziale Netzwerke: Internetseiten von sozialen Medien (z. B. Facebook, Twitter, LinkedIn), auf denen man Kontakt zu Freunden, Kollegen, Firmen und Organisationen aufnehmen und mit ihnen interagieren kann.

Twitter: Ein soziales Netzwerk, das auf kurzen Blogeinträgen basiert. Die Nutzer posten kurze Meldungen, sogenannte Tweets, die jeder sehen kann.

Webinar: Ein Web-Seminar, bei dem die Präsentation, der Vortrag oder der Workshop über das Internet erfolgt.

Wiki: Eine nutzergenerierte Website, auf der viele Menschen den Inhalt schreiben und verwalten können. Ein Beispiel ist Wikipedia, eine Online-Enzyklopädie.

YouTube: Eine Internetseite von Google, über die Videos geteilt werden können. Nutzer können kostenlos ihre eigenen Videos auf die Seite hochladen.

Anhang B:
Selbstverpflichtung eines Kindes,
das Internet verantwortlich zu nutzen

Weil ich weiß, dass meine Eltern mich lieben und mich deshalb vor jedem Schaden, den das Internet mir zufügen könnte, schützen wollen, verspreche ich Folgendes:

Ich bin bereit, zusammen mit meinen Eltern klare Regeln aufzustellen, wann und wie ich das Internet nutzen kann. Ich bin bereit, mich an die Zeitgrenzen zu halten, die sie für die Nutzung des Computers oder anderer Kommunikationsgeräte aufstellen.

Ich gebe meine Internetpasswörter niemandem, auch nicht meinen besten Freunden, und lasse außer meiner Familie niemanden an meinen Internetzugang.

Ich werde die Anweisungen meiner Eltern, wie ich das Internet benutzen darf, immer befolgen und werde nie auf eine Seite gehen, von der ich weiß, dass sie damit nicht einverstanden wären. Falls ich Zweifel habe, spreche ich mit meinen Eltern darüber.

Wenn ein Freund oder jemand anders versucht, mich dazu zu bewegen, im Internet auf eine suspekte Seite zu gehen oder etwas zu tun, das mir nicht richtig erscheint oder das mir Angst macht, erzähle ich es sofort meinen Eltern.

Ohne die Erlaubnis meiner Eltern werde ich nie einwilligen, jemanden zu treffen oder irgendeinen Kontakt zu jemandem aufzunehmen, den ich im Internet »kennengelernt« habe.

Falls jemand, den ich im Internet kennenlerne, versucht, mir Informationen zu geben oder mir etwas zu schicken, über das sich meine Eltern aufregen würden, sage ich es ihnen sofort.

Ich verrate über das Internet nie irgendwelche persönlichen Informationen oder Daten wie meine Adresse oder Telefonnummer oder Handynummer. Wenn jemand danach fragt, sage ich es sofort meinen Eltern.

Ich werde nie jemanden über das Internet oder irgendwo anders »mobben«, sondern immer versuchen, ein guter Freund zu sein, auch bei Leuten, die ich nicht mag.

Ohne die Erlaubnis meiner Eltern werde ich nie jemandem irgendein Bild von mir oder jemandem aus meiner Familie schicken.

Ohne die Erlaubnis meiner Eltern werde ich nie irgendwelche Bilder oder Informationen aus dem Internet herunterladen oder eine Software oder ein Programm installieren, das unserem Computer schaden könnte.

Falls mir jemand unanständige Bilder über Sex oder Nacktfotos schicken will, sage ich es sofort meinen Eltern.

Ich werde mein Möglichstes tun, um meinen Eltern zu zeigen, dass ich verantwortlich mit dem Internet umgehen kann, damit sie stolz auf mich sein können, weil ich mich verantwortungsbewusst verhalte.

(Eltern: Sie können hier jederzeit noch mehr Punkte hinzufügen.)

Ich verspreche, alle diese Punkte einzuhalten.

Unterschrift des Kindes: _____

Anhang C:
Selbstverpflichtung eines Teenagers, das Internet verantwortlich zu nutzen

Bitte nehmen Sie sich als Eltern die Freiheit, dieses Abkommen an das Alter und die Reife Ihres Teenagers anzupassen.

Weil ich weiß, dass eine unangemessene Nutzung des Internets zu schwerwiegenden Folgen führen kann, und weil meine Eltern sehen sollen, dass ich mit den Herausforderungen des Internets umgehen kann, verspreche ich freiwillig Folgendes:

Ich verspreche, immer mit meinen Eltern in Kontakt zu bleiben und mit ihnen offen über meine Internetnutzung zu sprechen. Sie versprechen zwar, mein Recht auf Privatsphäre zu respektieren, aber ich will trotzdem versuchen, in Bezug auf meinen Umgang mit dem Internet so transparent wie möglich zu sein, damit sie mir vertrauen können.

Meine Eltern und ich werden regelmäßig über meine Internetnutzung sprechen, und ich werde auf ihre Ratschläge hören, wenn sie mich in bestimmten Punkten zur Vorsicht mahnen.

Gemeinsam werden wir Regeln aufstellen, wann und wie ich das Internet nutzen kann. Ich verspreche, mich an die Zeitgrenzen und Zugangsorte zu halten, die sie für die Nutzung des Computers oder anderer Kommunikationsmittel aufstellen, weil mir bewusst ist, dass es sich dabei um Privilegien handelt, die sie mir einräumen.

Ich werde nie einen anderen Computer oder ein anderes Gerät benutzen, um ins Internet zu gehen, zum Beispiel den Computer eines Freundes, ohne sie davon zu informieren.

Ich gebe meine Internetpasswörter niemandem, auch nicht meinen besten Freunden, und lasse außer meiner Familie niemanden an meinen Internetzugang.

Ohne die Erlaubnis meiner Eltern werde ich nie einwilligen, jemanden zu treffen oder irgendeinen Kontakt zu jemandem aufzunehmen, den ich im Internet »kennengelernt« habe.

Falls jemand, den ich im Internet kennenlerne, versucht, mir Informationen zu geben oder mir etwas zu schicken, über das sich meine Eltern aufregen würden, sage ich es ihnen sofort.

Da mir bewusst ist, dass Identitätsdiebstahl immer mehr um sich greift, werde ich im Internet nie irgendwelche Informationen preisgeben, wie meine Adresse oder Telefonnummer oder Handynummer oder irgendwelche anderen persönlichen Informationen. Falls irgendjemand persönliche Informationen über mich oder jemanden aus meiner Familie haben will, sage ich es sofort meinen Eltern.

Ich werde das Internet nie unanständig benutzen, zum Beispiel um jemanden im Internet oder sonst irgendwo zu mobben.

Ohne die Erlaubnis meiner Eltern werde ich nie jemandem irgendein Bild von mir oder jemandem aus meiner Familie schicken.

Da Internetpornosucht immer mehr um sich greift, werde ich nie Bilder oder Informationen sexueller Natur aufrufen oder herunterladen, mit denen meine Eltern nicht einverstanden wären.

Ich werde keine neue Software und kein Programm, das meinen Computer oder den Computer unserer Familie schädigen könnte, installieren, ohne meine Eltern vorher zu informieren.

Ich will bewusst darauf achten, wie viel Zeit ich im Internet, am Handy und mit anderen Geräten verbringe, und lasse nicht zu, dass die Nutzung dieser Ablenkungen meinen Schlaf, meine Hausaufgaben und meine persönlichen Beziehungen beeinträchtigt.

Ich werde mein Möglichstes tun, um meinen Eltern zu zeigen, dass ich verantwortlich mit dem Internet umgehen kann, damit sie stolz auf mich sein können, weil ich mich verantwortungsbewusst verhalte.

(Eltern: Sie können hier jederzeit noch mehr Punkte hinzufügen, wenn Sie denken, dass sie zu einer sichereren Internetnutzung Ihres Teenagers beitragen.)

Ich verspreche, alle diese Punkte einzuhalten.

Unterschrift des Teenagers: _____

Anhang D:
Selbstverpflichtung zu einem verantwortlichen digitalen Umgang

Da ich mir einen gesunden Umgang mit der Technik wünsche und gut damit umgehen will, verspreche ich Folgendes:

Ich weiß, dass die Technik ein Mittel ist, das mir helfen kann, mein Leben zu erleichtern und produktiver zu sein, und viele Vorteile bietet.

Ich will mir bewusst sein, dass die Digitaltechnik für mich ein Götze werden kann, und will Gott immer wieder bitten, mir zu helfen, ihr keinen zu großen Stellenwert einzuräumen.

Ich suche mir einen Partner, vor dem ich Rechenschaft ablege, damit ich in meinem Umgang mit der Digitaltechnik nicht übertreibe oder auf Abwege gerate.

Ich werde nicht mein echtes Leben wegen eines virtuellen Lebens vergeuden, sondern Möglichkeiten suchen, wie ich mich täglich im echten Leben und in echten Beziehungen einbringen kann.

Ich will so viel wie möglich Gespräche im direkten Gegenüber führen und meine virtuellen Beziehungen einschränken.

Ich will bewusst in der Gegenwart leben und bei den Menschen sein, denen ich im Laufe meines Tages begegne.

Ich werde technikfreie Zeiten einplanen und digitale Fastenzeiten einlegen.

Ich werde meine Digitaltechnik nicht als Flucht vor meinen Gefühlen und Emotionen benutzen.

Ich werde meinen Raum mit Gott schützen und täglich geistliche Disziplinen einüben, die meine Beziehung zu Gott verbessern.

Ich werde keine unanständigen Inhalte im Internet anschauen, und falls das ein Problem werden sollte, installiere ich Covenant Eyes.

Ich will meiner Familie, meinen Freunden und meinen Kollegen mit meinem Umgang mit der Digitaltechnik ein gutes Vorbild sein.

Ich verspreche, alle diese Punkte einzuhalten.

Ihre Unterschrift: _____

Anhang E:
Einige SMS-Kürzel

^5 High five
2G4U (to good for you) zu gut für dich
2l8 (too late) zu spät
2MORROW (tomorrow) morgen
4EVER (for ever) für immer
4U (for you) für dich
8ung Achtung
AKLA Alles klar?
ASAP (as soon as possible) so bald wie möglich
BB Bis bald
BF (best friend) bester Freund
Btw (by the way) übrigens
BF (boyfriend) Freund
CU (see you) Tschüss
CUL8ER (see you later) Wir sehen uns später.
CYA (see ya) Wir sehen uns.
EIG eigentlich
FB Facebook
FF Fortsetzung folgt
FYI (for your information) zu deiner Information
GF (girlfriend) Freundin
GLG Ganz liebe Grüße
GN8 Gute Nacht
HDGDL Hab dich ganz doll lieb.
HDL Hab dich lieb
ILD Ich liebe dich
J4F (just for fun) nur zum Spaß
LG Liebe Grüße
LOL (laughing out loud) laut lachen
LUV U (love you) Liebe dich
KA keine Ahnung

KK Ok Ok
KP Kein Problem
M2 (me too) Ich auch
MB (mail back) Schreib zurück
MFG Mit freundlichen Grüßen
MSG (message) Nachricht
NP (No problem) kein Problem
OFC (of course) natürlich
OMG Oh mein Gott
PLS (please) bitte
ROFL (rolling on the floor laughing) Wälze mich vor Lachen auf dem Boden
R U OK (Are you okay?) Geht es dir gut?
SRY (sorry) Tut mir leid
THX (thanks) Danke
U2 (you too) du auch
VLT vielleicht
WE Wochenende
WTH (what the heck) Ausruf des Erstaunens

Anmerkungen

(Alle in den Anmerkungen aufgeführten Internet-Links wurden am 13. 01. 2014 auf ihre Aktualität überprüft.)

[1] Barna Group, The Family and Technology Report, 2011 Annual Report.

[2] Daniel Sieberg, The Digital Diet, New York: Random House, 2011, S. 5.

[3] Gary Small and Gigi Vorgan, *iBrain: Surviving the Technological Alteration of the Modern Mind,* New York: Harper, 2009, S. 1.

[4] »Nielsen« ist ein weltweit führendes Informations- und Medienunternehmen, das das Kaufverhalten und den Medienkonsum von Verbrauchern untersucht.

[5] Zoe Fox, »Forget Generation Y: 18–34 Year Olds Are Now ›Generation C‹«, *Mashable Tech*, 3. Februar 2012, http://mashable.com/2012/02/23/generation-c/.

[6] nmaston, »Worldwide Smartphone Population Tops 1 Billion«, *Strategy Analytics*, 17. Oktober 2012, http://blogs.strategyanalytics.com/WDS/post/2012/10/17/Worldwide-Smartphone-Population-Tops-1-Billion-in-Q3-2012.aspx.

[7] Barna, Family and Technology Report.

[8] Ebd.

[9] Nicole M. Radziwill, Disconnected: Technology Addiction and the Search for Authenticity in Virtual Life, Self-published, 2010, S. 3.

[10] William Powers, *Hamlet's Blackberry: Building a Good Life in the Digital Age.* New York: HarperCollins, 2010, S. 17. Deutscher Titel: *Einfach abschalten: Gut leben in der digitalen Welt.* München: Goldmann, 2011.

[11] Judy Arnall, Plugged-In Parenting: Connecting with the Digital Generation for Health, Safety and Love, YouSpeak Productions, 2010, DVD.

[12] Statistics from US News and World Report, Februar 2009.

[13] Cynthia Belar, »Technology and Education«, Monitor on Psychology, April 2012, S. 75.

[14] Ebd.

[15] http://www.pearsonfoundation.org/literacy/research-surveys-and–reports/the-digital-world-of-young-children-emergent-literacy.html.

[16] »The Cisco Connected World Technology Report«, 21. September 2011.

[17] Matt Richtel, »Students and Technology, Constant Companions« videos, NYTimes.com, 20. November 2010, http://www.nytimes.com/interactive/2010/11/21/technology/20101121-brain-interactive.html?ref=technology.

18 Matt Richtell, »A Silicon Valley School That Doesn't Compute«, NYTimes.com, 22. Oktober 2011, http://www.nytimes.com/2011/10/23/technology/at-waldorf-school-in-silicon-valley-technology-can-wait.html?adxnnl=1&adxnnlx=1381906013-cjtkbBjfVDkGzEvvCswnLg.

19 Ebd.

20 »The Art of Digital Ministry: The Good, the Bad, and the Uncertain«, Carolyn Gordon, PhD, Theology, News and Notes. Frühjahr 2012, 24. Fuller Theological Seminary, Pasadena, CA.

21 Dieser Satz ist Stephen L. Carter's (Jura-Professor in Yale) Zusammenfassung von Bertrand Russels »hervorragendem Aufsatz zu diesem Thema«: Stephen L. Carter, »Text a Little Less and Think a Little More«, Opinion, Bloomberg View, Bloomberg.com, http://www.bloomberg.com/news/2012-03-02/text-a-little-less-and-think-a-little-more-stephen-l-carter.html.

22 Daniel G. Amen, Change Your Brain, Change Your Life: The Breakthrough Program for Conquering Anxiety, Depression, Obsessiveness, Anger, and Impulsiveness, New York: Three Rivers Press, 1998.

23 Small and Vorgan, iBrain, 21.

24 Nicholas Carr, zitiert in Natasha Lomas, »Your Brain vs. Technology«, ZDNet 10. 11. 2011, http://www.zdnet.com/your-brain-vs-technology-how-our-wired-world-is-changing-the-way-we-think-3040154584/

25 Torkel Klingberg, The Overflowing Brain: Information Overload and the Limits of Working Memory, New York: Oxford University Press, 2009, S. 3.

26 Ebd., 70.

27 Zitat aus Brenda Patoine, »Brain Development in a Hyper-Tech World«, The Dana Foundation, 8. August 2008, http://www.dana.org/media/detail.aspx?id=13126.

28 Archibald Hart, *Thrilled to Death: How the Endless Pursuit of Pleasure Is Leaving Us Numb,* Nashville: Thomas Nelson, 2007.

29 Archibald Hart, The Anxiety Cure, Nashville: Thomas Nelson, 2001.

30 Klingberg, Overflowing Brain, S. 7.

31 Matt Richtel, »Digital Devices Deprive Brain of Needed Downtime«, *New York Times*, 24. August 2010, B1.

32 Ebd.

33 Robert Stickgold, »Sleep, Learning, and Memory«, Healthy Sleep, 2007, http://healthysleep.med.harvard.edu/healthy/matters/benefits-of-sleep/learning-memory.

34 Archibald Hart, Sleep: It Does a Family Good, Wheaton: Tyndale, 2010.

35 Small and Vorgan, iBrain, S. 117.

36 Carter, »Text a Little Less«

37 Diane Ackerman, An Alchemy of the Mind: The Marvel and Mystery of the Brain. New York: Scribner, 2004, S. 3.

38 Earl of Chesterfield, »Letter X«, in: Earl of Chesterfield: *Letters to His Son, Part One*, Whitefish, MT: Kessinger Publishing, 2005, S. 15.

39 Edward M. Hallowell, CrazyBusy: Overstretched, Overbooked, and About to Snap! Strategies for Handling Your Fast-Paced Life, New York: Ballantine Books, 2007, S. 3.

40 Christine Rosen, »The Myth of Multitasking«, New Atlantis 20 (Frühjahr 2008): 106.

41 Klingberg, Overflowing Brain, S. 6.

42 Melanie Moran, »Training Can Improve Multitasking Ability«, Phys.org, 2009, http://phys.org/news170015185.html.

43 Microsoft Press Computer Dictionary: The Complete Standard for Business, School, Library, and Home, 2nd ed. Redman, WA: Microsoft Press, 1994.

44 Aater Suleman, »What Makes Parallel Programming Hard«, Future Chips, 2011, http://www.futurechips.org/tips-for-power-coders/parallel-programming.html.

45 Peter Bregman, »How (and Why) to Stop Multitasking«, Harvard Business Review, 20. Mai 2010, http://blogs.hbr.org/2010/05/how-and-why-to-stop-multitaski/.

46 Interview with Sherry Turkle, »Digital Nation«, *Frontline*, PBS, 2. Februar 2010.

47 Nancy Smith Kilkenny, »Study Investigates Mental Overload in Pilots«, NASA, 26. November 2008, http://www.nasa.gov/topics/aeronautics/features/pilot_cognition.html.

48 Jeff Atwood, »Coding Horror: Programming and Human factors«, CodingHorror, September 2006. http://www.codinghorror.com.

49 Mark Bauerlein, The Dumbest Generation: How the Digital Age Stupefies Young Americans and Jeopardizes Our Future (Or, Don't Trust Anyone under 30). New York: Penguin Group, 2008, S. 11.

50 Rosen, »Myth of Multitasking«, S. 107.

51 Ebd.

52 Ebd.

53 Hallowell, CrazyBusy, S. 12.

54 Ebd.

55 Janet L. Surry, »Relational Psychotherapy, Relational Mindfulness«, in: Mindfulness and Psychotherapy, hrsg. von Christopher K. Germer, Ronald D. Siegel und Paul R. Fulton, New York: Guilford Press, 2005, S. 92.

56 Ebd.

57 Jean Twenge and W. Keith Campbell, The Narcissism Epidemic, New York: Free Press, 2010, S. 10. »MySpace« bedeutet wörtlich »mein Raum«.

58 Jeff Bulla, »20 Stunning Social Media Statistics Plus Infographic«, Jeffbullas's Blog, 2012, http://www.jeffbullas.com/2011/09/02/20-stunning-social-media-statistics/.

59 John Suler, »The Online Disinhibition Effect«, CyberPsychology and Behavior 7 (2004): 321.

60 Sherry Turkle, Alone Together, New York: Basic Books, 2011, S. lv. Deutscher Titel: Verloren unter 100 Freunden: wie wir in der digitalen Welt seelisch verkümmern, München: Riemann, 2012.

61 »2009 eHarmony Marriage Metrics Study«, durchgeführt für eHarmony von Harris Interactive, http://download.eharmony.com/pdf/Harris-09-Executive-Summary.pdf.

62 Eli J. Finkel, Paul W. Eastwick, Benjamin R. Karney, Harry T. Reis, and Susan Sprecher, »Online Dating: A Critical Analysis from the Perspective of Psychological Science«, Association for Psychology Science, 2012, http://www.psychologicalscience.org/index.php/publications/journals/pspi/online-dating.html

63 Les and Leslie Parrott, »dot.com Dating: Is Online Romance for You?« Christian Counseling Today 19 no. 3 (2012): S. 4.

64 Elaine Hatfield, John T. Cacioppo, and Richard L. Rapson, Emotional Contagion, Studies in Emotion and Social Interaction, New York: Cambridge University Press, 1994.

65 Jesse Rice, The Church of Facebook, Colorado Springs: Cook, 2009, S. 197.

66 Amy Summers, »Facebook Addiction Disorder—The 6 Symptoms of F. A. D.«,Social Times, 2. Mai 2011, http://socialtimes.com/facebook-addiction-disorder-the-6-symptoms-of-f-a-d_b60403.

67 Michael Austin, »Facebook Addiction? Is Facebook Harder to Quit Than Smoking?« Ethics for Everyone, PsychologyToday, 20. Februar 2012, http://www.psychologytoday.com/blog/ethics-everyone/201202/Facebook-addiction.

68 Theresa J. Borchard, »Does the Internet Promote or Damage Marriage?« Psych Central, 2011, http://psychcentral.com/blog/archives/2011/03/23/does-the-internet-promote-or-damage-marriage/.

69 Lindsay Shugerman, »Percentage of married couples who cheat«, Catalogs.com, http://www.catalogs.com/info/relationships/percentage-of-married-couples-who-cheat-on-each-ot.html.

70 Alle Namen und besondere Details wurden zum Schutz der betreffenden Personen geändert.

71 K. Jason Krafsky and Kelli Krafsky, Facebook and Your Marriage, Maple Valley, WA: Turn the Tide Resource Group, 2010, S. 341–42.

72 Josh McDowell, »Just1ClickAway«, a Josh McDowell Position Paper, 2011, 2.

[73] Alexa Research, in einem Frage-Antwort-Format bei TesiOnline, http://www.tesionline.com/intl/indepth.jsp?id=335.

[74] Geoff Nicholson, Alexa Research, 14. Februar 2009. Zitiert in »Web Surfers Prefer Sex over MP3!« SharewareMusicMachine.com, 23. März 2001, http://www.hitsquad.com/smm/news/773/#body.

[75] http://familysafemedia.com/pornography_statistics.html.

[76] Ed Vitaliano, zitiert in »Caught! Online Porn, Predators Threaten Children, Teens« American Family Association Journal, Januar 2007, http://www.afajournal.org/2007/january/0107caught.asp

[77] Dr. Philip G. Zimbardo und Nikita Duncan, »The Demise of Guys: How Video Games and Porn Are Ruining a Generation«, CNN.com, 24. Mai 2012, http://www.cnn.com/2012/05/23/health/living-well/demise-of-guys/index.html.

[78] Ebd.

[79] US Department of Justice, Post Hearing Memorandum of Points and Authorities, at 1, ACLU v. Reno, 929 F. Supp. 824 (1996).

[80] Mark B. Kastleman, *The Drug of the New Millennium*, 2. Auflage, Packard Technologies, 2007.

[81] Ebd., Kapitel 3.

[82] Archibald Hart, The Sexual Man: Masculinity without Guilt, Nashville: Thomas Nelson, 1994, S. 90.

[83] Robert Weiss, »Is Virtual Sex Destined to Become Your New BFF?« PsychCentral, 2012, http://blogs.psychcentral.com/sex/2012/02/is-virtual-sex-destined-to-become-your-new-bff/.

[84] Mehr dazu finden Sie auf www.RahabsRope.com.

[85] Hart, Sexual Man, S. 91.

[86] Archibald Hart, Catherine Hart Weber, und Deborah Taylor, Secrets of Eve: Understanding the Mystery of Female Sexuality, Nashville: Word Publishing, 1998, S. 183.

[87] Hart, Sexual Man, 35.

[88] Amanda Lenhart, »Teens and Sexting«, Pew Internet, 15 Dezember 2009, http://pewinternet.org/Reports/2009/Teens-and-Sexting.aspx.

[89] »Theology of Sex«, eine Initiative des »National Association of Evangelicals Generation Project«, 2009, S. 19.

[90] Cynthia G. Wagner, »Beating the Cyberbullies: Targets of Taunting Need Help Turning the Tables on Tormentors«, *Futurist*, 1. September 2008, http://www.highbeam.com/doc/1G1-183437127.html.

[91] Gwenn Schurgin O'Keeffe, Cybersafe: Protecting and Empowering Kids in the Digital World of Texting, Gaming, and Social Media, Elk Grove Village, IL: American Academy of Pediatrics, 2010.

[92] »The Effects of Gambling on Families«, *Problem Gambling Institute of Ontario*, 2012, http://www.problemgambling.ca/EN/GettingHelp/Pages/TheEffectsOfGambling.aspx.

93 Luke Guttridge, »Chinese Suicide Shows Addiction Dangers: Online Life Proves Too Appealing«, play.tm, 3. Juni 2005, http://www.play.tm/news/5928/chinese-suicide-shows-addiction-dangers/.

94 »Cause and Impact of Video Games Addiction«, NDRI.com, 2010, http://ndri.com/article/cause_and_impact_of_video_games_addiction_-211.html.

95 John Gaudiosi, »Gaming Is a Top Priority for Mobile-Tech Makers«, CNN.com, 1. März 2012, http://edition.cnn.com/2012/02/28/tech/gaming-gadgets/mwc-mobile-games/index.html.

96 Matthew Arrington, »Forte Strong Announces Failure to Launch Program for 18–26 Year Olds«, *Yahoo News*, 28. Januar 2012, http://article.wn.com/view/2012/01/28/Forte_Strong_Announces_Failure_to_Launch_Program_for_1826_Ye/#/related_news

97 Anthony Faiola, »When Escape Seems Just a Mouse-Click Away«, Washington Post, 27. May 2006, http://www.washingtonpost.com/wp-dyn/content/article/2006/05/26/AR2006052601960.html.

98 Home Page, GamingAddiction.net, 2012, http://www.gamingaddiction.net/.

99 Kevin Roberts, Cyber Junkie: Escape the Gaming and Internet Trap, Center City, MN: Hazelden, 2010, S. 34–43.

100 Turkle, Alone Together (Introduction). Deutscher Titel: Verloren unter 100 Freunden (Einleitung).

101 Second Life, http://secondlife.com/support/downloads/.

102 Robert Lemos and Margaret Kane, »Gates: Security Is Top Priority«, *CNET News*, 2002, http://news.cnet.com/2100-1001-816880.html.

103 Ebd.

104 Chelsea Clinton and James P. Steyer, »Is the Internet Hurting Children?« CNN.com, 12. Mai 2012, http://edition.cnn.com/2012/05/21/opinion/clinton-steyer-internet-kids/index.html.

105 Archibald Hart, Healing Life's Hidden Addictions, Servant Publications. Als Reprint bei A. Hart erhältlich.

106 Mehr über den Missbrauch des Glückssystems des Gehirns finden Sie in dem Buch von A. Hart: *Thrilled to Death: How the Endless Pursuit of Pleasure Is Leaving Us Numb,* Nashville: Thomas Nelson, 2007.

107 Tony Dokoupil, »Is the Web Driving Us Mad?« Newsweek, 9. Juli 2012.

108 Kimberly S. Young, »Internet Addiction: The Emergence of a New Clinical Disorder«, NetAddiction.com, 1996, http://www.netaddiction.com/articles/newdisorder.pdf.

109 Colleen Moore and John Tesh, »Moms at Risk for Internet Addiction«, Impact Publishing, 8. Mai 2012, http://impactpublishing.wordpress.com/2012/05/08/moms-at-risk-for-internet-addiction/.

110 Kimberly Young, Home Page, NetAddiction.com, 2009, http://www.netaddiction.com/.

111 »Responsible Text Messaging Tips«, Common Sense Media, 21. Dezember 2011, http://www.commonsensemedia.org/advice-for-parents/responsible-text-messaging-tips.

112 »U.S. Teen Mobile Report: Calling Yesterday, Texting Today, Using Apps Tomorrow«, Nielsen.com, 14. Oktober 2010, http://blog.nielsen.com/nielsenwire/online_mobile/u-s-teen-mobile-report-calling-yesterday-texting-today-using-apps-tomorrow/.

113 K. S. Young, »Cognitive-Behavioral Therapy with Internet Addicts: Treatment Outcomes and Implications«, CyberPsychology & Behavior 10 no. 5 (2007): 671–79.

114 N. A. Shapira, et al., »Problematic Internet Use: Proposed Classification and Diagnostic Criteria«, Depression and Anxiety 17 (2003): 207–16.

115 New Media Trend Watch, 6. November 2012, http://www.newmediatrendwatch.com/markets-by-country/17-usa/123-demographics.

116 Google Official History, ComScore, 14.7.2012.

117 Jeffrey Kluger, »We Never Talk Anymore: The Problem with Text Messaging«, CNN Tech, 2012, http://edition.cnn.com/2012/08/31/tech/mobile/problem-text-messaging-oms/index.html.

118 »Apple's App Store Downloads Top 25 Billion«, Apple Inc. (5. März 2012), abgerufen am 12.12.2012.

119 YouTube, http://www.youtube.com/t/press_statistics, abgerufen am 12.12.2012.

120 Facebook, http://newsroom.fb.com/Key-Facts, abgerufen am 12.12.2012.

121 Shea Bennett, »Twitter Now Seeing 400 Million Tweets Per Day, Increased Mobile Ad Revenue, Says CEO«, All Twitter, 7. Juni 2012, http://www.mediabistro.com/alltwitter/twitter-400-million-tweets_b23744, abgerufen am 12.12.2012.

122 Studie der Glücksforscher der folgenden Universitäten: University of California, Riverside; University of Missouri, Columbia; und University of Texas, Austin.

123 Catherine Hart Weber, Flourish, Grand Rapids: Baker, 2010.

124 Ebd.

125 Ebd.

126 Doreen Dodgen-Magee, »How Is Technology Shaping Generation Y?«, Biola Magazine, Herbst 2011.

127 »What Americans Do Online: Social Media and Games Dominate Activity«, Nielson.com, 2010, http://www.nielsen.com/us/en/newswire/2010/what-americans-do-online-social-media-and-games-dominate-activity.html.

128 http://visitsteve.com/made/selfcontrol/.

129 http://www.macupdate.com/app/mac/31289/selfcontrol.

130 Some rules are adapted from Networketiquette, http://www.networketiquette.net.

131 Family and Technology Report, 2011.

132 John D. Sutter, »Prominent Blogger: ›I'm Leaving the Internet for a Year‹«, CNN Tech, 2. Mai 2012, http://edition.cnn.com/2012/05/02/tech/web/paul-miller-quits-internet/

133 Michele Borba, »Plugged-in Kids Losing Quality Family Time and Empathy«, MicheleBorba.com, 20. Mai 2012, http://micheleborba.com/blog/is-a-plugged-in-world-reducing-childrens-empathy/.

134 American Academy of Pediatrics Committee on Public Education, »Children, Adolescents, and Television«, *Pediatrics* 107 (2001): 423–26, http://pediatrics.aappublications.org/content/107/2/423.full.html.

135 »Generation M2: Media in the Lives of 8- to 18-Year-Olds«, Kaiser Family Foundation Study, 2010, http://www.kff.org/entmedia/mh012010pkg.cfm.

136 Dennis Prager, »Excitement Deprives Children of Happiness«, Townhall.com, 7. August 2007, http://townhall.com/columnists/dennisprager/2007/08/07/excitement_deprives_children_of_happiness/page/full.

137 Danielle Hollister, »Erma Bombeck on a Mother's Love«, Bellaonline.com, 2012, http://www.bellaonline.com/articles/art19929.asp.

138 Ebd.

139 O'Keeffe, Cybersafe, 127.

140 Archibald Hart, Stress and Your Child, Dallas: Word, 1992, Kap. 8.

141 Interview mit Trace Embry, Gründer und Direktor der Shepherd's Hill Academy, 29. April 2012. www.shepherdshillacademy.org.

142 Anugrah Kumar, »Apologist Josh McDowell: Internet the Greatest Threat to Christians«, Christian Post, July 16, 2011, http://www.christianpost.com/news/internet-the-greatest-threat-to-christians-apologist-josh-mcdowell-says-52382/

143 Timothy Keller, Counterfeit Gods, New York: Dutton, 2009, S. xvi. Deutscher Titel: Es ist nicht alles Gott, was glänzt: Was im Leben wirklich trägt, Asslar: Gerth Medien, 2011.

144 Tim Challies, *The Next Story: Life and Faith after the Digital Explosion,* Grand Rapids: Zondervan, 2011, S. 116.

145 L.B. Cowman, Streams in the Desert, Grand Rapids: Zondervan, 1997, S. 96. Deutscher Titel: Alle meine Quellen sind in Dir: Andachten für jeden Tag, Asslar: Schulte & Gerth, 1987.

146 David Di Salvo, »The Brain Technology Built: An Interview with Dr. Gary Small«, Neuronarrative, 2008, http://neuronarrative.wordpress.com/2008/12/15/the-brain-technology-built-an-interview-with-dr-gary-small/.

147 Andrew Newberg und Mark Robert Waldman, How God Changes Your Brain, New York: Random House, 2009, S. 43. Deutscher Titel: Der

Fingerabdruck Gottes: Wie religiöse und spirituelle Erfahrungen unser Gehirn verändern, München: Goldmann, 2010.

148 Dr. Curt Thompson, Anatomy of the Soul, Illinois: SaltRiver Publishing, 2010, S. 175.

149 Jennifer H. Disney, »Making Space for God«, Christianity Today, 23. April 2001, http://www.christianitytoday.com/ct/2001/april23/4.88.html.

150 Adele Calhoun, Spiritual Disciplines Handbook, Downers Grove, IL: Inter-Varsity, 2005, S. 86.

151 Thomas Merton, The Wisdom of the Desert, New York: New Directions, 1970, S. 55. Deutscher Titel: Die Weisheit der Wüste, Frankfurt am Main: Fischer-Taschenbuch-Verlag, 1999.

152 »The Bellfry in Virginia« gehört Anne Grizzle und bietet verschiedene Freizeit-Angebote (retreats), bei denen man aus dem Alltag aussteigen, still werden und auf Gottes Stimme hören kann. Weitere Informationen bei www.bellfry.org

153 Henri Nouwen, Making All Things New, San Francisco: Harper & Row, 1981, S. 69.

154 Edwina Gately, »Let Your God Love You«, Psalms of a Laywoman, Lanham, MD: Sheed & Ward, 1999. Abdruck mit freundlicher Genehmigung.

155 Blaise Pascal (ein französischer Naturwissenschaftler, Mathematiker, Arzt, Philosoph, Ethiker und Schriftsteller), Pensées, 1670, Abschnitt 136.

156 Charles Sheldon, In His Steps, Empire Books, 2012. Deutscher Titel: In seinen Fußstapfen. Asslar: Gerth, 2001

157 Caroline Leaf, Who Switched Off My Brain?, Nashville: Thomas Nelson, 2009, S. 66.

158 A. W. Tozer, The Best of A. W. Tozer, Grand Rapids: Baker, 1978, S. 151–152.

159 Ray Kurzweil, The Age of Spiritual Machines: When Computers Exceed Human Intelligence, New York: Penguin Books, 2000.

160 Ray Kurzweil, The Singularity Is Near: When Humans Transcend Biology, New York: Viking Adult, 2005.

161 Kurzweil, zitiert in Brandon Griggs, »Futurist: We'll Someday Accept Computers as Human«, CNN.com, 12. März 2012, http://www.cnn.com/2012/03/12/tech/innovation/ray-kurzweil-sxsw/index.html?hpt=hp_bn8.

Thomas Schirrmacher

Internetpornografie

... und was jeder darüber wissen sollte

Taschenbuch, 12 x 19 cm, 224 S.
Nr. 394.838, ISBN 978-3-7751-4838-2

Pornografie – nur ein Thema für die anderen? In einer sexualisierten Gesellschaft begegnet uns Pornografie überall. Der Ethiker Schirrmacher bietet Aufklärung, gut recherchierte Informationen und wertvolle Hinweise, um den Fallstricken zu entkommen!

Dagmar Janssen, Michael Dieterich (Hrsg.)

Ganzheitliche Beratung bei Onlinesucht

Paperback, 13,5 x 20,5 cm, 224 S.
Nr. 226.586, ISBN 978-3-417-26586-6

Durchschnittlich zehn Prozent der Internetnutzer erleben einen Kontrollverlust im Umgang mit dem Computer. Besonders im Bereich der Onlinecommunitys und -spiele können sich dabei exzessive Muster entwickeln, die nicht selten im Suchtverhalten enden.

Bitte fragen Sie in Ihrer Buchhandlung nach diesen Büchern!
Oder schreiben Sie an: SCM Hänssler, D-71087 Holzgerlingen;
E-Mail: info@scm-haenssler.de; Internet: www.scm-haenssler.de